译路同行

The Translator's Journey

上海翻译家协会成立30周年文集

上海翻译家协会 编

上海译文出版社

图书在版编目（CIP）数据

译路同行：上海翻译家协会成立30周年文集/上海
翻译家协会编. —上海：上海译文出版社，2016.4
ISBN 978-7-5327-7140-0

Ⅰ. ①译… Ⅱ. ①上… Ⅲ. ①翻译-语言学史-上海
市-文集 Ⅳ. ①H159-092

中国版本图书馆CIP数据核字（2015）第302995号

译路同行——上海翻译家协会成立30周年文集
上海翻译家协会 编
责任编辑/管舒宁 装帧设计/胡 枫

上海世纪出版股份有限公司
译文出版社出版
网址：www.yiwen.com.cn
上海世纪出版股份有限公司发行中心发行
200001 上海福建中路193号 www.ewen.co
上海文艺大一印刷有限公司印刷

开本890×1240 1/32 印张10.5 插页5 字数168,000
2016年4月第1版 2016年4月第1次印刷

ISBN 978-7-5327-7140-0/I·4326
定价：58.00元

译路同行——上海翻译家协会成立30周年文集

顾 问

|草 婴| 夏仲翼 戴炜栋

主 编

谭晶华

副 主 编

吴 洪 梁珺霞

编 委（按姓氏笔画排列）

叶兴国 李定军 吴 正 吴 洪 张伊兴

张春柏 陆经生 郑体武 袁 莉 袁筱一

柴明颎 黄昱宁 梁珺霞 谭晶华 魏育青

编 辑

管舒宁 陈 磊 陆建芳

目录

访译人

谈 译 事

话 译 协

序

戴炜栋

沐浴着改革开放的春风，上海翻译家协会(以下简称“译协”)于1986年应运而生。2016年我们喜迎上海翻译家协会30周年华诞。在中共上海市委宣传部、上海市文联的正确领导下，译协经历了从创建、成长直至今日的而立之年的发展历程，在翻译队伍建设、翻译力作问世、翻译理论研究和对外交流等方面成绩傲人。

在这喜庆的日子里，译协领导决定为庆祝协会成立30周年，举办以“译路同行”为主题的征文活动，为协会30年的风雨兼程留下历史的佐证。征稿启事一经刊登就获得广大会员的热烈响应，稿件纷至沓来。应征稿件对译协30年的发展历程作了深情回顾，内容精彩纷呈，涵盖了协会的历史事件、重大活动的难忘经历、对老一辈翻译家的专访和珍贵回忆、在翻译实践活动中的感悟和对协会未来的憧憬等。每篇征文的字字句句、点点滴滴都是广大会员对上海翻译家协会、对德高望重的前辈翻译大家真挚感情的流露，读后令我备感亲切。

译路同行，前程似锦。许多撰稿的会员深情回顾译协初创时的筚路蓝缕和译协30年的发展历程，他们把个人的翻译生涯和译协的发展紧密地融合在一起。他们把译协比作自己的文学翻译之家，在那里能经常和译界前辈及同仁们切磋和交流，聆听前辈翻译大家的感悟和心得，受益匪浅。他们写道："加入了协会我感到如鱼得水"、"进入译协，我的翻译爱好和精神面貌发生了很大变化"、"感谢译协给我们提供了一个文学翻译的温馨家园"。稿件还展望译协发展的美好未来，祝愿协会这个大家庭"与时俱进"，越来越兴旺发达。

饮水思源，感恩图报。在译协30年华诞之际，广大会员在征文中不忘感谢译界前辈对协会发展所作的杰出贡献。上海历来是我国文化重地，是文学翻译的聚居地，翻译人才辈出，曾经占据全国文学翻译的半壁江山。1986年3月借改革开放的东风，草婴先生向上海市领导进言成立上海翻译家协会，并担任首任会长。协会成立之初举步维艰，草婴先生、另一位会长夏仲翼先生和驻会干部带领全体会员克服了一个又一个困难，为译协的后续发展奠定了坚实的基础。许多德高望重的译界前辈为协会的发展贡献了自己的精力和智慧，提升了上海翻译家协会的学术声誉和社会知名度，如中国最负盛名的外国诗歌翻译家薛范先生；从俄文原版直接翻译出版《钢铁是怎样炼成的》的翻译家，年少重残、被誉为"中国保尔"的王志冲先生；虽已年逾九旬仍笔耕不辍，获得

“翻译文化终身成就奖”和“上海文艺家终身荣誉奖”的任溶溶先生；著名的德语诗歌翻译家、为德国文学译介贡献了毕生精力的钱春绮先生等。他们都是我国翻译界的楷模。我们将永远铭记这些译界前辈为译协的发展、为中国文学翻译的繁荣和兴旺所付出的一切。

殷切期望，后继有人。瞬息间，30年过去了。译协的一些资深翻译家已过耄耋之年。尽管他们中许多人依然精神矍铄，利用自己多年翻译生涯所积累的学识，趁精力尚可之时，尽可能做点工作是他们的心愿，但文学翻译后继乏人的局面令人担忧。他们在征文中寄语中青年译者“我们这一代翻译工作者年事已高，寄希望于后人”，他们还谆谆嘱咐中青年译者“我们翻译工作者的任务非常艰巨。世界上有许多经典作品，还有许多新的作品不断涌现，它们都需要翻译过来，这是我们翻译工作者的任务”。寥寥数语表达了德高望重的翻译前辈对中青年译者的殷切期望，读后催人奋进。

专访回忆，学术研讨。“译路同行”——译协30周年征文的另一个亮点是对老一辈中外翻译家专访的珍贵回忆。草婴、方平、娄自良、薛范、王志冲、钱春绮等著名翻译家在接受专访时畅谈了对翻译理念的真知灼见和在各自领域内的翻译体会。他们提出“文学翻译是文化交流的一部分，要有益于中国的现在和中国的明天”，并结合实例阐述如何使翻译技巧达到炉火纯青的水平，这对广大翻译工作者有很大的启迪。访谈中这些将文学翻译视作生命的翻译大家希望新一代的文学翻译成就和翻译水准都能有实质性的超越。多年过去了，前辈翻译家的这些言谈言犹在耳，并将永远激励广大中青年翻译工作者奋发前进，攀登新的翻译高峰。

30年过去了，上海翻译家协会取得了令人瞩目的业绩，但我们没有任何理由可以居功自傲。以“译路同行”为主题的征文将陪伴译协进入第二个30年。祝愿上海翻译家协会在第二个30年中承古开新，薪火相传，立足上海，服务全国，为繁荣中国的翻译事业作出新的贡献。

（本文作者为上海翻译家协会第四届会长）

访 译 人

听草婴先生谈翻译

陈建华

草婴先生今年已90高龄了，先生是我敬仰的长者。因专业关系，与先生多有接触，也在不同场合听到先生谈起对翻译的看法。最近的一次是在2010年11月，在华东师范大学举办的纪念托尔斯泰逝世一百周年的学术会议上。那天，先生在夫人的陪同下，坐轮椅来到会场，并作了发言。先生谈到了托尔斯泰的艺术成就、人格力量和人道主义思想，也谈到了他翻译托尔斯泰作品的体会。先生说得很动情，也很深刻，这是一个把自己的精神血肉融入翻译事业的不平凡的老人。

不过，就我所知，草婴先生谈翻译，比较集中的一次是他在30多年前开的系列“翻译讲座”。那是1980年的秋天，地点在华东师大的文史楼。讲座隔3周进行一次。当时，先生被聘为华东师大兼职教授，以教授的身份来为关注俄罗斯文学的师生传授他的翻译理念和翻译心得。尽管经过“文革”炼狱般的磨难不久，讲台上的草婴先生依然精神矍铄。看得出，先生是经过精心准备的，他为听众提前发放了讲座材料，材料上印有他翻译的莱蒙托夫、托尔斯泰、高尔基和肖洛霍夫等俄国作家的中俄文对照的作品选段。先生娓娓道来，听者聚精会神。讲座内容丰富，这篇短文录下的只是片言只语，而且因时隔多年，可能不尽准确，但先生翻译理念和翻译技巧的闪光之处还是能感受到的。

先生的讲座主要分为两大部分。一是谈他的翻译理念，涉及“何为文学翻译?”“文学翻译的标准是什么?”“如何做好文学翻译?”诸问题。在先生看来：“文学是创造性的工作，文学翻译是再创造的工作，也是一种艺术工作。”“文学翻译是文化交流的一部分，要有益于中国的现在和中国的明天。”“翻译者要使译本打动读者，就要把作者的形象思维传达给读者。所谓‘文学翻译’就是这种传达过程。”“翻译时，作品中的人物形象、作者的思想感情在译者的头脑中应该是明晰的。”“优秀的文学翻译要做到让读者‘如临其境，如闻其声，如见其人’。”“语言文字本身是不断变化的，翻译就要用中国读者当下习惯使用的语言文字。”“我认为，文学翻译优劣的标准就是看译者能不能完整并真实地把原作者的思想感情传达给读者，越完整越真实越好。”“翻译者应该设想，如果原作者能用译文的语言写作时，他可能会运用什么样的字句来创作。”“要保持‘洋味’，反对‘洋腔’。所谓‘洋味’，指的是外国作品里本来就有的外国风俗、外国人的性格等。不能冲淡，更不能改变。所谓‘洋腔’，是指语言文字上的外国习惯和外国用法。一般情况下，要尽量避免。”“要充分尊重原作的风格，同时译者也要有自己的风格。就像是演员，同样是演《雷雨》中的角色，不同的演员会有不同的风格，但他们都忠实于曹禺原作的风格。当然，有时译者个人风格过强也会损害原作的风格。”

“翻译理论应该‘百家争鸣’，翻译实践应该‘百花齐放’。”“决定文学翻译水准的高下，过硬的外文水平当然不可少，但更重要的是中文水平。有志于文学翻译的，要把一半以上的时间用于提高本国语言的修养上。”

二是谈他在俄罗斯文学翻译上的心得体会。与一般的翻译课程的最大区别在于，这是一位成就卓著的翻译大家结合自己的翻译实践的经验之谈，因此十分生动，也十分珍贵。先生认为，要特别重视原文中动词的翻译，动词是句子的灵魂，一个句子译得好不好往往取决于动词译得准不准；在处理句子的长短问题上，总的原则是尊重原作者，作家在作品中描写动作和描写内心活动时会用不同的句式，但也要考虑中文的特点，一般来说，中国读者不喜欢太长的句子，处理时既要根据原文情景，又要考虑读者的欣赏习惯；对话在小说和戏剧中特别重要，翻译对话时要注意人物的身份和性格特征，要恰如其分，要生动和口语化；姓名翻译要避免硬译，外国人的姓名对中国读者是个负担，翻译时要设法减轻这种负担而又不损害原作，姓名尽可能简化，尽量做到一个人一个名字，但对话中要保留俄罗斯人的称呼习惯；翻译描写风景的文字，要注意景物的色彩、形状和声音等的翻译，注意原文中风景描写与人物活动背景的关系，为了传达出原文的意境，必要时可以加个别字，使译文的语气更连贯；中文里表达褒贬的方式比外文多，在翻译时要斟酌字眼。先生在讲座中还涉及了一系列在文学翻译中常常会遇到的具体问题，诸如译文中的成语和谚语的处理问题，主语的位置问题，度量衡的中译文表达问题，标点符号、叠字和短语的翻译问题等。

那年，草婴先生才50多岁，他给自己设定的译出托尔斯泰全部小说的宏大计划也才起步不久。但是作为翻译家，他的翻译思想已经成熟，他的翻译技巧已到达炉火纯青的境地。草婴先生结合自己的翻译实践所举的例证非常鲜活，如他在谈人物外貌的翻译时，他举的是安娜外貌的翻译，而此时先生翻译的《安娜·卡列尼娜》已进入尾声；他在谈风景描写的翻译时，他举的是《当代英雄》中的有关描写，而此时他在“文革”前翻译的莱蒙托夫的这部名作刚刚问世。因此，这样的讲座，对于关心文学翻译和喜爱俄罗斯文学的听众来说，无疑是接受了一次翻译艺术和人格魅力的洗礼。

先生的这些言谈虽然朴实，却是一个成熟的艺术家的肺腑之言。今天，当我们拥有了这么多洋洋洒洒的谈翻译理论的著述，拥有了前人所无法比拟的大量的文学翻译成果时，我不知道新一代的文学翻译成就和翻译水准是否已经有了实质性的超越。作为文学翻译作品的忠实读者，我读到过当下的一些优秀译作，但也有些译作读来则让人遗憾。也许，在如今略嫌浮躁的译风面前，我们还是有必要重温先生关于翻译的见解，有必要认真研读那些将文学翻译视作生命的翻译大家的力作。

我始终相信，优秀的文学翻译家的工作与其人格的力量相关联。前几年我让一位研究生以草婴先生的翻译艺术为题做过一篇学位论文，文末有段话表达的也是这个意思：“如草之青，如婴之纯，当我们再度审视草婴走过的翻译生涯和人生道路时，透过历史的长廊，我们感受到一种时光的沉重，同时也看到了一种穿越时光的力量，那是一种从恬淡人生透悟出的人格力量，是一种宽广而深刻的生命视野。”

陈建华，1947 年生，华东师范大学教授、博士生导师、外国文学与比较文学研究所所长，国家社科基金评委；中国资深翻译家；曾任上海翻译家协会理事；长期从事俄罗斯文学、中外文学关系、外国文学学术史的研究和教学工作。主要译作有《陌生人》、《小绿棒》、《中国古典文学在苏联》、《米尔格拉德》等；著有《20 世纪中俄文学关系》、《阅读俄罗斯》等 10 余种，任《外国文学鉴赏辞典大系》总主编、《外国文学研究的学术历程》总主编等。

怀念与感想

——纪念钱春绮先生逝世6周年

黄明嘉

钱老冥程未远，对他，译界后辈无时不在念中，在纪念上海译协成立30周年的历史节点上，对他的怀念尤为殷切。

这种怀念之情，固然是钱先生这位偶像式和经典式人物的人格感召，但怀念似乎还隐藏着另一层“现实意义”：钱老是当今时代稀缺的人，是当今时代希望再现的人，是国家今天和明天需要的人。

谦和的钱老若泉下有知，他肯定不希望后辈学人因无尽地“高山仰止”而停下自己的脚步。是的，钱老的学术高度是常人难以企及的，但只要心向往之，“余虽不敏，愿附骥尾”，做点“薪尽火传”的工作，足矣！

钱老一生穷居陋巷，甘于寂寞，克服难以想象的生计困顿，专治一业。他不是消极受制于“命”，而是以一种平和的心态，承认现存事实之不容改变，然后坦然面对，并在困难条件下使身有所寄、心有所托，可谓虚灵烛照，也无风雨也无情。这就是钱老之所以为钱老而异于常人处。将这称为“钱氏风骨”亦可，称为“钱氏定力”亦可，总之，是他成就大业的首要因素。

尤其令人感佩的，是钱老对后辈学人的关心、鼓励和奖掖。他既可像亲人一样与“忘年之交”谈天说地，也可同他们坐而论道，还推荐文本让他们翻译。总之，钱老为培植上海译苑是出了力的。如果说楷模人物的作用是让人跟他走，那么吾辈就理应继承和发扬他为人为学的优良传统。

当下的社会环境、学术氛围和物质条件比起钱老的大半生来不知要好过多少倍。特别令人感奋的是，中央和地方都强调文艺在实现中华民族伟大复兴中不可替代的作用，让人深感时代和文化的风云流变。2014 年，上海文艺界评选出 12 人获上海文学艺术终身成就奖，其中有翻译家草婴；又评出 12 人获上海文学艺术杰出贡献奖，其中有翻译家陆谷孙，这对上海译界是个很大的鼓舞和激励，说明政府在精神文明建设中对译界的重视。倘若在具体政策上给予译人更多的支持，让戋戋稿酬成为历史，让译人感受令人羡慕的人格尊严，相信上海译苑会更加繁盛。

钱老毕生都在不断完善自己的知识结构，于书无所不窥，他有一枚闲章就叫“钱春绮读书”，钤在他的藏书上。他通晓五门外语，国学根底深厚，译学和美学知识广博，从小爱诗写诗，最后专门译诗……其成就博得我国德语文学界泰斗冯至先生的赞誉。他的治学可概括为：博采、精鉴、深味、妙悟。他的“底蕴”绝非一蹴而就，他的“高峰”也不是朝立一旨、暮即成宗的。

说到这里，忽然想起 2010 年德国《时代周报》推出和评价了德国

钱春绮文学翻译学术研讨会与会人员合影

昔日50位楷模人物，跻身其间的唯一一名运动员是施坦·李布达(Stan Libuda)。这有点出人意料，因为李布达没有“足球皇帝”和“足球先生”一类的荣名，他唯一强于别人的“本事”，就是左晃右突、常令对方后卫发晕的过人绝招。有人开玩笑说：对付此人除了用手枪别无他法。在他效力的“沙尔克04”俱乐部里有一则教会广告，上书：“没有人能绕过上帝”，不知谁在上加了一句：“除了李布达”。李布达时时将自己融化在过人技术的幸福里，忘记了生活的不快和艰辛。

尘海茫茫，人贵适志，选定一行就干好一行。对钱春绮、李布达们而言，“精湛”二字是他们敬业的共同标识。世间多少聪明人也许忽视了专业精神，遂致一生没能做好做精一事，令人浩叹。这失败的教训，值得吾辈记取。浮浅虚饰，这毛病古今中外皆有，不说也罢，但学人对此陋习不得不悚然自惕。

明代学者罗钦顺提出为学“就实”的“实学”思想；高拱呼吁破除“虚文”、“虚套”；清初朱之渝倡导“笃实”之学。先贤的教诲，其意昭然。但世间许多道理，往往是知易行难。对于上诉至理名言，若能切实贯彻，那就表明学者在践行最重要的自我修为了。为了提升自身的文化创造力，就得像钱先生一样平静地面对书桌，养文人书卷正气，抛却不靠谱的名缰利锁。为学之道永远是——戒空疏，行笃学！

黄明嘉，1941年生，毕业于北京外国语学院德语系，中国资深翻译家。先后任武汉大学副教授，上海经济管理干部学院教授，德国科隆大学、歌德学院进修访问学者。主要译著有《查拉图斯特拉如是说》、《快乐的科学》；主编五卷本《茨威格传记精华》，并译有《麦哲伦》、《六大师》、《相聚在特尔格特》、《天涯羁旅》、《美国》、《歌德谈话录》、《论浪漫派》、《中国传统戏剧》(德国汉学家顾彬著)、《瓦格纳的神学革命》、《爱的新发现》、《精神与自然的类比——论诺瓦利斯的文体原则》(合译，冯至先生留德博士论文)、《三毛钱小说》(合译)、《尼采散文》(合译)、《启蒙——一个欧洲项目》，此外还参与《德意志史》、《德意志皇帝列传》、《德国儿童文学丛书》等书的部分翻译工作。

普希金铜像旁的翻译家

——记翻译家余振

陆钰明

在繁华都市上海，在一个闹中取静的地方，汾阳路与岳阳路的交汇处，矗立着一尊俄罗斯大诗人普希金的铜像。普希金深邃的目光注视着远方，他经历了无数次日出日落，见证了半个多世纪的历史。这座铜像建了又毁，毁了又建，历尽沧桑。

在普希金铜像旁，离铜像不超过五十米的地方，汾阳路一条小弄堂的一个小阁楼上，曾住着一位著名的翻译家，他与普希金相邻而居，在普希金铜像旁度过了三十多年的时光。他的遭遇跟普希金铜像一样，经历了人生的起起伏伏，见证了我国上个世纪的艰难历程。这位著名的翻译家就是余振先生。

余振先生1909年出生于山西省崞县(现原平县)，1926年，当他还是个17岁的中学生时就加入了中国共产党。1928年被国民党反动派逮捕入狱，1929年底获释。1930年他考上北平大学法学院俄文法政系。在大学读书期间，他就立志翻译介绍俄罗斯文学，以唤醒民众。三十年代末，他在西北大学外文系任讲师时，就开始翻译普希金、莱蒙托夫等俄罗斯文学家的作品。他翻译的普希金诗歌最早发表在西北大学外文系的墙报上，深深打动了同学们的心。半个多世纪后，他的学生还能回忆起当初他译的普希金的诗歌《乡村》：

在这里，野蛮的贵族老爷，
注定要给人们带来死难……
……
在这里，妙龄少女花容美貌，
却任凭恶霸无情地蹂躏摧残。

余振先生翻译的普希金、莱蒙托夫的诗，像一盏明灯照亮了学生们的心，他的学生有的走上了革命道路，有的成了诗人，有的成了俄罗斯文学研究专家。他的学生、俄罗斯文学研究专家卢永福回忆说，当时，普希金与莱蒙托夫就是他们心中的太阳，而遇到余振先生这样的老师，就像找到了走向光明的领路人。

1948 年，余振先生翻译的《普式庚诗选》、《莱蒙托夫抒情诗选》由上海光华出版社出版，引起了社会的关注，在黑暗沉沉的旧中国，温暖了人们的心。解放后，余振先生翻译的俄罗斯文学作品源源不断地涌现出来：西蒙诺夫长诗《远在东方》(1950)、《莱蒙托夫诗选》(1951)、多勃罗沃尔斯基小说《三个穿灰大衣的人》(1953)、马雅可夫斯基长诗《列宁》(1953)、《好!》(1955)、《一亿五千万》(1957)、《马雅可夫斯基选集》(1957—1961)……

正当他的学术与生命处于巅峰时期，他却突然遭到了不测。1958

年，他被划为右派。那时，他是北京大学为数不多的几位二级教授之一，担任俄语系副系主任、俄罗斯文学研究室主任。不久，他被中央调派到上海《辞海》编辑所任编辑，作为对右派的“废物利用”。同被派往《辞海》编辑所作为“废物利用”的尚有其他八位右派，其中包括著名翻译家傅东华先生。不久，他拖儿带女来到上海，先在雁荡路安了家，1961 年夏天起，搬到了汾阳路，在普希金铜像的陪伴下，度过了生命中最后的三十五年。

在文化大革命时期，余振先生同普希金铜像一样遭到了毁灭性的打击。铜像被捣毁，他看到有人用一根绳子拴住普希金的脖子把铜像拖走。而他则因早年被捕入狱那一段经历，被打成大右派、“大叛徒”，被隔离审查，关进牛棚，在街道里弄遭批斗，后来又被下放到上海郊区奉贤农场去喂猪。历史常常喜欢跟人开残酷的玩笑。当年在中国一流的高等学府对着莘莘学子高谈阔论的二级教授，十年后竟在一个乡村农场里喂猪，与猪为伴……

在那凄风苦雨的日子里，他的尊严遭到极度的蔑视，他的人格遭到践踏。多少个不眠之夜，他来到普希金铜像的旧址徘徊，默默地与普希金交流，甚至背诵普希金的诗歌以激励自己。他不仅担忧着自己的未来，更担忧着祖国和人民的命运与前途。他还偷偷地把普希金铜像基石的几块碎片带回家，像珍宝一样藏了起来。它们成了一种精神力量，在他意志消沉时鼓舞他勇敢地面对人生。

正当余振先生经历着磨难的时候，他翻译的俄罗斯诗歌却在润泽着人们的心灵，激励着人们奋发向上。著名诗人、文艺理论家胡风先生在被打入狱中时，还嘱咐家人带一册余振先生翻译的《莱蒙托夫诗选》，他特别喜欢那首引人奋发向上的诗篇《帆》：

大海上淡蓝色的云雾里
有一片孤帆闪耀着白光！
……
下面是清比蓝天的波涛，
上面是那金黄色的阳光……
而它，不安的，在祈求风暴，
仿佛在风暴中才有安详！

根据台湾幼狮文化事业公司出版的《现代译诗名家鸟瞰》(1993)一书介绍："六十年代，台湾和香港均有余振译莱蒙托夫诗作的流传……是当时读者所能吸取、了解莱蒙托夫抒情诗的主要来源。"

文化大革命结束后，1978年，普希金的铜像又被竖了起来。1979年，余振先生的冤案也得到了彻底的平反。这位饱经风霜的七十岁老人，从阴影中走来，走到了阳光下。他对祖国和人民没有半句怨言，而是又全身心地投入到俄罗斯文学的翻译与研究工作中去。1980年，他被华东师范大学中文系聘为教授，他又焕发了青春，著作又源源不断地出版：《莱蒙托夫诗选》(1980)、《普希金长诗选》(1984)、《马雅可夫斯基选集》(1984—1987)、《莱蒙托夫抒情诗集》(1985)、《普希金长诗全集》(1994)、《莱蒙托夫抒情诗全集》(1994)……他的著作的出版几乎一直跟随到他生命的尽头。

多少个夜晚，普希金在窗外默然伫立，他在灯下埋头翻译，以另一种方式与普希金交流。

1996年夏，在他临终前一个星期，他躺在上海华东医院的病床上，欣喜地告诉前来探望他的学生——普希金翻译与研究专家智量先生："我昨晚做了一个梦，梦见我们把普希金的全部作品都翻译了过来，而且印了100万册……"一个星期后，1996年8月7日，他带着这个美梦离开了他的学生、他的家人，以及受到他所译诗歌熏陶的千千万万个读者，与普希金去进行永恒的灵魂的对话……

但愿这个世界充满着美丽的梦。要是没有了美丽的梦，它拿什么去抚慰人们的心灵呢?

陆钰明，1959年生，上海翻译家协会会员，华东师范大学对外汉语学院副教授，主要译著有《浮士德》、《普拉斯诗选》等。

走近钱春绮

沈锡良

在我的心目中，诗歌翻译家钱春绮先生始终是一位谜一般的传奇人物。早年，他为了潜心译事竟辞掉了中医的职业，靠着翻译的一点稿费艰难度日；及至晚年，因诗歌翻译出版的不景气而使生活陷入困境，令人心里不禁一阵悲哀。可以毫不夸张地说：钱先生将毕生精力献给了诗歌翻译事业，50多年的翻译生涯，钱先生一共发表了1 000多万字的翻译作品。照我看来，钱先生是完全有资格弄个德国“大十字勋章”的，然而，淡泊名利的钱先生一向默默无闻地、愉快地生活着。见一见钱先生，当面聆听他的教诲，一直是我的愿望。

那是在1998年，一个秋天的日子，因钱先生想了解我也参与的一套丛书的翻译情况，特地让女儿与我联系，我才得知，先生的女儿与我在同一单位工作，我随即打电话给钱先生，想不到钱先生在电话的那端爽快地说：“有时间的话，就过来聊聊！”哇，得来全不费工夫。“好的，那我明天晚上就过来。”我生怕钱先生又反悔，赶紧回答。于是，钱先生告诉了我门牌号码、怎么个走法。

次日晚上，我按照事先约好的时间赶往钱先生的寓所，偌大的厅堂里空荡荡的，没什么家什，四处随意摆放的东西使屋子显得凌乱不堪，显然是主人不善于料理生活。我在沙发上刚坐下，一杯早已准备好的茶就端到了我面前的茶几上。我心仪已久的钱先生，中等个儿，头发花白，穿的是老式的粗布夹克，他的脸尽管没有什么特别之处，却分明是饱经风霜。虽说他已是 70 出头，但精神矍铄，面色红润，而且比我多年前想像的要年轻许多。我忽然间想：这样的一个人在大街上比比皆是，如果走在摩肩接踵的茫茫人海中，我肯定轻易地就把他疏忽掉了。

钱先生先是问起我的近况，知道我有志于文学翻译，他的脸上露出了欣喜的微笑，还一个劲地点头道："很好，很好。"接着我们便海阔天空地聊开了，原以为钱先生是只知译事、不领世面的人，没料到钱先生对当今世事了如指掌，一谈起社会上的丑恶现象，钱先生还真的愤愤不平起来，我想，毕竟钱先生有一颗诗人的心呀。

是啊，钱先生因为喜欢写诗，所以一生主要翻译诗歌，因为翻译，他推迟了婚娶；又因为翻译，他索性辞去了工作，成了"无业游民"，用现在的话说，就是时髦的"自由职业者"。但钱先生可不是赶时髦的人，在五六十年代，做一个"无业游民"是需要极大的勇气的，钱先生面临的首要问题是生存，何况翻译诗歌的稿费要比一般的稿费低(不过相比而言，现在的稿费更加可怜)。从有案可查的资料看，钱先生最早的译著出版于 1956 年，钱先生在家中平静地潜心翻译没几个年头，大大小小的"运动"就来了，怎么办？钱先生像做贼似的偷偷翻译，再将译稿偷偷地放在安全的地方。又是没几年，一场惨绝人性的"文化革命"接踵而至，钱先生的藏书被没收，大部分的译稿不知去向，钱先生成了“地道”的“无业游民”，他和三个嗷嗷待哺的孩子只得依赖于妻子微薄的工资维持生计。滑稽的是，钱先生还始终得到了某种“关照”，一个年轻体壮的男人没有工作，整天闲在家里干什么？很“幸运地”，钱先生引起了某些人的兴趣：他一定是特务，一个里通外国的家伙。在“阶级斗争为纲”的年代里，人们理所当然地会这么想。钱先生处境维艰，“吃不了兜着走”，实在是钱先生当时的写照，我难以想象，钱先生的老伴，其时还相当年轻的妻子是如何挺过来的。

但，冬天来了，春天还会远吗？我相信，钱先生是怀着某种信念走出冬天的，钱先生迎来他宝贵的第二次生命的时候，已是过知天命之年的人了，他毅然又拿起笔，开始了人生的第二次赛跑。我在大学时所读到的德国诗人歌德、席勒、海涅、尼采等人的诗歌以及法国诗人波德莱尔的《恶之花》等，都出自钱先生的译笔。

如此译著等身的钱先生，难怪德国人慕名而来，纷纷邀请他去德国讲学、参加各类研讨会，还有的更加直截了当，去德国观光、度假，全都免费，这也是情理之中的事：德国人民是应该好好感谢这位为德国文学的译介做出如此杰出贡献的钱先生的。不过，钱先生是一个没有单位的人，也就是说，钱先生是一个没有身份的人。钱先生早已尝过没有身份的苦头了，去图书馆，你没有身份，就休想进去，而在七十年代末、八十年代初，办理出国可不是件轻而易举的事儿，若想出国，你就得开具单位证明信。一向天真的钱先生被搞得七荤八素，不得不败下阵来，“从终点又回到了起点”，连个护照也没有搞定。德国人倒是急了，急中生智，赶到钱先生家里，将钱先生的所有资料、邀请函一并带走，说：我们给您办。还有一次经历也很滑稽，钱先生和老伴要去探望在美国定居的儿子，结果，老伴的签证出来了，钱先生的签证却愣是因为他的“身份不明”而被卡住了。

钱先生很轻松地给我娓娓道来，很释然的样子。

当我询问钱先生最近在忙些什么时，钱先生显出一副苦笑说：“一辈子从事诗歌翻译，现在老了又转业搞起了散文翻译，咳，谁还看什么诗歌呢，出版社也不肯出了。”我又问起出版社的稿费，钱先生也颇有微词，他谈起他的老友侯浚吉翻译的一部小说在一家全国著名的出版社共印 120 余万册，为出版社至少赚了 100 万，然而译者得到的全部稿酬加起来不足 6 000 元。

我一直在想，人类几千年的文明史为何丝毫没有让人变得聪明，却一再愚蠢地重蹈覆辙呢？不知不觉中，已近午夜时分，该是钱先生休息的时候了，想不到钱先生谈兴甚浓。“我没关系，你看，老伴去美国照顾孙儿了，我现在一个人，很自由。”钱先生爽朗地笑起来。得知长期困扰钱先生的生活问题已得到圆满解决时，我颇感欣慰。钱先生经好友的推荐，进了上海市文史研究馆任职，每月可拿到一笔在钱先生看来非常可观的收入。“我过的是一种健康、朴素的生活，这点儿钱足够我花的了。”钱先生知足地如是说。和钱先生又聊了会儿，直到零点十五分我才依依不舍地向钱先生告辞，钱先生热情地说道：“我送你。”不及我开口，钱先生已拿好钥匙，走到门口。秋天的夜有点冷，我推着单车，钱先生毫无倦意地走在我前面，一直走到通往小区的大门口。到最后告别的时候，钱先生还不忘告诉我回家的路，并叮嘱我，他在电视上看到过报道，其中有一段路坑坑洼洼的，要小心。

望着钱先生渐渐远去的背影，我在心中自语：祝好人一生平安。

如今，斯人已去，音容宛在，必将鞭策我在翻译的道路上继续勇敢地走下去。

沈锡良，1965年生，毕业于南京大学德语系，副译审。从事当代德语文学译介20余年，出版译著《精神疗法》、《托特瑙山》、《大赌局》、《今天我不愿面对自己》、《爱情谎言》等30余种。

高立希先生

宋健飞

在德国汉学界，谈到当代中国文学的译介，人们会不约而同提及高立希的名字。作为德国当今著名的汉学家、翻译家，高立希先生因其对中德文化交流所作出的巨大贡献，于2007年荣获了中华图书特殊贡献奖，可谓实至名归。

上世纪九十年代，刚听到“高立希”这个名字时我觉得挺好笑，心里琢磨着：人家搞汉学的都叫“君”啊、“汉”哪、“华”呀什么的，这人怎么这么俗，弄了个如此拜金的姓名，还不如直接叫“高利贷”更痛快些！认识高立希先生后才知道，这几个字实际上是他德文姓名的音译，取了其姓Kautz的第一个字母K和其名Ulrich的词尾rich，于是便组成了“高立希”这么个谐音的汉语姓名。高先生的个子还真不矮，身材颀长，面容清癯，满头银发，高鼻蓝眼，典型的日耳曼人外表，又常身着中式对襟褂，足登北京布鞋，中西合璧的形象给人以学者加文人印象，虽已年逾古稀，却仍然精神矍铄，很有点仙风道骨的气派。高先生早年在东德学习汉语，毕业后到民主德国驻华大使馆任翻译，位至首席，前前后后、断断续续地在北京待了好些年，不但是个资深的“中国通”，而且还是个够格的“老北京”。如今，每每回忆起当年在永定河里游泳和被朱德、周恩来称为“Genosse Kautz”（考茨同志）的往事，高立希依然感慨万千。

离开外交界后，高立希主要从事教学工作，文学翻译只是他的业余爱好。笔者曾师从其学习口、笔译教学，受益匪浅，对他治学严谨、循循善诱的教学风格印象深刻，此后便一直视其为良师益友，亦师亦友迄今已有二十余年。

上世纪八十年代，从压抑中复苏的中国文学呈现出百花齐放的春景，从那时起高立希便开始尝试译介中国当代文学并且一发不可收拾。三十年来，在他的译笔下李准、欧阳山、邓友梅、陆文夫、王蒙、余华、王朔、阎连科、皮皮、王刚等一大批中国当代知名作家走进了德语读者的视野，使其对改革开放后新时期的中国文学刮目相看。如果把现今德国的中国文学译者列个排行榜，论质论量高立希先生都首屈一指。

要将灵活多变、捉摸不定的汉语转换为严谨规范、富有科学逻辑的德文，谈何容易，尤其是带有传统文化特色之处，往往给人以“不可译”的印象。如邓友梅以老北京为题的系列作品，民俗色彩浓郁，相当难翻。其《那五》一书中讲到主人公心急如焚时用了这样一段比喻：“……急得他直拍大腿唱《文昭关》，唱了两天头发倒是没白，可得了重感冒。”倘若直译此段话，德语读者无法明白其中的隐喻。遇到这种情况，一般译者大多添加注脚予以说明，或干脆省略，用简单的描述取而代之。前者会影响文学阅读的连贯性，有碍欣赏；后者则删掉了原著的文化特色，不能达到传递中国元素的目的。怎样既保持源语的内涵，又让目的语读者能够理解和体味其文化含义，是考验译者水平的一块试金石。深谙德国功能翻理论且熟用工具式译法的高立希，在长期的翻译实践中形成了自己独特的翻译风格，精通德中语言、文学、文化的他，尤其擅解难题，常以其丰富的知识和经验，在汉译德的崇山峻岭里，开路搭桥，化险为夷，牵起一条条通向读者心灵的红线。经其移译后的这段话，在德语译文里转换成了“这下他的情形恰似京剧《文昭关》中的主人公伍子胥一样，后者走投无路时急得一夜之间白了头，这可倒救了他，因为第二天一早通过敌人关口时就没被认出来。在客栈里白白等了两天后，那五虽然没有长白头发，但却得了重感冒。”这种增补和阐释，兼容于源语之中，做得巧不留痕，浑然一体。诸如此类的实例，在高立希的译著里可谓不胜枚举。陆文夫的小说《美食家》是以苏州为背景，专门写“吃”的故事。“民以食为天”的中华饮食文化渊源深厚，术语典故五花八门，该书篇幅虽不大，但有关“吃”的描述，可谓精细入微，如同姑苏的小桥流水，曲折纤秀，其翻译难度之大，可想而知。高立希运用精深丰富的语言和文化知识，把这部五六万字的小说译得色、香、味俱全，让德语读者觉得几乎能从中读出饭菜的香味来，垂涎欲滴。每当有人问及他自己最满意的译作是哪本书时，高立希总会不假思索地回答：《美食家》。一次笔者想考考老师的古文水平，故意问他陆文夫在《美食家》里数次引用过的诗句“朱门酒肉臭，路有冻死骨”中“臭”字作何解。高立希回答说：“就是‘臭’(chòu)的意思，难闻呀。”我幸灾乐祸地告诉他：“不对，恰恰相反，应该是‘嗅’的意思，就是飘出的香味。您肯定译错了吧！”不料他幽默地笑道：“哦，是吗？那财主家的酒肉香气与门外的冻死骨有什么直接的关系呢？如果说是有钱人家东西多得吃不了，都变质发臭了，而穷人却饿死了，这就形成强烈的对比。当然从科学上来讲，酒是不会发臭的，坏了的酒应该发酸。所以我译的是‘朱门的酒都发酸，菜也腐烂了’，视角似不同，但德文的效果到位了，歪打正着，不算错吧？”

在三十年的文学翻译生涯里，高立希非常重视同作者建立友谊，认为译者与作者之间的良好关系能促成相互信任，这恰恰是透彻理解和译好原著的重要因素。

当年，在小桥流水人家的姑苏，他曾与陆文夫一壶老酒、几碟小菜，大话美食以及吃喝之外的世情；在国际名都柏林，他曾陪余华观展看剧，畅谈文化历史；在北京，他做客阎连科家，在酒酣耳热、茶余饭后探讨作品的结局是否合适。

笔者曾多次聆听高老师的讲座，几乎每次他都会有意无意地提及一桩与王蒙先生交往的例子：在翻译《活动变人形》一书时，他曾忐忑地问王蒙，能否对其作品做些删减，不料后者爽快地回答：“删吧，随便删好了！”每当讲到此时，高立希都会开心无比，很夸张地顺势大手一挥，仿佛这决定不是王蒙而是他自己做出似的。

正是这种与作者的亲密沟通，使得高立希得以细腻入微地领会原著的神韵，从而在斟词酌句时显得如鱼得水，游刃有余，让自己的译文也下笔如有神。中国的不少作家都觉得，把书交给他译，自己可以放心。

2015 年春节期间接到高老师的来信，他告诉我，阎连科《受活》的译本刚刚交稿，比原定计划晚了一个多月，因为书中有太多连作者自己也没意识到的不确定因素，反复的交流探讨拖延了时间。总结自

笔者与高立希先生在周庄

己多年的翻译经验，高立希先生颇有感触地说："翻译的过程也是解读作品的过程，译者甚至常常比作者更吃透原著。"

是的，作为译者，只有走近作者，才能走进作品，也只有走进作品，才能译出精品，而只有精品译著才能进入读者的心灵。高立希先生的译本就是既忠实于原著又可为目的语读者心领神会的佳作。

宋健飞，1957年生，教授，硕导，华东师范大学德语系主任，上海翻译家协会理事，曾获上海翻译家协会"翻译成就奖"，曾任驻德使馆一等秘书，中德文学翻译大赛"字谜"创始人之一，译有德语名作，写有翻译研究论文、文章多篇，撰有口译教程和德译中国文学研究专著。

从数学家到文学翻译家的路有多远

——记数学家及文学翻译家欧凡先生

王滨滨

欧凡先生虽然不是上海译协会员，但他像我会会员周克希先生一样浸淫数学多年后来了个华丽转身而从事文学翻译，且成就斐然。我因曾受教于他太太谢莹莹教授，所以对欧凡先生有所了解，写他只是想取其翻译经验以启迪后辈。

欧凡，本名陈家鼐，1937 年生，江苏南通人。中小学在台湾省台中市就读，后入台湾大学攻读工程，毕业后赴德国柏林自由大学改习数学和物理。在德读书和工作十多年后于 1976 年底回北京工作，任教于首都师范大学数学系（现已退休）。他勤于写作和翻译，翻译过歌德诗集、海涅诗集及黑塞作品，另有英、法等文字的诗文翻译作品。今年将出版译作《恶之花》、费尔南多·佩索阿（Fernando Pessoa，1888—1935，葡萄牙诗人）诗集及博尔赫斯的诗评。

我一直好奇数学家怎么会跨界搞起了文学翻译，在我，从数学家到文学翻译家的路遥远且不可及。欧凡先生之所以走上文学翻译之路，一是和他的爱好分不开，二是中外文底子打得都很扎实。欧凡自幼跟着祖父读诗写字，在台湾上中学和大学时又受到良好的中国语文教育和外语教育。他精通英、德、法语，能阅读各国的文学作品原著，每逢读到心仪作品手痒痒时，便翻译出来，翻译并无任何目的，只因喜欢。

欧凡先生翻译的重点主要在诗歌领域。文学翻译本来就难，而诗歌翻译更是难上加难，原因也许像布罗茨基所说“诗歌是语言存在的最高形式”。在我的理解中，最高形式缘于诗歌是语言的精髓，它精练纯粹，剔除了一切语言上的繁芜丛杂，又有严格的韵律形式，是语言与音乐的最佳组合(这里主要指传统诗歌，现代诗、自由体诗另当别论)。要给这样的诗作穿上一件外国衣衫，让目的语读者体验到源语语言最高形式的美，是件多么不容易的事。译得不伦不类，不但亵渎了诗人，也降低了诗歌这种语言存在形式的高度。有人断言说诗无法译，这是有道理的。但欧凡先生凭着扎实的中外文底子，在诗歌翻译领域里游刃有余，至今仅翻译的英语诗歌就达 800 至 1 000 首，更不用说德语文学作品了。除了外国诗歌，他对中国古诗词也是喜爱有加，常常耽读不说，自己也创作了许多古诗词，读到自己喜欢的外国作家作品时甚至用古诗进行评论。比如他写过一首《读黑塞》的诗：

夫子何高健，皎皎灿清辉。
田园有真乐，岂怨人心危。
浮生若有寄，春心未许灰。
憔悴家室内，芳草自葳蕤。
谢与世人党，独伴秋云飞。
宏扬唯人性，魍魉不能摧。

寂寞生前事，死后堪语谁。

独有伤时客，掩卷几低徊。

这首五言诗一韵到底，既是对黑塞一生的高度概括，也有作者读黑塞的感受。诗情真意切，准确精练，特别是“宏扬唯人性，魍魉不能摧”一句把黑塞高扬人性旗帜，谱写生命之歌的意志与执著刻画了出来。

现在一些文学翻译工作者虽对翻译有极高的热情，但对诗歌翻译望而却步。对此欧凡与夫人谢莹莹教授给的建议是要多读诗作，而且要读各国诗人的诗，感受其不同的诗风。欧凡先生自己就喜爱各种风格、各个地域的诗，古典的，现代的，中欧的，东欧的，英美的……东欧诗人他很喜欢扎加耶夫斯基（Adam Zagajewski，1945— ，波兰著名诗人、作家、散文家）和切斯瓦夫·米沃什（Czeslaw Milosz，1911—2004，波兰诗人，1980年获诺贝尔文学奖），翻译了后者的国际诗选。另外要想译得好，语言素养是根本，两种语言都必须能运用自如。更为重要的一点是，翻译不能当作任务去做，而是出于兴趣爱好。不爱诗歌的人，千万不要也不能翻译诗歌。不但要爱诗歌，最好还能自己写诗，这样翻译起来就得心应手了。也就是说要想成为好的诗歌翻译家首先自己要成为诗人，用欧凡夫妇的话讲：“懂外语的诗人翻译诗歌是最合适不过的。”

现在我们欣赏一下从数学家笔下流淌出的美妙译文。这是两首黑塞的诗。

在雾中

多么奇妙，当你雾中漫步！

触目是兀石孤树，
树树各不相见，
每棵都同样孤独。

当我的生命犹彼光华，
我的朋友遍布世界，
如今，雾幕低垂，
我一个也看不见。

你难称智者
若你未识黑暗，
它无声地、挥之不去地
把你隔于万物的彼岸。

多么奇妙，当你雾中漫步！
生命与孤独何殊，
人人互不相识。
个个同样孤独。

伊丽莎白

一朵白云，
伫立在天边，
像是你，伊丽莎白，
如此洁白美丽而遥远。
白云悠悠，

没惹得你把意留，
可是在夜里，
它将在你的梦里漫游。

悠悠，轻弄银波，
知否，知否：
它将是你永恒的怀念，
你甜蜜的乡愁。

黑塞诗歌的特点之一是音乐性强，富有节奏感，这可能和他懂音乐有很大的关系。从翻译角度看，我以为这种音乐性强的诗作因韵律与音步的原因比现代诗难译。欧凡先生对此也有过论述：“译诗的主要困难当然来自格律和音韵的限制。我虽译诗写诗甚勤，却还不能说有多少心得。为了保持韵和律，前人作了不少努力，也累积了一些好的成果。但都未能真正解决问题。20世纪50年代提出的以顿代步的好处在于有章可循，不失为一个很有见地的想法，但是它的一个很大的缺点是使译诗的句子拖沓冗长。这样一来，读者不但难享吟咏之乐，反而觉得读诗是一种虐待，想把原诗的音乐性移植到译诗中来的良好愿望自然就无从实现。这里最大的问题在汉诗本身的音律传统，最主要的是七言以上的汉字组很难具有音乐性。”黑塞的诗歌大多是ABAB韵，比较规整。译文如何处理原作的韵律是个见仁见智的问题。欧凡先生的译文在形式上既没拘泥于原有的韵律，也没只顾及中国读者的阅读习惯按汉语的韵律往原文上硬套。欧凡先生的译文读起来也有几分音乐动律。要想让中译完全像原诗一样韵律规整是不可能的，但译文的音乐性却是可以追求的。如何做到这一点呢？欧凡先生试图用“节奏性或流畅性来补回一些音乐性”，要“赋予译文比较‘清’的气”，他引用了曹丕的“文以气为主，气之清浊有体”来解释“清”义。对于“清浊”学界有不同的阐释，欧凡先生这里所指的“清”指音韵的轻灵。

我们还可以从《伊丽莎白》诗译中看到欧凡先生译语的一个特点，即语言带点文言，如“知否，知否”，这样的诗句读起来朗朗上口，韵味十足。欧凡先生认为，不必把文言文与白话文的界线划得那么死，对此他写道：

“比较平白的文言，可以在诗中加以收容而不必视为文言而遽加排斥。这样，一来可以使表达手段和形式更加丰富，二来又可节省音位以增加句子的内容，例如‘你可知我心悲’之类的句子应该可以视同白话，而不必一定说成‘你可知道我心里的悲伤’。因为这样小小的差异有时在吟咏和在其他句子的剪裁上是有影响的。”

另外我们会发现欧凡先生在选词上并非一味的口语化，比如用了“触目”、“兀石孤树”、“犹彼光华”、“彼岸”、“伫立”等。虽然口语化词藻让人读起来亲切，但也让译文少了些许华美与绚丽。欧凡曾说：“诗应该被允许偶尔偏离口语，因为诗不仅是供欣赏，它还有提高和净化一个民族的语言的使命。”

欧凡先生的翻译在诗意上忠实于原作，因为他比较赞赏加斯(W. H. Gass)的“译而不诂”的信条。欧凡先生的译作很好地把诗的意境表现了出来：《在雾中》这首诗，诗人的孤独感跃然纸上。人虽然到处都有朋友，可在茫茫人海中却不见人，人与人之间仿佛有雾帘悬挂，彼此看不见，彼此隔绝。但在诗人看来，黑暗中的孤独是人生旅途中必经的一站，没有品尝过孤独的滋味就不能成长，不见识黑暗就难以成智者，孤独与黑暗是人成熟的催化剂，增智的补剂。尽管孑然一身，可诗人没把自己关在屋里，而是继续漫步在孤独中，奇妙的感觉油然而生。《伊丽莎白》让我们感到白云像少女伊丽莎白一样美丽，美得你不能不想她，就算你白天没留意她，夜晚她也会来搅你的梦。

欧凡先生的文学翻译实践告诉我们，兴趣与爱好既是学习的最好老师，也是事业有成的最强推动力。其实爱上文学翻译是件苦差事，一来稿酬低，二来遣词造句很辛苦，正如严复所说“一名而立，旬月踯躅”。但文学翻译的精神报酬很高，能给人带来乐趣与满足，愉悦了自己，快乐了他人。有了兴趣这个助推器，加上两种语言做左右加速器，从数学家到文学翻译家(或其他学科，如钱春绮从医学到文学翻译、董问樵从经济学到文学翻译)只有一步之遥。

王滨滨，1956年生，先后毕业于北京外语学院德语系、德国哥廷根大学日耳曼语系，文学硕士，现任教于复旦大学外文学院德语系，教授，研究方向为德语文学。上海翻译家协会会员。独译或合译的译著有《卡夫卡文集》(第2卷)，诺贝尔文学奖获得者、奥地利作家耶里内克的《死亡与少女》，法国作家安东尼·德·圣埃克苏佩里的《小王子》，德国未来学者霍尔茨的《未来宣言》，诺贝尔文学奖获得者、瑞士作家黑塞的《荒原狼》，诺贝尔文学奖获得者、德国作家格拉斯的《剥洋葱》，德国畅销书作者夏洛特·林克的《另外的孩子》，《世界文化遗产》(第四、五册)，及多部短篇小说及散文。

他的心为翻译而跳动*

——方平访谈录

吴 刚

2008年9月29日，莎学泰斗、著名翻译家和比较文学专家方平先生在上海逝世，享年88岁。2008年5月，方平先生曾接受了我刊采访。这也许是方平先生生前最后一次接受访谈。方平先生一生淡泊名利，潜心于创作、翻译研究，孜孜矻矻几十年，由诗人转而为一代莎学家、翻译家、外国文学专家和比较文学专家。方平先生是学者型翻译家，每有所译，必对所译作品、作家有精深研究；方平先生是诗人，虽放下诗笔多年，但他对莎剧的研究，对外国文学作品的翻译、诠释，无不浸润着一个诗人真纯而浓厚的人文情怀。绚烂至极而趋于平淡。方平先生著译等身，成就卓著，但为人又是那样谦逊、平和，我们从方平先生身上看到了一代翻译大家和学者的为人、为学之道。这里发表本刊对方平先生的访谈，以此深切悼念和缅怀这位令人敬重的文化老人。方平先生虽然走了，但他对翻译事业倾注的人文情怀，仍将继续温暖着我们。

（原《东方翻译》编者按）

值此《东方翻译》创刊之际，本刊编辑部(下简称“《东》”)对沪上知名老翻译家方平(下简称“方”)先生进行了一次专访。方先生的寓所坐落在复兴西路一幢闹中取静的公寓大楼内。我们进门之后，方先生首先向我们简要介绍了他现在看书养生、含饴弄孙的日常生活，并带我们参观了他工作与生活的寓所。方先生今年已经八十八岁高龄了，但依然精神矍铄，步履稳健，声音宏亮，谈锋甚健。在书房里，他如数家珍地向我们展示了他多年以来收藏的各种版本的中外文莎士比亚著作及国内包括港台地区出版的各种莎著译本。其中当然也少不了他耗费多年心血以诗体译成的厚厚十二卷的《新莎士比亚全集》。望着这满满一书橱的收藏，我们心中不禁对这位将自己的一生都献给了翻译事业的老翻译家油然而生了一股浓浓的敬佩之情。

《东》：方老，您好。首先向您介绍一下我们这本新创刊的杂志。我们的杂志名叫《东方翻译》，是由上海市文联、上海翻译家协会主办，上海外国语大学高翻学院协办的，内容既包括翻译理论方面的学术研讨，也包括翻译实践方面的心得交流以及对译坛译事和译家的介绍。我们计划设立一个专门的栏目，对目前沪上乃至全国的一些从事翻译实践、翻译批评和翻译理论研究的名家进行访谈，倾听他们对翻译的思考。首期我们就选择您作为

* 我在2008年5月曾代表《东方翻译》杂志对方平老先生作过一次专访。在那次专访中方平先生对翻译理论与翻译实践之间的关系、译者地位以及重译等问题发表了自己的见解。值此上海翻译家协会成立三十周年之际，我把这篇访谈录又找了出来，通过征文的途径与大家分享。大家可以看到，方先生对翻译界一些问题的看法在今天看来也依然展现了他深厚的学养与超卓的识见，以及以他为代表的上海诸多文学翻译家们的感人风采。

我们的采访对象。

方：　谢谢，谢谢，真是太荣幸了。我要谢谢你们办了这样一本杂志，让我们搞翻译的人又多了一个可以交流的地方。

《东》：方老，您是一位翻译实践方面的大家，您在莎剧翻译方面的成就是有目共睹的，但从您以前一些谈论翻译的文章来看，您好像对翻译研究或是翻译理论也有相当的兴趣。

方：　我自己是搞实践为主的，对翻译理论其实只懂得一点皮毛，现在各地有很多翻译方面的杂志，出版后都会给我寄一本来，那上面的理论文章我也是偶尔才翻翻，有许多我也看不懂。

《东》：您谦虚了。从您的文章中我们觉得您对从事理论研究的学者表现出了很大的理解与尊重，这一点在与您年龄或资历相仿的人当中似乎是很突出的。

方：　那是因为我的确从那些从事理论研究的学者身上得过益。我翻莎士比亚的戏剧就参考了许多研究莎士比亚的学者的研究成果，这其中不仅有考据方面的，也有一些谈到了怎样在新的时代里解读莎士比亚，以怎样的观念来指导莎翁作品的翻译。在我参加的有关莎士比亚的国际会议上，就有不少是非英语国家的翻译家和学者谈他们在翻译莎士比亚的过程中遇到的问题，他们总结出的一些规律和理论对于中国的莎士比亚研究有很大的启示。

《东》：您提到翻译理论研究的那些文章给我们留下这样一个印象，那就是您有着相当宽阔的学术视野和开放的思想。您能跟我们谈谈您具体是怎样看待翻译理论研究的吗？

方： 我相信翻译理论的研究对于提高翻译实践的水平是会带来好处的，这种好处有时不一定是直接的、可见的，我们千万不要太功利。了解一点翻译理论，哪怕只是浏览一下别人的研究成果，有时会给译者带来一种境界上的提升，对原文的理解会加深，在翻译方法上也能有更多的选择。再退一步讲，即使翻译理论研究对翻译实践没有实际的好处，它也是一项独立的有价值的事业，应当得到所有人的尊重。我觉得，搞翻译实践的人应当要和搞翻译理论研究的学者多接触，多交流，多从他们那里了解一些有用的信息，这样做绝对是有百利而无一弊的。

《东》：您的这种宽阔的学术视野是否和您担任中国莎学会会长、国际莎士比亚协会执委，经常参加国际学术会议有关？

方： 大概吧，经常走出去看看就不会固步自封、夜郎自大了。国外有很多翻译家本身也是研究理论的专家，两方面的功力都很深，在学术会议上两边的交流非常融洽，有时根本不分彼此。其实我身边的一些朋友、一些翻译家，他们对于翻译理论也是挺感兴趣的。

《东》：方老，您的翻译生涯跨越了几十年，您能根据自己的经历给我们谈谈翻译者在不同时代的地位吗？

方： 我们以前翻译都是出于兴趣的，也没想过要当翻译家。我读书的时候就开始翻译了，根本没想过要发表，就是为了锻炼一下自己的能力。等有翻译作品正式发表的时候，其实已经翻了很多东西了。以前那些学徒时代的习作有些后来拿出来发表了，当然又经过了认真的修改，有些就扔在抽屉里，一直也没有发表。我年轻的时候，社会上的文学气氛还是比较浓的，外国的文学作品介绍进来的很多，专门发表译文的杂志也有好几本，知名的翻译家也不少。

《东》：当时的一些翻译家好像都在翻译作品方面形成了自己的特色，比如傅雷翻译巴尔扎克，朱生豪翻译莎士比亚等，是不是他们能根据自己的兴趣挑选原本呢？

方： 一般而言，译者是没有什么挑选的权力的，即使有的话，那只是少数几个顶尖的，大多数人的情况不是这样的。朱生豪当时是世界书局的编辑，也是先翻了几部得到认可后，世界书局预支他一点稿费，他一点点翻下去的。不过，钱也不多，日子还是过得相当艰苦。能按照自己的心意选择原本来翻译的很少，算得上是凤毛麟角。出版社会向一些译者约稿，普通的译者只能先向杂志投稿。解放后也基本如此，都是出版社定的选题，找译者来翻。我和王科一翻《十日谈》也是出版社约的稿。

《东》：您是从意大利文翻的吗？

方： 不是，是从英文版翻的。当时英国已经出了很好的足本了。

《东》：您在一篇文章里提到，“文革”时期您在家里偷偷摸摸地翻莎士比亚。

方： 对，当时基本上没有什么翻译的东西了，英美国家的文学作品绝大多数都不能出了，不少翻译家还因为以前的作品而受到了批判。不过莎士比亚的命运还算好，没有受到彻底的批判，因为马克思和恩格斯都对莎士比亚有过很高的评价，这都是在马恩全集里明明白白写着的。不过即便如此，也没有什么人敢随便去动，因为毕竟是外国的东西，当时只要是和外国沾边的都让人谈虎色变啊。我是因为对翻译、对莎士比亚太喜欢了，实在忍不住，就偷偷地在家里翻，当时根本也没想过将来会不会出版，纯粹是出于兴趣，那情形的确就跟做贼一样。

《东》：“文革”结束后又迎来了一个翻译外国文学的高峰，您当时一定心情很舒畅吧？

方：对，当时是出了很多外国文学的书，其实有很多是“文革”前就翻好的，当时只是重印而已。也有新译的。和“文革”期间相比当然是心情舒畅多了，但也有新的苦恼。我一直觉得《新莎士比亚全集》交稿的时间太短，虽然和出版社其他的项目比起来已经算长的了，但要是按我的心意，再改个十年也不嫌多，现在的版本中我还是有不少地方感到有遗憾的。

《东》：您现在手头上还有什么东西在做吗？

方：我是二十年前退休的，退休以后翻译就越做越少了，最近几年基本没有在翻什么了。不过真的要是有什么能让我感兴趣的东西，我大概还是会翻的。

《东》：您对现在的翻译界的状况有什么看法呢？

方：早几年我还偶尔参加一些会，但现在这些活动也基本不参加了，所以对于现在翻译界的状况我没有发言权。

《东》：前一阵子《文汇报》上有一组关于翻译者稿酬的争鸣文章，引发了人们对译者地位的讨论。您对这个问题是怎么看的呢？

方：说到译者的地位，我倒有几句话说。翻译从来就不是一项能让人发大财的营生，文学翻译尤其如此。即便是那些翻译大家，他们在经济上的所得也是和他们在翻译事业上的艰苦付出不成比例的。翻译者的成就感不是从收入上得来的，是在翻译的过程中获得的，是从工作中得到他的自我肯定、自我安慰的。我在翻莎剧的时候，有时候翻到妙处，会有一种如见其人、如闻其声，想要手舞足蹈参与其中的感觉，这大概就是翻译能带给译者的至高享受了吧。

《东》：译者在生存上的压力会不会对文学翻译事业造成什么影响呢？

方：我觉得，虽然文学翻译不大受重视，经济收入也不可观，但这并不妨碍文学翻译成为一项高尚的事业，它对译者在修养、知识面和语言水平等方面都有着很高的要求。只有出于纯粹的兴趣，喜爱自己翻译的作品，才有可能奉献出高水平的、能被读者记住的译作。搞文学翻译的人自己一定要尊重自己，只有自己尊重自己了，别人才会尊重你。

《东》：方老，您对翻译事业的这种纯粹的态度真的让我们感到很钦佩。时代虽然进步了，但是老一辈翻译家身上这种忘我追求的精神其实是我们永远也不能舍弃的传统，是一笔后人应当好好加以继承的精神财富。那么，根据您多年的翻译实践，您对文学翻译在方法上有什么总结吗？

方：在对待文学翻译的态度上，我一直推崇卞之琳先生提出的“亦步亦趋”的翻译观，也就是说对原作的艺术形式要给予最大可能的尊重。忠实是译者的最大美德，译者要尊重的不仅是原作的内容，也要尊重原作的艺术形式。当然，任何的翻译方法或观念都不应当是绝对的，也不可能是完美的。傅雷先生提出过求神似不求形似的观念，而他实践这一观念的译作也笔墨酣畅，如行云流水，给读者带来了很大的艺术享受。但小说和戏剧，尤其是莎士比亚这样的素体诗剧还是有着不小差别的。卞之琳先生的《哈姆雷特》译得音韵铿锵，充分体现了莎翁原作在诗体上的艺术感染力，像这种存形求神、神在形中的翻译同样展现了一种高卓的翻译境界。

《东》：在更宏观的层面上，您对翻译事业的理解有过什么样的变化吗？

方：我觉得在翻译这项事业中新与旧也有着辩证法。时代是不断进步的，新的东西不断出现，对翻译都会带来影响，翻译也必须要变，要跟上时代。我过去到国外开一次莎士比亚会议，就能接触到不少莎士比亚研究的新成果，这些都会给我的翻译带来好处，给我对莎士比亚作品的理解带来新的启发。

《东》：记得您在一篇文章中提到，您看了一场莎剧的现场演出，结果对您的莎剧翻译很有启发。

方：对，那是 1998 年 8 月，我在参加“国际莎译”执委会会议期间到伦敦新落成不久的新“环球剧场”看了在那里演出的《威尼斯商人》。那场演出给我留下了很深刻的印象，一切都是尽力还原莎士比亚时代演出时的原貌，所以使我对当时的情境有了一个非常感性的认识，以后我无论是在翻译还是自己诵读莎士比亚的剧作时，眼前都会浮现出那个剧场、那场演出的景象，我就想象演员们念着我的译文在台上演出，对于译文应该达到什么样的效果似乎一下子清楚明白了许多。可惜一些以前完成的译作已经没有精力再回过去修改一遍了，只能成为永远的遗憾了。

《东》：一些新的媒体和技术的出现也对翻译造成了不小的影响，您对此有什么看法吗？

方：你是指电脑吧，听说用网络查资料很快，这些新东西我没怎么用过，如果这东西出现得再早一点的话，相信对我的翻译一定能带来很大的帮助。这些都是新的东西。翻译里也有不变的东西。虽然说有各种各样的翻译观，有时也会产生争论，但总的目标总是想把翻译这项事业做好，相信实际的情况也应该是越做越好了吧。通过译者的二度创作，尽可能地还原原作的艺术美，这一点我想应该是不会变的吧。搞文学翻译的人要对翻译感兴趣，对自己所从事的事业要投入，这应该也是不能变的，否则翻出来的东西是不会好的。

《东》：您说得很对，时代的发展与科技的进步的确给翻译带来了很大的便利，译者所处的环境有了很大的变化，有些关于翻译的观念也受到了冲击，但对待翻译事业的认真态度应该是不能变的。方老，那么您对文学经典的重译问题是怎么看的呢？

方：重译当然是可以的，也是有必要的。我回头看看自己几十年前翻译的东西，想改动的地方就非常多。语言是在不断发展的，有些以前没有办法翻的东西，现在可能已经不成问题了。我好像写过一篇文章谈过这个问题。（按：方平先生所指的应为其写于 1997 年的《可以被超越，不会被淘汰——谈文学翻译的艺术生命力》一文，内中举了《理查三世》中 “To make the perfect period of this peace” 一句，方先生认为过去可以译作 “使眼前的和解功德圆满”，现在则完全可以照字面译成 “使眼前的和解画上圆满的句号”。）

《东》：尤金·奈达认为，再好的译本也只有 50 年的寿命，您对此是怎么看的呢？

方：我觉得这话说得太绝对了一点。每个译本或多或少都会打上时代的烙印，几十年后的人也许会看不惯或看不懂了，但我认为时代特色有时恰恰也会成为一个译本的价值所在。而另一方面，好的译者凭借其深厚的艺术功力，也有可能使其译作超越时代，获得长久的生命力。既然莎士比亚的作品今天读来依然能让人感到津津有味，那么好的译本为什么就一定要被淘汰呢？但从总体上来说，我觉得重译还是有必要的，因为每个时代都有其自己的要求。

《东》：重译是否应当以超越以前的译作为目标呢？

方：重译的作品有可能超越以前的译作，但这并不意味着以前的译作就必然被取代、被淘汰了，再也没有自己的价值了。语言或许会过时，但译者对原作的阐释，译者在翻译的过程中所体现出的爱是永远值得品味的。就拿严复来说吧，他翻的很多著作，有许多提法都已经过时了，但他对中国翻译事业的贡献，他在翻译这些作品的过程中所体现的精神是不会过时的，而且这些也都是要读他的译本才能深刻体会到的。

《东》：根据您多年来翻译莎士比亚的经验，您认为中国的莎士比亚翻译在宏观上有什么发展方向呢？

方：　从文体上来讲，现在散文体和诗体的译本都已经有了，应该不会再有新的形式出现了。但语言的发展是没有止境的，所以将来肯定还会出现更好的译本的。而且，学术界对莎士比亚的研究一直在进行，并且取得了不少有价值的成果，莎士比亚翻译的一个方向就是要反映这些研究的成果。

《东》：您对下一辈的翻译者们有什么寄语吗？

方：　文学翻译是一门艺术，有其独特的美和艺术价值，对这种美和价值的追求也是永远没有尽头的，所以从事这项事业的年轻人大有可为，而且我相信他们肯定可以比我们做得更好，年轻人总是最有希望的。我希望中国的翻译者们能一代更胜一代，把中国的翻译事业，尤其是文学翻译事业推向一个又一个的高峰，创造出更多的精品和经典之作。搞文学翻译，一是要有兴趣，二是要静得下心来，有了这两点就一定能成功。

出于对方平先生的健康状况的考虑，我们的访谈只进行了一小时多一点就结束了。但就在这段并不太长的访谈时间里，方平先生的开朗乐观、儒雅淡泊已经深深地打动了我们，他对待翻译事业的热情和执着令我们为之感动。我们觉得，他有着一颗为翻译而跳动的心，正是因为有了这样的一颗心，正是因为这颗心蓬勃的跳动，他的身上才保持着一股年轻人才有的活力。而我们国家的翻译事业也正是因为有了如方平先生这样默默奉献、忘我投入的一批翻译家才取得了迄今为止的辉煌成就。我们衷心地祝愿方平先生健康长寿，也祝愿中国的文学翻译事业后继有人，创造出更多的精品佳作，为全人类精神文明的沟通、交流与繁荣作出我们应有的贡献。

吴刚，1970年生，上海外国语大学高翻学院副院长、副教授，上海翻译家协会理事，从事英文翻译，主要译著有《美与孽》、《莎乐美》、《霍比特人》、《勇敢的船长》和《拉合尔茶馆的陌生人》等，另有《远离芝加哥的地方》等外国儿童文学作品多种。

他不知道自己是……

——怀念方平先生

谢天振

方平先生于2008年9月29日下午5点50分在徐汇医院去世以来，差不多马上就要满7年了。在这7年的时间里，我时常会想起这位可敬可爱的老人，也一直想写点纪念他的文字，一是寄托我对老人的思念，二是让人们可以了解方先生身上一些鲜为人知的方面。我一直认为，作为一位著名的文学翻译家，方平先生在文学翻译实践领域的卓越成就早就为海内外的广大读者所熟知，无需我在此赘言。然而，他在翻译研究领域，在比较文学、外国文学的性别研究等领域的成就，以及他的为人，知之者恐怕就不是很多了。我甚至觉得，包括方先生自己，依着他一贯的低调和谦虚，他生前对自己的认识与定位，恐怕也较多地只是局限于文学翻译实践领域。方先生曾写过一篇赏析性的文章，题目是《他不知道自己是一个诗人》，后来他还把这个题目用作他自己的一本文集的书名①，可见他对这个题目不无偏爱。而在我看来，如果把这个题目套用于方先生本人，似乎也是挺贴切的，甚至还可以把这个题目进一步拓展：他不知道自己是一个诗人，他不知道自己是一个译学专家，他不知道自己是一个比较文学专家，他不知道自己是一个外国文学研究专家，他不知道自己是……然而这些年来，因忙于杂事，我却一直未能把我的想法付诸行动，每念及此，总感觉愧对九泉之下的方平先生。

我很早就知道了方平先生的大名。上世纪七十年代末、八十年代初还在上海外国语学院（现上海外国语大学）读硕士研究生时，我就已经读到了方先生翻译的《莎士比亚喜剧五种》、《十日谈》、勃朗宁夫人的《爱情十四行诗集》和方先生自己撰写的莎剧研究文集《和莎士比亚交个朋友吧》等译作和著述，对他非常敬仰。不过与方先生的近距离接触还是在1985年才开始的，那年3月，上海比较文学研究会成立，方先生是研究会的理事，我是研究会的秘书长；那年9月，香港中文大学举办国际比较文学学术研讨会，上海出席那个会议的就是贾植芳先生、方平先生和我三人。返回上海前我们还应邀在广东外语学院（现广东外语外贸大学）一起小住了几天，就这样回沪后我们开始有了较多的交往。

方平先生给人的第一印象是为人极其谦和。即使对我这样属于他的小辈、晚辈的年轻人，他也总是客气地称呼我为“谢先生”。甚至当他要表达与我不同的意见时，他的语气也总是那么的委婉，完全是一种商榷性的口吻，从不居高临下，更不会盛气凌人。记得有一次我与方先生一起开会，会上我说道，“有时候，优秀翻译作品的市场反

---

① 方平：《他不知道自己是一个诗人》，湖北教育出版社，2002年版。此书为许钧、唐瑾主编的“巴别塔文丛”之一种。

而没有劣质译作的大”。他听后显然感到无法接受我这个观点，便说：“谢先生，怎么可能是这样呢?”我于是跟他解释说：“譬如有一部很有名的外国文学作品需要翻译，出版社找到了您，您接下这个任务后就开始非常认真地进行翻译，字斟句酌，为一名之立而旬月踟蹰。甚至在已经完稿后您仍然迟迟不肯交稿，还在继续修改完善自己的译作。而与此同时，另外一家出版社找到了我，也让我翻译这同一部原作。然而我是一个不负责任的译者，我接下这个任务后马上找了我的几个学生，把原作拆散分给他们，并让他们尽快把各自负责的部分翻译出来交给我。我在收到他们的译稿后，粗粗地统了一下稿，就交给出版社了。这样，我翻译的那本译作不到半年就出版了。而由于原作的巨大声誉，我的译作卖得还很红火，一下就卖掉了十万册，甚至更多。而您精心打磨的译作在一两年甚至更长时间后才终于出版，然而由于我的那本劣质译作抢先占据了市场，所以待您的佳译问世时，对那部原作有兴趣的读者因为已经购买了我的译本，所以大多数人是不会再买第二本同一原作的译文的，这样您这部译作出版社就很可能只能印个两三千册，进入书店后它的销路也很一般。您觉得事情是不是这样?”他听了我的话后，一阵默然，神色凝重，我知道他肯定是在为优秀译作的这种命运感到心痛，赶紧安慰他说：“这当然是翻译市场的一种我们不愿意看到的，但又是客观存在的现象。要改变这种现象，那我们就需要加强翻译批评，让劣质翻译作品无处藏身，没有市场。”听了我这番话后，方先生的脸色才稍稍缓和下来。

上世纪九十年代，我正在写我的第一本译学专著《译介学》，我把其中的一些观点先行整理成文单独在杂志或学报上发表。方先生对我的这些论文非常关注，每每读到一篇文章后就会给我打来电话，而且非常兴奋，一谈就是半个多小时，因为他极其敏锐且真切地感觉到我的译介学论文都是在为提高文学翻译水平和文学翻译家的地位而发声。但有一天晚上他打来电话，电话中传来的他的声音似乎有些凝重。他说："谢先生，我刚刚拜读了你的大作《论文学翻译中的创造性叛逆》。但我对你的'创造性叛逆'的说法有些想不通，你非要提'叛逆'吗？那不是把翻译家比喻成了'叛臣逆子'了吗？那还谈什么翻译家的地位呢？"我回答说："方先生，我说的'创造性叛逆'那是一个中性词，没有褒贬的意思。其实这个词我也是根据英文原文翻译过来的。""那英文原文是什么？"我说："是 creative treason。"他听后"哦"了一声，大概是觉得这样翻译也确实无可非议，所以也不再说什么话。我于是再解释了一句："当然，也可以翻译成'创造性背离'。不过既然学界已经通行用'创造性叛逆'，那我也就沿用这通用的译法了。"他听后没有再说什么就把电话挂了。我以为他肯定对我的说法仍然有所保留，只是不便反驳而已，因为当时国内翻译界有不少老翻译家对"翻译总是一种创造性叛逆"的说法不大能够理解和接受，不少人甚至持保留乃至反对的立场。然而令我惊讶的是，之后方先生在为拙著《译介学》写序时却专门提到这个术语，还以相当大的篇幅予以肯定，说："'创造性叛逆'是'译介学'所引进的一个命题，作者用专章讨论，为我们开拓了一个全新的概念。……作者从中外翻译作品中举引了大量有关的例证，最后的结论是有说服力的：文学翻译的'创造性叛逆'的意义是巨大的，正是由于它，'才使得一部又一部的文学杰作得到了跨越地理、超越时空的传播和接受'。"他甚至还专门提醒说："今后我们在文学翻译本身的范畴内探讨翻译艺术，仍然要谈到'信'和'忠实'，对于我们翻译工作者，这可是一个带有神圣性的永恒的主题，但是看来有必要作深入一步的考虑了。"① 方先生乐于和善于接受新理论、新观点的若谷胸怀，由此可见一斑。

其实，乐于和善于接受新理论、新观点，正是方平先生一贯的学术品格。这种品格折射出的是方先生开阔的学术视野和博大的文化胸怀。在我看来，这也是方先生在作为一名杰出的文学翻译家的同时，还能成为一名杰出的比较文学家和外国文学研究家的原因所在。上世纪七十年代末、八十年代初，比较文学在中国大陆重新崛起，方先生以其敏锐的学术嗅觉立即察觉到这一新兴学科的价值与意义，并为之深深吸引。凭借其深厚的中外文化学养和中外文学的积淀，方先生在进入八十年代后短短的三四年间即在全国各地的杂志上发表了二十余篇比较文学论文。1987 年底某一天，我已经不记得具体是在什么场合，他从包里拿出一本名为《三个从家庭出走的妇女——比较文学论文集》②(以下简称《三个妇女》)的书送给我，在该书的扉页上他事先已经写好了"天振同志指正"的题款。那一笔一划极其端正的笔迹让我受宠若惊，感觉担当不起。这本书正是前几年他发表的一系列研究比较文学的论文的结集。尽管收在这本集子里的大多数文章我已经在《文学评论》、《外国文学研究》等杂志上读到过，但在收到方先生赠书的当晚我仍然抑制不住地被书中的文章所深深吸引，一气读完全书。这一方

① 见谢天振《译介学》"序二"，上海外语教育出版社，1999 年版，第 5 页。

② 见方平《三个从家庭出走的妇女——比较文学论文集》，外国文学出版社，1987 年版。

面是由于方平先生明白晓畅、优美生动的文笔，但另一方面，更重要的，是每篇文章所蕴含的深邃的思想。譬如他把《红楼梦》中的王熙凤和莎士比亚笔下的福斯泰夫这两个看上去完全不搭界的人物放在一起进行考察审视，引出了一个关于“美”的个性的深刻思考；把蒲松龄的《促织》与德国作家卡夫卡笔下的《变形记》放在一起，引出了一个关于《促织》的新思考：揭示了在不合理的社会制度下，人的“异化”的悲剧。

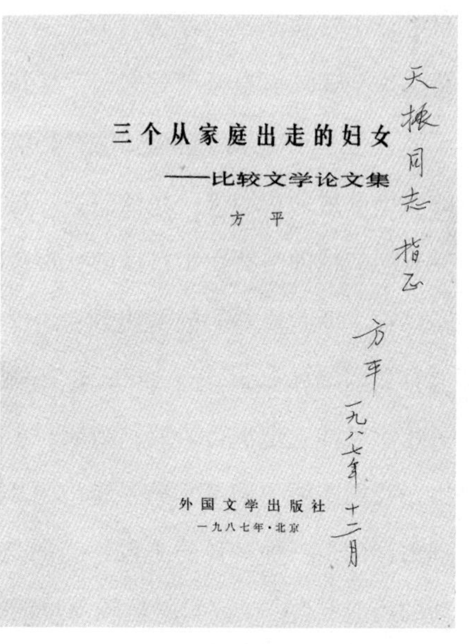

方平先生的赠书

然而读完《三个妇女》后，我感受到的最大震撼还在于方平先生对于比较文学学科方法论的理解与思考。在我的印象中，长期从事文学翻译实践的翻译家和对中外文本比较熟悉的文学研究者，他们对文学的思考大多会比较偏重文学文本和作品的人物、情节等具体内容，而较少关注文学研究的方法论，更遑论对于比较文学这样一个新兴学科的方法论的关注。但方平先生的这本《三个妇女》却从头到尾贯穿着他对比较文学学科方法论的关注，里面既有对影响研究的思考，也有对平行研究的分析。而且，更有意义和更具特色的是，方先生对如此纯粹的学术问题的阐释却不是用枯燥乏味的干巴巴的语言，而是仍然用他一贯的风趣平易的语言娓娓道来。譬如他谈“影响研究”：“在我心目中，比较文学是‘关系文学’——这是从好的意义上去理解‘关系’这个词。这是万里寻亲记，攀新亲眷，建立新关系，真像古人所说的，是‘乐莫乐兮新相知’。‘影响研究’所取得的每一个值得注意的成果都帮助我们进一步体会到，每一个民族的文化建树，都是为人类共同的精神财富作出自己的一份贡献，都让我们产生一种‘海内存知己，天涯若比邻’的亲切感——因为我们看到了各民族间的文化交流有多么源远流长。”[①] 而在谈“平行研究”时，他竟然化身成了一名化学老师，把平行研究归结成一个方程式：“A∶B→C”，并强调指出，我们不能“满足于A∶B=A+B”，因为“比较不是自身存在的理由，而是一种有效的手段，为的是通过比较，促使产生新的化合，新的反应C。C也许只是比较简单的无机化学反应；当然，更可喜的是那复杂的、高分子的有机化学反应。C代表了比较文学研究所取得的不同层次的深度。它是一种进行创造性的分析、演绎、归纳后所取得的成果。它为不同文化背景的民族文学描绘出一条运动着的规律，或者对某一种文艺现象进行新的探讨，提出新的论断，或者对于被比较的作品、作家的重新认识，甚至只是一个有启发性的问题的提出。C才是‘平行研究’所追求的目标。唯有C才证明了‘平行研究’自身的存在价值”。[②] 这些话真称得上既形象生动，又趣味盎然。自上世纪七八十年代比较文学在中国大陆重新崛起以来，国内学界从平行研究入手的比较文学研究文章发表了很多，但大多流于“X+Y”式

---

① 见方平《三个从家庭出走的妇女——比较文学论文集》，外国文学出版社，1987年版，第87页。

② 同上书，第363页。

的比附，把两个表面相似的作家、作品、人物、主题等拉在一起进行所谓的比较研究，惊叹于两者的“何其相似乃尔”，却未能揭示出其内在的可比性。从这个意义上而言，方平先生的比较文学研究论文，至今仍不失为国内平行研究领域的典范之作。

作为一名文学翻译家，方平先生在外国文学研究领域所取得的成就与专治外国文学研究的专家学者相比也毫不逊色。尤其令人赞赏和佩服的是，作为一名男性老翻译家和研究者，他的外国文学研究却透露出强烈鲜明的女权意识。这种意识，在我与方先生的直接交往中倒是从来没有听他说起过，这大概是因为他觉得我是从事比较文学和翻译研究的，这些问题我不一定会感兴趣吧。但我从他于上世纪八十年代送我的《三个妇女》到九十年代末送我的论文集《谦逊的真理》，再到进入新千年后送我的《呼啸山庄》新译本，却感觉到他的这种意识在他的数十篇外国文学研究论文中一以贯之，几十年始终不渝。①

其实，早在《三个妇女》之前，在他为他翻译的《十日谈》所写的译序“幸福在人间”中，已经体现出了这种鲜明的女权主义立场。而在论文集《三个妇女》中，体现这种立场的文章那就更是俯拾皆是了。在《三个从家庭出走的妇女》一文中，方先生的同情心明显地给予了那三个“生气蓬勃，感情丰富得快要溢出来似的”妇女——《十日谈》“海盗与丈夫”篇中的女主人公和《安娜·卡列尼娜》、《玩偶之家》两部名

① 方平先生还送过我一本他的论文集《为什么顶楼上藏着一个疯女人》，更加鲜明地体现了他的文学研究的女权意识。但该书被我从前的一个学生借走了，一直没有还我。我在上外图书馆里也没借到，只好暂付阙如。

著的女主人公，肯定三人“在那个使人窒息的环境里，追求更鲜明地体现自己人格的个性解放”①。而在《可喜的新眼光》一文中，方先生在比较了伏尔泰的哲理小说《查第格》中第二章“鼻子”与冯梦龙编选的《警世通言》中第二回“庄子休鼓盆成大道”两个故事后指出，“在妇女再嫁的问题上，《鼓盆》暴露了浓重的封建主义思想，扇坟的寡妇，劈棺的田氏，都是被耻笑、讽刺的对象。作者分明是一个女性憎恶者，从他的眼里看去，天下的女人全都是水性杨花，假情假意”。他甚至进一步分析说，《鼓盆》故事中的三个人物即寡妇、田氏和庄子中，“最卑鄙恶劣的就是这个道貌岸然的伪君子”，也即庄子。与此同时，他比较肯定伏尔泰的小说，因为“妇女再嫁，在查第格的眼里，并不是什么伤风败俗、可恨可恶之事(后来他反对过节妇殉夫的陋习)；主人公最后得到他所追求的幸福：和一位温柔美丽的寡妇(巴比伦王后)结了婚”。②

毫无疑问，在方平先生所取得的诸多成就中，最令人瞩目的当推他精湛的翻译艺术和一系列关于文学翻译的真知灼见。读方先生的译作，文字是那么的自然流畅，内容又是那么的明白显豁，没有丝毫的佶屈聱牙，感觉真像是原作者自己用中文写的。国内翻译界多把钱锺书先生所说的“化境”视作对译作的最高评价，我觉得方先生的译作完全当得起这样的评价，也即“不因语言习惯的差异而露出生硬牵强

---

① 见方平《三个从家庭出走的妇女——比较文学论文集》，外国文学出版社，1987年，第80页。

② 同上书，第354页。

的痕迹，又能完全保存原有的风味，那就算入得‘化境’”。[①]

不过对方平先生的翻译艺术成就的探讨可不是本文这样一篇小文所能承担的，那是要花大工夫，细细对照原文和译文，悉心揣摩，深入领会，才有可能悟得其中真谛的。我这里只想重点谈一下方先生的翻译思想。在我看来，当前国内外翻译研究和翻译理论的最新发展，正好可以映衬出，甚至更彰显出方先生翻译思想在国内翻译界的超前意识和理论价值。从某种层面上而言，我们甚至可以说，方先生的翻译思想与国际译学理论的最新发展是同步的。

当代国际译学研究中的一个非常重要的思想就是让“译者登场”，即让译者及其译作从原作者和原作的背后走出来，让读者看到在跨越语言和国界的跨文化交际中，译者是一个相对独立的主体，而译作发挥着原作无法起到的作用。而方先生早在1993年发表在《中国翻译》上的《文学翻译在艺术王国里的地位》一文中就已明确指出：“忠实而又传神的译文有时甚至比原文更容易激发本国读者的审美感受。这从接受美学的角度来看，是可以得到合乎情理的解释的。”他说：“读者的接受原著，也许停留于感受这一层面上就满足了；而一位严肃的译者接受原著，必须通过感受而深入到作品的思想意蕴，努力以他独到的体会和理解进而给予有表现力的阐释。这样的译品对于读者接受原著（即使直接阅读原文吧）是会有帮助的。”他还具体援引卞之琳先生译的《哈姆雷特》第二幕开头16行译文为例：“至亲的先兄哈姆雷特驾

① 见钱锺书《林纾的翻译》，载罗新璋、陈应年编《翻译论集》（修订本），商务印书馆，2009年版，第774页。

崩未久，/记忆犹新，大家固然应当/哀戚于心，应该让全国上下/愁眉不展，共结成一片哀容，/……”认为这一段登基演说词，译文“惟妙惟肖地再现了篡位者那种冠冕堂皇、老练圆滑，而内心却惴惴不安的神态，使人如闻其声、如见其人”。不仅如此，方先生还进一步指出，通过译文，我们“才读出了更多的人情世态”，读出了更多的“韵味”，读出了“弦外之音”，而这一切都是“译文进入情景、进入角色的理解和曲尽其妙的发挥(也就是译文的阐释)给予原文的”。[①] 这里，方平先生对一部优秀译作独特的，即使是原作也无法取代的艺术价值的高度肯定，跃然纸上。

这让我想起了 1998 年初夏的一天上午，他约我在淮海路百盛商厦的楼上见面。那里是一个美食广场，不过因为离中午吃饭的时间还早，所以还比较安静。当时方先生正好审阅完了拙著《译介学》的打印稿，约我见面以便当面交换意见。按理说方先生作为审阅专家，只要对所审稿件从宏观上提些意见就可以了，或肯定，或否定，或提出修改意见等。但我看到我的打印稿有多处地方都有方先生的红笔记号，标出的是我稿件上的打印错误，甚至还有知识性错误。他对拙著的第五章的标题“翻译文学——争取承认的文学”特别欣赏，言谈之间甚至希望我就用这个标题作书名，而不要用“译介学”这样学术气书卷气比较重的书名。他说：“这个标题多好啊，多有气派：翻译文学——争取承认的文学！”看得出那次见面方先生很兴奋，所以在

① 见方平《文学翻译在艺术王国里的地位》，载《中国翻译》1993 年第 1 期，另收入方平论文集《他不知道自己是一个诗人》，湖北教育出版社，2002 年版。

谈完正事后他仍意犹未尽，于是我们就一起在美食广场里找了个饭馆，又聊了一个多小时。

方平先生关于翻译的见解中还有许多很重要的思想值得挖掘和总结。譬如，他对翻译工作的高度自信。我至今仍清楚地记得，1988年11月的一天，他把他刚出版不久的《一条未走的路——弗罗斯特诗歌欣赏》一书赠送给我时那份掩饰不住的自豪与得意之情。我当时有点不理解，因为方平先生平时一向极其谦虚，这样的表情在他身上是非常罕见的。但当我拜读了这本书，特别是读了该书的“译后记”后，因为正是在这篇“译后记”中，方先生充满自信地喊出了：“好诗，通过翻译，是可以还它一篇好诗的。”① 再如，他针对国内一些译者“为了追求译文的精彩，有意无意地忽视了确切”的做法，明确表示反对，并提出：“译文精彩，固然见出了译者的文字功力，但可能并非是文学翻译惟一追求的目标。译文的贴切，同样值得重视，而且同样显示出译者的文学修养。”② 这样的观点，也是很值得我们后来的翻译家们认真学习和反思的。

生活中的方平先生为人谦和，从不摆名人的架子。他衣着朴素，饮食随常，在花钱上，尤其是对自己，简直有点“抠”。然而当上海戏剧学院筹建莎士比亚塑像时，他却毫不犹豫地捐出了好几万元他自己多年的积蓄(这在当年来说不啻一笔巨款)。而在他简朴的外表下，更是跃动着一颗充满人文情趣的心：他喜欢音乐，谈起西方古典音乐

① 见方平译《一条未走的路——弗罗斯特诗歌欣赏》，上海译文出版社，1988年版，第224页。
② 见方平《谦逊的真理》，辽宁教育出版社，1998年版，第243页。

来如数家珍。1992 年我从加拿大回国后在免税商店买了一套在当时来说算是很高级的组合音响，他听说后反复向我打听音响的效果如何，低音强不强，音乐的层次是否丰富、分明等。当然，他更喜欢诗，有时从外地出差回来，他会忍不住写一两首诗发表在报纸上。我在报上读到过方先生的诗，觉得其实他完全可以成为一名诗人的，但他在晚年把他的全部精力都投入到翻译、编辑、出版诗体版《新莎士比亚全集》这件事上去了。记得在这套诗体版《新莎士比亚全集》出版后，有一次大概是在上海作协开会吧，或是另外的场合，他见到我就说："谢先生，我们的《新莎士比亚全集》已经出来了，我要送一套给你。"我连说："谢谢，谢谢！不敢当，不敢当！"但我知道，方先生主动表示要送这套书给我，实际上反映了方先生对此事非常有成就感，所以乐意与他的朋友，甚至他的晚辈一起分享。他还邀请我有空时去他家做客，听音乐，我也很高兴地接受了，但我因忙于开会、讲学和筹办《东方翻译》等杂事而一直未能抽出空去看他。2008 年 5 月，我建议我的同事吴刚教授去对方先生做一次访谈，打算把这篇访谈稿作为《东方翻译》创刊号上的一个亮点。我计划等我们的《东方翻译》正式出版后，我就带着新出版的杂志去面见方先生，同时还可向他约约稿。岂料还未等到我们的杂志出版，就在当年的 9 月，方先生竟然驾鹤西去了。消息传来，我惊愕之余，更感到深深的哀伤，与方先生的未践之约成为我终生的遗憾。

然而，尽管方平先生已经离开我们了，但我想，无论是我个人，还是上海翻译界的同仁，乃至广大读者，我们永远不会忘记这位杰出的外国文学翻译家、外国文学研究家、比较文学家和译学理论家。他留下的那么多精湛译作和深刻著述是我们上海文化界，也是全国文化界享用不尽且永远可以从中汲取到丰富营养的文化遗产和精神财富。在我们心中，方平先生的名字将与薄伽丘、莎士比亚、勃朗特姐妹、弗罗斯特等伟大作家和诗人的光辉灿烂的名字一起，永世长存！

谢天振，1944年生，教授，历任上海外国语大学社会科学研究院副院长、常务副院长等职，现任上外高级翻译学院翻译研究所所长，比较文学暨翻译学专业硕士生、博士生导师。享受国务院特殊专家津贴。主要编、译、著作有专著《译介学》、《翻译研究新视野》、《译介学导论》、《译介学(增订本)》、《中西翻译简史》(合作)、《简明中西翻译史》(合作)、《中国现代翻译文学史(1898—1949)》(主编，“九五”国家社科重点项目)、《中国20世纪外国文学翻译史》(合作，“十一五”国家重点图书)，个人论文集《比较文学与翻译研究》、《隐身与现身——从传统译论到现代译论》、《超越文本　超越翻译》，个人学术散文随笔集《海上译谭》，理论译著《当代国外翻译理论导读》，以及长、中、短篇小说及散文译作数种。

像他那样老去是件带劲的事

——记翻译家娄自良老师

徐晓雁

我喜欢上海翻译家协会，在那里可以与同行交流翻译心得，参加有趣的活动，遇到有趣的人。尤其是一些翻译家前辈，他们做人做翻译的态度，让我辈获益匪浅。在遇到了 82 岁的娄自良老先生后，我更觉如获至宝。他饱经沧桑仍乐观通达，阅尽世态炎凉仍童心未泯，我和他可说是一见如故。

一、初　　遇

我是去年在翻译家协会的一次沙龙上第一次见到娄老师。孤陋寡闻的我，以前并不知道翻译了托尔斯泰《战争与和平》、陀思妥耶夫斯基《鬼》等大量俄罗斯经典作品的娄自良老师。他在沙龙上作了一个《我的风雨人生和翻译》的发言，声音洪亮、思维清晰、说话有趣。给我的第一感觉就是这个老头太带劲了。他说他年轻时因为敢说话，被打成右派，流放新疆；后来人家见他有文化调他去学校教书，但他却毅然辞职。用他自己的话来说，一个右派辞职相当于寻死。可他就是那么执拗，宁可做无业游民也要回上海，只是为了能到上海图书馆的外文资料室看原版外文书，研究西方哲学。那时外文资料室当然不会让他这样的"牛鬼蛇神"进去。他说为此他做了这辈子唯一的一件坏事，忽悠一位原来的同事写了一张办证申请书，然后把同事的名字擦去，用毛笔写上自己的名字，特意等到天黑的时候交给图书管理员办证，就这么蒙混过关，混到一张阅览证。他那时很穷，穷到每天靠一碗粥，在图书馆泡一天，啃黑格尔、康德原著。他对哲学情有独钟，后来很长时间一直默默编撰哲学大辞典，哪怕没多少人问津。

那个年代，一个右派是没有多少出路的，为了养活自己，他卖苦力去挖防空洞，去钢厂拎钢水，幸亏他有强健的体魄。他说起往事时平静而节制，点到为止，更多是对翻译心得的分享。独立书评人云也退写过关于娄老师的三篇长文，洋洋洒洒。第一篇的题目叫《与往事平起平坐》，我觉得"平起平坐"四个字用得特别好。娄老师就是以这种平静而理性的态度来看待往事，既不抱怨，也不卖弄，有一种无声的高贵。

会议结束，我们一起去吃饭。娄老师站起来，我惊讶地发现他这么高，这么挺拔。很少见到 80 岁的老人能像一棵杨树那么笔直。我问他有多高，他说年轻时 1 米 80，现在 1 米 79。我觉得他帅极了，也许因为我只有 1 米 50，还缩了 1 厘米的缘故。我仰起头，他脸上的皱纹刀劈斧削，他自嘲那是一种沧桑美。我想起我翻译过的一本书《奥斯卡与玫瑰夫人》，书中小奥斯卡形容玫瑰奶奶脸上的皱纹，是太阳周边一道道的光芒。

活动结束，我们坐地铁同路回家。想到我的老父亲绝无可能独自出来坐地铁，我委婉地问他平时会一个人出来坐地铁吗。他说："当然！我每周坐地铁从张江到宛平路找老同事搓麻将，从下午 1 点搓到晚上 11 点，然后再花 100 多元坐出租车回家。"那骄傲的神情，就像一个得瑟的孩子。

地铁一站站过去，我们越说越起劲。他和我说起他小时候习过一点武，后来我也从云也退的文章中略知他童年时的经历，才明白为什么他如今 80 多岁还能如此耳聪目明，精神矍铄。他说："老天看我年轻时太苦了，现在要补偿我。"我问他到今日如何看待以前遭受的磨难。他说人生要有智慧，要有定力。智慧让人化解苦难，定力让人执着追求目标。说到执着，他说他从小就挺倔，12 岁时参加学校演讲比赛，一直说得很好，却把结尾给忘了，就这么呆立在台上。老师说孩子你已经说得很好了，可以下来了。他说他偏不，相信自己一定能想起来。几分钟后他果然记起，讲完了全文，还举起小拳头说打倒日本帝国主义。他说到小拳头时，神情可爱极了。老人和孩子是人类中最容易让人亲近的一群。

同娄老师聊天的过程中我一直想起沪语里"老克勒"这个词，在我对"老克勒"的理解中，除了表面的生活做派，还有一种精神上隐而不露的高贵与毫不做作的坦然。娄老师今日对人生的通达，与他童年时代的视野和经历有关。他们这样"好人家"出身的老一辈知识分子，也会让我想起法国大革命中的贵族。我一直认为，贵族与草根在面对命运中突然遭遇的苦难或运气时，态度常常是不一样的。

二、你好，人生！

我写与娄老师初遇的小文发在朋友圈后，得到了很多共鸣。他曲折的人生经历，睿智豁达的人生态度，不但吸引了我，还吸引了很多我的朋友。一位热心公益的邻居找到我，希望请娄老师为我们社区小学五六年级的孩子作一场关于人生的讲座。

娄老师一开始并没有马上答应，他时间宝贵，而且我感觉他不是那种需要在别人的关注中寻求存在感的老人。但经过几次沟通，他感受到了我们的诚意，也觉得邻里之间自发组织的这种亲子活动是件有意义的事，于是就答应了我们的请求。一旦答应，他那种严谨、认真的态度马上呈现。他先问我朋友要来孩子们的教科书，他要了解现在的孩子在学些什么，他如何设计他的讲座才对孩子们真正有益。他说他过往的经历对孩子们来说太沉重，他要讲一些有趣的事。

讲座在我们社区一个小小的公益图书室举行，图书室由社区志愿者自发维护。那天是周五，家长们带着孩子从拥堵的车流中赶来，还有一位爸爸出差回家从飞机场直奔而来，小小的图书室一会儿就被围得水泄不通。我的朋友们花了很多心思来组织这次活动，取题为："你好，人生！"由学书法的孩子写在纸上，贴在小黑板上。娄老师翻译的茨维塔耶娃《温柔的幻影》早已绝版，朋友从淘宝买来旧书，打印部分诗歌出来，人手一份。

小朋友们用上海话、台湾话、英语、俄语、日语朗诵了一些儿

娄自良与笔者及小读者合影

歌，妈妈们朗诵了《温柔的幻影》里的诗歌及《战争与和平》节选。娄老师穿着合身挺括的外套，崭新的皮鞋一尘不染，一直面带微笑，默默听着大家的朗诵。

轮到娄老师讲话了，他站起来开口第一句就说："孩子们，你们像盛开的花朵。"大家都热烈鼓掌。我相信在场的妈妈们一定同我当初一样，惊讶于娄老师的挺拔；一定同我一样，喜欢他的这句开场白，我觉得这句话里浓缩了太多他此时此刻的心情。他没有直接给他们讲人生，而是给他们讲了三个故事，都是他自己的亲身经历，启发他们思考，从而传递出他的人生信条：理性、智慧、执着、定力。他尤其寄语男孩子要注意培养精神上的强悍，不屈不挠。他的讲座一如既往没有草稿，一如既往妙趣横生，十二三岁的孩子都听得入了神。

讲座完毕，孩子和家长拿着《战争与和平》、《鬼》，排队让娄老师签名。娄老师一笔一划很认真地写着。看着他专注的神情和簇拥着他的孩子们，我有些感动。我想，那一晚的娄自良老师，应该是幸福的。他回家后给我发来一条短信："感谢你所做的一切！"

后来，我与娄老师又见过几次，每次都是相谈甚欢。他对待翻译严谨理性的态度，对待喧闹纷繁世界超然的人生观，无不深刻影响着我。自从我过了50岁，也常思考老去与死亡的问题，通常我是乐观与通达的，如今遇到了娄老师，更是觉得前途一片光明。他把我向往的二十年、三十年后的状态，直观呈现在你我眼前，让人觉得，老去，是件挺带劲的事。

徐晓雁，1962年生，毕业于原上海第二医科大学法文班，后在法国留学、工作十余年。巴黎十二大生命科学硕士，曾在瑞士生物医药企业任职多年。之后涉足法国文学作品翻译，主要译作有科普书籍《克服疼痛》、《理想睡眠》、《抗衰老》，人物传记《给没有救我命的朋友》、《契诃夫画传》，长篇小说《伊莎贝尔》、《第三帝国的孤儿》、《如果没有遇见你》、《摘心器》，中短篇小说集《奥斯卡与玫瑰夫人》、《希腊短篇小说选》、《我们都是奥黛特》等。在《好逑》杂志开设书评和游记专栏。

同事和师长

——我印象中的王智量老师*

许光华

我和王智量老师认识是在上世纪八十年代初，那时我第一次从法国任教回来，同在华师大外国文学教研室任教，从那时起，我们便做起了同事。可又怎么说他是我的师长呢？这是因为，之前，我从事的是世界史翻译和外国学生的汉语教学，所以，实际上那时我是刚刚开始从事外国文学的教学和研究工作，而他在这一领域已是颇有名气的俄国文学翻译和研究家。可以说，我在外国文学领域，无论教学、研究还是翻译方面所取得的一点进步和成绩，都跟王老师的指导、帮助密不可分，故称他为师长一点也不夸张。这里我只谈对王老师的三点印象：

敬业和锲而不舍的精神。王老师的这一特点最明显地体现在他对《叶甫盖尼·奥涅金》这部作品的翻译和研究上，有关这部作品翻译过程中所遭遇到的坎坷和诸多磨难，他在《一本书，几个人，几十年间》里写得很详细，也在同事面前谈过多次。从接受任务，被打成右派耽搁下来，又怎样得到前辈的关心和支持，在最艰难的岁月里没有放弃等，前前后后几十年，可以说是经过了九九八十一难，令人感慨而感动。试想，如果对事业没有坚定的信仰和执着的追求精神，最后怎能成正果？其实，关于他的敬业和执着精神，我要补充说明的是，不仅体现在他对《奥》这部作品的翻译上，同样体现在我们同事期间，他在外国文学教学、研究和翻译工作上。王智量老师是一个多产的翻译家、研究家和创作家，他成绩卓著，硕果累累，令人敬佩，不仅有翻译作品，还有理论著作和文艺创作。与我同事的这些日子里，他翻译出版了《安娜·卡列宁娜》、《贵族之家》、《屠格涅夫散文诗》、《前夜》，狄更斯小说《我们共同的朋友》，论著《论普希金、屠格涅夫、托尔斯泰》、《论十九世纪俄罗斯文学》和小说《饥饿的山村》，堪称译著等身。他不仅自己努力工作，勤奋耕耘，还十分关心教研室里年轻的同事，甚至其他院校的青年教师的成长，如《外国文学史纲》、《比较文学三百篇》、《外国文学名作自学手册》等一些重大的项目，也都是我跟他同事的这几年中完成的。同样是在这段时间里，我发现，他比我们年轻人的成果多得多，涉及面也广泛得多，按年龄来说，他只比我大十岁，可取得的成果却令人望尘莫及。我们不能不承认，他比我们有天赋，但更重要的还应该看到他比我们勤奋、敬业和对事业更富有激情。

唱自己的歌，不要鹦鹉学舌。中文系的学生常在我面前说，听王智量老师的课是一种享受，生动、丰富、流畅、自如，富于个性，师生互动，课堂气氛活跃，没有学究气。据他自己说，这是受了施蛰存

---

* 本文系作者在华东师大档案馆为王智量老师举办捐赠仪式上的一次发言。

先生的教诲和启示。当然，我们作为年轻的教师，是从他那里得到了教诲，且受益匪浅。我们知道，上世纪八十年代是个刚刚开放的年代，国外的许多新知识和文学流派纷纷地被介绍到国内，这当然是一件好事，但当时也有某些偏颇的地方，那种外国的月亮比中国圆的味道也不是没有，对外国的东西没有吃透，生搬硬套，拿来就用，甚至向学生推销的现象也是存在的。王老师很看不惯。他经常告诫我们年轻的教师，讲课要有个性，要发表自己的看法，哪怕不全面、有偏颇，那毕竟是你自己的东西。他很反对在课堂上只介绍人家的东西，重复别人的论点，没有自己的看法。他经常告诉我们，要唱自己的歌，而不要鹦鹉学舌。其实，不仅是讲课，他在研究和翻译工作中，也经常教导我们年轻教师要努力做到这一点。大家可以发现，读他的作品，可以感觉到他的富于个性的心灵跳动，包括他后来的画作，观赏者常会会意地笑着说，这是王老师的画。言下之意是说，太能看出他的性格特征了：随意流畅、无拘无束、无雕琢，富于灵气。

大度，豁达，心系普通人群。我们知道，王老师是资深翻译家、著名学者，可他平易近人，没有一点架子，是个很随和、容易接近的人。他有许多普通老百姓朋友，这也许跟他当年下放劳动改造和后来在上海码头工作有关，他跟最底层的农民、工人一起劳动，结下友谊，有劳动人民情结，一句话，接地气。他也是个豁达大度的人。他一生经历坎坷，但每当谈到当年挨整的事，都会说，这并不是某个人对他过不去，而是一种思潮；而每当谈到帮助过他的人，言谈之中洋溢感激之情和深深的敬意，令人感到沉甸甸的。这里所指的不仅仅是何其芳、戈宝权、李毓珍等文化名人的关怀和鼓励，更是指那些名不见经传的普通老百姓对他的同情、爱护和支持。最明显的例子是他对所居住区一位普通民警的深情。就因为这位民警作为正常的工作给他报上户口(当然，对于当时的王老师来说，也是一件大事)，王老师对他的那种感激之情，常常溢于言谈之中；而且，他不仅在这位民警身上看到那种正直、秉公办事的好品质，还看出一个普通工作人员对文化的热爱和渴望，因为这位民警还鼓励他，希望他把他的翻译工作坚持下去，不要放弃。这在当年文化沙漠时期，是难能可贵的，王老师深深地记住了，也成了他坚持下去的一种动力。

总之，王智量老师既是我的同事，又是我的师长，一个我所喜欢交往和敬仰的人，如果还要补充一句的话，我还会说，王老师您太有才了，我妒忌您，因为我是一个才疏学浅的人。

许光华，1939年生，华东师范大学中文系教授，中国资深翻译家，长期从事法语文学教学与研究。主要翻译作品有《司汤达文艺书简》、《人兽》、《马格里布史》、《阿尔及利亚史》、《达荷美史》、《外国文学名家论名家》(合译)、《法国艺术家随笔》(合译)、《钥匙挂在大门上》(合译)等。

高调做事　低调做人

——怀念包文棣、赵家璧先生

杨伟民

记得那是在 1984 年，中国社科院外文所约我翻译 Б. Ф. 叶戈洛夫的《最简单符号体系与情节类型学》，因初次接触这类论文，草译后十分希望能请前辈老师过目。我把此想法与赵家璧先生谈起时，他建议我多看几遍，换一个视角思考，一遍不行，两遍，两遍不行，三遍、四遍……十几、二十遍，直到读懂、读通，译得通顺也就不成问题。在这方面他要我请教包文棣先生。

赵家璧先生早年的家与我爱人溧阳路老家毗邻，离鲁迅藏书楼不远。并列一排四栋石库门建筑房屋，3、4 号是赵府，曹聚仁先生住 5 号，我爱人家在 2 号。赵先生一家与邻里相处甚好，非常喜欢街坊的小朋友们。我随爱人称呼他为赵家伯伯。后来他搬迁至山阴路后，我们还不忘常去赵家拜望。五十年代，他和包文棣在文艺出版社一起共事，交情不错。

精益求精如法官办案

我拿着赵家璧先生的介绍名片兴冲冲来到衡山路附近的公寓楼，敲响了包先生的家门，尽管事先他已接到老友的介绍电话，思想有所准备，却还是小心翼翼地将门锁、门链逐一慢慢打开，透过厚厚的近视眼镜片把我打量了一番，从表情可以判断，他很喜欢晚辈译者的造访。客厅最显眼的是一排依墙而立的厚实书橱，成排的精装版俄文书籍，显露出先生对传播俄罗斯文化的耿耿忠心。

我递上名片、呈上译稿后，他首先发问的是，翻译此文的缘由。当得知我是首次接手时，便毫不客气地说："你对《符号学》看来了解不多，要想译准，只有一个字一个字地死啃才行。"果断的语气传递出对初译不看好的信号，不由让我无比失落。等我再次登门求教，拿回的果真是只字未改的译稿。他笑眯眯地说："'член'在原文中出现无数次，你基本上都翻成'成分'，忽略了俄语、汉语在语义上存在的细微差别，难免造成许多要紧地方语焉不详。"

我不觉意识到，这都是我未真正读懂、读通原文惹的祸……正不知所措时，他提出了笨鸟先飞的主意：根据"情节类型学"要求，将文中重点提到的《鲁斯兰与柳德米拉》，尝试进行情节拆分，从实践中摸索两国语义互补的对应点。我先是吃惊，接着怀疑：至于要如此大动干戈吗？随后渐渐醒悟：他是要我从实践入手，力所能及地搞懂情节类型学的基本概念，为精准翻译关键词"член"打下基础。这与赵家璧先生此前要求我着手翻译前，换一个视角审视文本的道理如出一辙。只见他边说边打开厚实的书橱玻璃门，取出事先准备好的俄文版普希金、别林斯基选集交到我手中，在《鲁斯兰与柳德米拉》以及别林斯基的相关评论部分均用书签作了专门标识。

回家后，我在征得主编赵毅衡先生同意推迟交稿的前提下，并在通读《鲁斯兰与柳德米拉》基础上，尝试将整篇故事划分为若干情节单位，再将情节的基本结构进行分类，终于体会到叶戈洛夫撰文的目的，是旨在证明情节分类的必要性和可能性。情节再复杂的文学作品，都是诸成分总和所产生的复杂整体。由于厘清了基本概念，吃透了作者撰文的主旨思想，我顿觉视野大开、信心大增，不再拘泥于硬译，为逻辑分析全文，起到了事半功倍的效果。

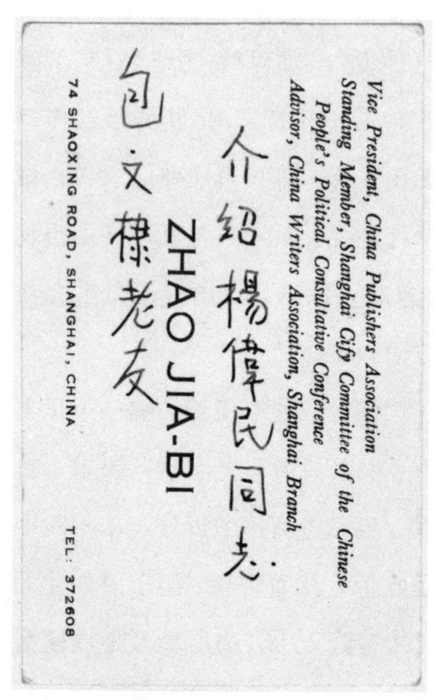

赵家璧先生名片反面：
向包文棣先生介绍认识笔者

另外，包先生要我注意别林斯基相关论述的原因是，普希金的这一诗体素材，源自茹科夫斯基收集的民间故事。他是在提醒我，从神话传说的母题出发，对情节切分或更精确。包先生细致深入、面面俱到的办事风格，简直就像资深法官办案般深入细致、一丝不苟，上海译文出版社同仁亲切称他为“包公”，大概就是这一原因吧。

该文译出后得到中国社科院外文所的一致好评，很快收录于赵毅衡主编的《符号学文学论文集》，没想到过去整整 20 年后，此书还能在 2004 年再版。它印证了赵家伯伯“书比人长寿”的名言。

两位前辈润物细无声的言传身教，促使了我在治学态度上变得越来越稳重踏实，不久又顺利译出《艺术创作控制论模式化》、《俄语比喻结构》等两篇论文。它让我在信息研究所科研领域开展的工作有了大踏步的提高。

谦虚幽默似忘龄仁者

记得那是在 1986 年夏，包先生约我同去探望赵家伯伯，在酷似鲁迅先生寓所的书房内，包先生兴致勃勃地给我们讲起苏联作家代表团去年来沪访问，他曾见到著名汉学家列夫·艾德林一事。客人中只有这位年近 75 岁的白居易诗权威译者懂汉语，他们握手拥抱、交谈甚欢的样子，深深打动了站在一旁默默注视着的叶甫图申科。这位苏联的著名诗人回国后不久，即在俄罗斯《文学报》上发表“中国的翻译家”一诗，其中有这样的精彩描述：

头发斑白、身体孱弱的上海人，
包文棣同志，
从红卫兵的咆哮中
预见到他们的结局，
他抹去镜片上的唾液，

埋头翻译车尔尼雪夫斯基，
仿佛是历史本身
在命令他：“译下去!”

可是，当他再次拥抱
列夫·艾德林，
翻译伟大白居易诗歌的
自己的兄弟，
那止不住从镜片后面
慢慢流出来的泪水，
那一道道皱纹、伤痕
所包含的一切，
又有谁能够翻译?!
……

是啊，翻译“别、车、杜”是项极其艰巨的工作，既要有坚定的信仰、历史的责任感，又要有很高的文学修养，还要熟悉这几位文论大师所涉及的文学著作，缺一不可。井勤荪先生在获悉叶甫图申科的诗作后，旋即翻译出了以上的中文字句。一向谦和、内向的包文棣先生一直没同意公开发表，直到他 2002 年 12 月 23 日逝世后，我方始在 2003 年秋《文汇报》“笔会”专栏撰文作了有关介绍，以纪念他的半周年忌辰。叶甫图申科除了诗人外还是位优秀导演，他用电影长镜头的手法，将两位大翻译家见面时的激动场面固定了下来。每每忆起包先生丰富细腻的情感神态，我总会潸然泪下。包先生和赵家伯伯都是情感十分丰富的慈祥老人。记得1986年我去列宁格勒前，专门问及赵家伯伯，要带啥回来？他很快回答：没啥要带，代我望望戈尔巴乔夫就可以了，诙谐的语词至今难忘。

从苏联进修回国后不久，我将列宁格勒部分作家托付翻译的数册小说、专著请他们过目，其中题材内容涉及卫国战争、临时政府、切尔诺贝利等。万万没想到，两位前辈竟都选择了《大白天里的童话》，对儿童文学的关注可见一斑。据我所知，包先生常常从小儿子工作的少儿书店了解该类读物的销售状况。他曾对我说：喜欢读书的儿童，素质不会差。而事实上，这的确是本在俄罗斯、欧洲颇具影响的优秀读物，已被翻译成英、法、瑞等七国文字，还拍摄成了电影。赵家伯伯得知后笑呵呵地说，改编成儿童电视剧肯定好看，他甚至打算向央视少儿台推荐。可惜我只是将书译出，改编一事未能落实。

《大白天里的童话》出版后，自1996年起我又坚持为面向学生读者的《世界之窗》杂志撰稿，直到其停刊，累计约17万字，30篇左右。在赵家伯伯的介绍下，我还参与了少儿出版社《少年英雄谱》的部分翻译工作。我的工作，是在社科院搞科研，尽管翻译在我们单位不算成果，但从未动摇过对这一神圣事业的信心。追溯动力源泉，毫无疑问均来自两位前辈对我耳濡目染的影响。以我辈的学识和悟性，非敢妄云已窥先生为人、治学之堂奥，但他们的严谨、谦恭的作风让我终生受益。

杨伟民，1944年生，上海社会科学院信息研究所研究员，中国资深翻译家，上海市作家协会、上海翻译家协会会员。主要译作有《世界社会主义年鉴——俄苏研究(2011—2012)》、《世界社会主义年鉴——俄苏研究(2013)》、《海外中共研究著作要览——俄苏部分》、《大白天里的童话》、电影《生死倒计时》、话剧《老式喜剧》、《国外社会科学前沿——21世纪诺贝尔文学奖历年获奖作品评析》等。

舍命陪君子

云也退

《圣经·旧约》里，上帝要毁灭所多玛和蛾摩拉，亚伯拉罕站在他的面前，问："如果城里有五十个无辜的人，你也会毁灭城市吗?"

上帝说，如果有五十个无辜者，他就放过城市。亚伯拉罕又问："如果无辜者的人数不巧少了五人呢?"上帝答应如果有四十五人，他也不毁城。亚伯拉罕继续替人们求告，最后这个数字减少到了十人："为了那十人，我就不毁城。"上帝许诺完这句，赶紧走了。

这个故事后来衍生成著名的"好人论"：一个社会还有一个好人，它就不该被毁掉。在翻译家协会待了这几年，我觉得协会肯定要万古长青，因为这里，举目皆君子。

我认识的第一个君子是法语翻译家唐老师，唐祖论。我是拿着一本旧书《蔑视道德的人：纪德作品选》去找他的，唐老译的纪德曾引我登入法国文学之门。那段时间，唐老还刚刚出版了和钱春绮钱老合作翻译的《瓦雷里散文选》。就在他家简单的客厅里，我蹲在他的沙发扶手边，听他说他为什么要翻译瓦雷里。时值炎夏，我流的汗都洇了地砖。

蹲着是必需的礼仪。一本书，一般而言，再怎么厚也是小小的，低调的，而译界的老前辈们又个个谦抑到了尘埃里，半点恭维话都能让他们摇头叹息。蹲着看他们翻开自己翻译的书，是我特别享受的一种仪式；你若见过蜂鸟怎样采蜜，怎样极速振翅，怎样稍稍仰头，怎样用吸喙汲取花的精华而不触动花的其余部分，你会明白我的意思。每种受益于人，都有相应的受益之礼。

唐老是君子，很厚道，很本分，他说过翻译《巴黎圣母院》时的艰辛：五百格一页的稿纸，又是写又是改，完了是誊抄。老辈做翻译做得久的人，往往得有贤内助，所以夫妇感情也十分深厚。文学润人的心性，翻译文学，似乎尤其如此，因为做翻译的人是在读别人的故事，听别人的情怀，拉上配偶一道，累归累，却是美事一桩。唐老有贤内助，在吴钧陶吴老家，在徐和瑾徐老家，在马振骋马老家，我都见到了这种默契的组合。去访问钱老时，钱老说："我老伴去世了，我很难过。"又真诚又淡然。

君子们或会无趣，因为他们的价值观比较单一，若到了老境，说的话也会翻来覆去。然而，我的体会是，跟老前辈或不那么老的前辈们交往，不在于他们说了什么，而在于我得到了什么。我得到的是舒服，是一种心灵的按摩服务，来自一些勤奋地做了很多事，却一直没多少需求的人——他们数量很少，而我遇上很多。

世人崇拜的楷模，大抵这么几类：天资很高而后天有成的；天资较高，经过努力而后天有成的；天资不高，经过百般努力而终于有成的；或者，明明很有成，对外却很低调的。一句话，必须"有成"。但是，翻译家算什么呢？你出一本译作，能称"有成"吗？世人不会去把翻译家视为楷模的，因为没有励志效应，就算如吴钧陶吴老这样的，肢体不济，全靠后天发愤学习英文来译书的，一般人恐也会摇头：花那么大精力学了外语，又何必还枯守书斋爬格子。

所以世人不识君子，不知君子的智慧：不期待，就不会有失落；坦然地不求闻达，是需要修来的福分，也许，得修不止一代人。

与君子一席谈后，我不会激动得想去创业，不是当场递名片拜师，甚至也不是约了下次再叙——与君子一席谈的结果，是我记住了他，我知道，有这么一个人存在；我离开，但不必“无为在歧路，儿女共沾巾”，一想到可能是永诀而伤心不已——我可以永远不再见他，见了面也不过是点头示好。然而我知道，我和他同时生活在一片天之下，我和一位君子比邻。

仅此可矣。愿舍命陪君子。

章乐天，1979年生，笔名云也退，专栏作家，独立记者，书评人，在腾讯-大家、《外滩画报》等媒体常年发表专栏和书评。主要译著有《责任的重负》、《忧思中国》、《加缪和萨特》、《开端：意图与方法》。

说说我认识的两位翻译家前辈

张建平

今年是上海翻译家协会成立三十周年大庆。沾了在译文出版社工作的光，我得以成为译协的第一批会员，在这个大庆的日子里，谨向协会表示祝贺。借此机会，来说说我认识的两位前辈翻译家。

一

不久前，我很荣幸地参加了译协为吴钧陶先生文学翻译生涯六十年而举行的学术研讨会。圈子里的人都知道，我们上海译坛，尤其是译诗界，有几位著名的“八〇后老男神”，比如黄杲炘、冯春、张秋红，以及吴钧陶先生。正是在他们的极力倡导和亲力亲为下，上海翻译家协会的品牌活动“金秋诗会”才办得这么红红火火。尤其令我骄傲的是，他们都是我的同事、我尊敬的师长和朋友。

与吴钧陶先生相识已有三十八年。1977 年，我从学校毕业，分配到当时的人民出版社翻译读物编辑室(也就是上海译文出版社的前身)工作。由于历史的原因，当时吴钧陶先生在资料室工作。而资料室是我们一起进社的小伙伴们每天必去的地方，所以，吴先生也就成了我们进社后最早结识、最早向其讨教的老师之一。我们当时差不多一起进社的有十来个人，可以毫不夸张地说，几乎无一例外地成了吴先生的朋友，有些人还戏称他为“陶陶”，尽管我们比他小了二十来岁，可见吴先生为人之亲和。

后来拨乱反正，吴先生顺利归队，重新开始中断多年的编辑、翻译工作。我们从此在一个办公室里干活，我也就有了更多的机会向先生求教。先生对工作的细心、严谨给我留下了深刻的印象。记得我们译文社的看家书之一《简·爱》，责任编辑就是吴先生。在本职工作之余，吴先生的爱好就是翻译，他早年就翻译出版了斯蒂文森的名作《错箱记》，后来又陆续翻译了夏洛蒂·勃朗特的《维莱特》，童话经典《爱丽丝漫游奇境记》，《爱丽丝镜中奇遇记》等。当然，吴先生更好的翻译成就，或者说文学成就在于诗歌，他不仅翻译，而且还创作。不仅英译中，而且还中译英。很久以前，吴先生就把唐诗译成英文在香港出版，陶雪华女士用国画配的插图，在当年图书市场令人刮目。我于诗歌翻译无所涉猎，所以难以评说，但我的大学老师、已故的华东师大教授孙梁先生曾当我的面盛赞吴先生的唐诗译本，我至今清晰地记得他用了“令人叫绝”这样的字眼，孙先生本人也从事这项工作，所以他的评价是可以相信的，也是由衷的。

工作以外，吴先生还是一个很有生活情趣的人。他的最大爱好是藏书，上世纪九十年代曾被评为上海十大藏书家之一。所谓“身无分文债，家徒四壁书”，就是对吴先生的生动写照。当年我们购买外文原版书的渠道很不通畅，往往在定下一个选题后，却苦于找不到原书。这时候我们就会向吴先生求助，而他则每每都会给我们惊喜。当年吴先生的家就在我们老社的隔壁，加之他和夫人杨老师又十分好客，所以他退休后，我们还时不时地去串个门，顺便就淘走几本我们用得着的书。把吴先生家称为我们社的第二资料室，再恰当不过了。不论是在职期间，还是退休之后，吴先生对译文社的贡献，都称得上是“细雨润物”。

吴先生写得一笔好字，当初我社出版的《唐璜》，封面上的书名就是先生的手笔。

吴先生还有一大爱好就是唱歌。听说他曾正经学过美声。早些年译协的迎春联欢会上，有一个保留节目，也是我们最期待的节目之一，就是吴先生在夫人杨老师的钢琴伴奏下，引吭高歌，从《教我如何不想她》到《在那遥远的地方》，每每都能引起掌声连连。遗憾的是，去年杨老师因病不幸仙逝，从此我们再也看不到那夫唱妇随、琴瑟和鸣的温馨而经典的场面了。

我衷心地希望吴钧陶先生保重身体。老骥伏枥、壮心不已固然是一种精神，而含饴弄孙、乐享天伦更是一种境界。祝愿先生健康长寿，晚年幸福。

有两句话送给先生：

能翻译　能创作　文才不愧老男神

爱藏书　爱唱歌　情趣真乃八〇后

二

2013年10月30日早晨，在去单位的公交车上，接到吴劳外甥王骎先生的电话：今天凌晨4时许，吴劳去世了。虽然吴劳住院已一年多，去医院探望时，已认不出我，因此，对这一刻的来临已有心理准备，但真的接到噩耗，仍然难抑悲痛之情。这位历经坎坷，却始终热爱生活，真心“好想再活五百年”的老人，终究没能抵挡住大自然的规律，带着遗憾，走了。

初识吴劳，是在上世纪七十年代末。当时我刚进上海译文出版社工作，与同样令我崇敬的方平先生在一个办公室办公。一个星期六(当时还没有双休日)的下午一点钟左右，门外闪进一个个子不高、戴着酒瓶底眼镜的中年人，直接来到方先生的办公桌前，开口一句糯糯的却又高亢的苏州话：“方平，倷好！”一屋子的人都抬起头来。方先生连忙向我们介绍，于是我们知道了，他叫吴国祺，笔名吴劳。苏州大学英语教师。吴劳是个自来熟，很快就跟我们成了多年老友似的。他还是个“话痨”，操一口苏州官话，天南地北，中外古今，什么都能聊。那天下午的情景，至今仍历历在目，恍如昨天。在那以后的一段日子里，每到周六的下午，我们都无心干活了，心里有一种期盼，期盼听到吴劳的吴侬软语，听到他的神侃海聊。他也每每会如期而至，一来会老友，二来交或接翻译活儿。总是下午一点左右来，坐五点左右的火车回去。

经过方先生及其他前辈的介绍，我知道，吴劳在“文革”前已有

《马丁·伊登》、《章鱼》等译作出版，因被错划成右派，从上海“发配”到外地“劳改”，释放后被遣返苏州老家，先是在里弄生产组干活，后通过考试进入苏州大学教书。当时国内刚时兴托福考试，学校把它拿来作为对青年教师的水平测试，尽管吴劳已五十好几，但学校领导也许是为了测试一下他的真实水平，就问他能不能参加考试。吴劳二话没说，立马进入考场(用今天的话来说，那就是裸考啊)，成绩出来了，600+，名列全苏州前茅，学校领导和师生们从此对他刮目相看。

当时译文出版社刚挂牌不久，一批在“文革”中遭到不公正待遇、被迫改行的原出版人纷纷归来。而爱才心切的时任副总编辑孙家晋(吴岩)自然没有忘记吴劳。在他与方平先生等的大力推荐下，1981年，时年58岁的吴劳先生正式来到译文社工作，开始其为人做嫁衣的职业生涯，也开始了跟我和我当时的小伙伴们长达30年的既是同事又为师友的交往。

吴劳先生毕业于圣约翰大学，有着非常深厚的英文功底，对西方文学尤其是美国文学如数家珍。更难能可贵的是他对编辑工作的那份认真甚至较真的态度。译文社提倡对每一部译稿都要对照原文进行逐字逐句的审校，吴劳是最好的身体力行者。说一句有点肉麻的话，他对每一部译稿，都像对自己的孩子一样(尽管他终身未娶)，经他手改过的译稿，有的时候真的会让译者脸红(笔者就有亲身体验)，当然也难免与译者产生矛盾、争执，因此在办公室里看见他与译者为某个句子争得面红耳赤的场面，对我们来说成了家常便饭。有些译者不一定对吴劳改过的稿子完全信服，但大多数译者对吴劳的辛勤劳动都会表示由衷的钦佩和感激。

吴劳曾经是个专业译者，在从事编辑工作之后，当然没有放弃翻译这个“业余爱好”。在编辑室的邀约下，他先后译出了海明威的《老人与海》、《春潮》、《伊甸园》等。《老人与海》的责任编辑是一位当时入职不久的女编辑，在审校过程中，把译稿中一处带有南方色彩的用语改成了比较道地的北方话，吴劳看后击节叫好，认为这样更好地表达了作者的意图，以后一段时间里，他几乎把这当成了翻译教材，逢人便说，所谓“一字师”是也。其从善如流、一丝不苟的治学态度，由此可见一斑。据不完全统计，《老人与海》各种版本的累积印数已达150万册，成为上海译文出版社的畅销书、常销书。不敢说吴劳的译本完美无缺，但得到了那么多读者的喜爱，则是不争的事实，也不负吴劳著名翻译家的名头，虽然他至死都不愿接受“中国资深翻译家”称号。

要写吴劳，不能不写他爱骂人的脾气。认识他的人都知道，他性子急，脾气坏(真不像传说中的苏州人)，看见不顺眼或听见不顺耳的事情，立马开骂(不过从来不带半个脏字)，不分时间，不分场合，甚至不分青红皂白；就连坐公交车时别人给他让座，他都会侧目以对：我有这么老吗？跟他交往的人中，不管是相交几十年的老友，还是新入职的同仁，甚至是初次谋面的译者，几乎无一幸免地被他骂过，为此他也得罪了不少人。其实，如果你对他有所了解，就不会太把挨骂当回事，因为往往你这边还在为挨骂感到委屈，或余怒未消，他那边早就像没事人似的，拿着报纸或稿纸，来跟你交流看到的趣闻或发现的问题了，在这种时候，你想生气都不好意思了。再者说，很多时候，吴劳针砭时弊，骂业内不正之风，其见解还是很有道理的，所谓话糙理不糙，只要换个时间，换个场合，换个比较平和的方式，相信很多人还是能够接受的，但那样的话就不是吴劳了。

吴劳58岁正式入职，鉴于其对出版社的重要作用，以及孑然一身的实际情况，单位特批他延迟退休，直到70周岁(据说这是人事制度所允许的极限)，才为他办理了退休手续，但此后一直返聘，照常上班，参与室里面选题制定、约稿、审稿等所有工作，同仁们谁也没有当他是退休职工。直到十多年后的一天下午，社长把他叫去，回来时他一脸落寞，呆呆地坐在办公桌前，没有看稿子，也没有了以往的自言自语。尽管我有点知道发生了什么，但还是忍不住问他怎么了。他幽幽地说："炒鱿鱼哉。"原来，社里考虑到他年事过高，每天上下班，路上难免有个闪失，为此决定不再返聘他。那天下午余下的时间里，整个办公室里格外安静。不过，社领导毕竟善解人意，同意了吴劳每周来社里一到两次的要求，所以我们一直都没有把他的办公桌另做安排。后来的若干年里，他基本上每周一、周四都要来社里，不为干活，就是看看报，聊聊天，骂骂人。记得他85岁生日那天，编辑室为他举行了一个小小的聚会，清茶、蛋糕之后，他郑重其事地拿出一个小小的"沃克曼"(很多年轻人恐怕都不知道这是什么玩意儿了吧)，按下按钮，里面传出我们熟悉的吴劳的歌声(吴劳喜欢唱歌，不管是翻译家协会年会，还是单位的年夜饭，凡有聚会，吴劳必定献唱，从《One Day When We Were Young》到《草原之夜》，走的都是抒情路线)，原来他根据我们一些同仁的特点，录了几首不同的歌送给我们，并附上一张张字条，写着或勉励、或提醒的话语。此时的吴劳，那么慈祥，那么可爱，我等在场同仁无不为之动容。当时我们商议决定，在未来几年里，再为吴劳筹办他的八十八米寿和九十大寿。遗憾的是，不再工作的吴劳，身体每况愈下，我们不时听到他生病住院的消息，直到去年他最后一次住院，再也没有出来，我们始终未能兑现当初的承诺。

吴劳的故事很多，非我这支秃笔一时半会儿所能写尽写透，今后若有机会，容我再做分解。最后想到两句话，自认可以作为我对我所熟悉、理解、敬重的吴劳的写照：

三十年做嫁衣　任劳任怨　点化佳译无数飨读者

一辈子讲真话　无畏无惧　留下诤言良多励后人

张建平，1955年生，毕业于华东师范大学英语本科。1977年2月进上海译文出版社工作，曾任上海译文出版社文学编辑室主任，编审，现为上海翻译家协会、上海市作家协会理事。1980年开始从事外国文学翻译，有译作数百万字，如《圣诞节红雀》、《非洲的青山》、《绿野仙踪》、《秘密花园》等。2011年获上海翻译家协会“翻译成就奖”。

似兰斯馨　如松之盛

——追忆意大利文学翻译家吕同六先生

张　磊

因为多年从事外国文学出版工作的缘故，我曾有幸接触多位译坛知名的翻译家，有的还成了相知的朋友，我国著名的意大利文学翻译家吕同六先生，就是其中的一位。我与吕同六先生相识相交于上个世纪八十年代，那时他已担任中国社会科学院外国文学研究所常务副所长和《外国文学评论》常务副主编等要职，又是中国意大利文学研究会首任会长，在中国意大利文学翻译、研究界声名卓著。老子在《道德经》中赞美真正的贤达是“大音希声”、“大象无形”，吕同六先生在我心目中就是位平易近人、毫不张扬的贤达，是真正的大家。

从八十年代起，只要有机会参加有关外国文学的会议或者出差去北京，我都会去拜访或请教吕同六先生。与他的交往中，我从未听到他对别人的译作有所诟贬，话题始终是如何最大限度地将意大利文学的精华和瑰宝介绍到中国，奉献给中国的读者。

八十年代末，吕同六先生就准备将二十世纪最优秀的意大利文学介绍到中国来，并委托我当时负责外国文学出版的安徽文艺出版社出版。此间，因谋划商谈该套丛书的出版，我们间的联系比平日增多，每次交谈中，吕同六先生从不以权威自居而颐指气使，相反，他总是以平等商量的姿态和我探讨，特别是在出版环节、时间、流程等问题上倾听我的意见，使我深受感动，也因之对他愈加敬重。记得一次我去北京在吕同六先生家中商谈出版事宜，到了中午吃饭时间，正巧他一人在家，于是他亲自下了面条、炒了鸡蛋，虽然只是一顿再简单不过的便饭，但那种场景、那种气氛，使我感受到的是山珍海味所完全没有的“美味”。多少年过去了，以后我常常会在各种名目的席宴上不由自主地回想起与吕同六先生共进的便餐，那是一份挥之不去的记忆，更是一种心灵深处的感动。

这套“意大利二十世纪文学丛书”共计十卷，由吕同六先生亲自选定一批意大利当代文学家皮兰德罗、卡尔维诺、莫拉维亚、夏侠、斯韦沃、马莱尔巴、布扎蒂等翘楚之作，吕先生任丛书主编并撰写了序言(这与当今有些丛书的主编序言由他人代笔完全不同)，该序言实际上是一篇极佳的介绍意大利当代文学的论文。丛书第一卷《意大利二十世纪诗歌》由吕同六先生亲自翻译。同六先生认为：中国读者对意大利文学的了解，很大程度上与当年介绍但丁和彼得拉克的诗作有很大关系；因此要让中国当代读者全面了解意大利当代诗歌，需要重点介绍邓南遮等诗人的诗作，以及意大利具有二十世纪思想倾向、艺术风格各不相同流派(如未来主义、隐秘派、先锋派)的诗歌。嗣后，一位评论者在阅读了《意大利二十世纪诗歌》后在报端这样写道：“对于中国人来说，意大利诗歌的美丽，就像意大利足球一样。”一语中的。关于这套丛书的出版目的，吕同六先生曾多次对我说起过，这不是他的一念之想，作为一名专门从事意大利文学翻译的译者，他有义务和责任把意大利当代最具代表性的、最优秀的作品介绍给中国读者。他认为意大利是欧洲文艺复兴的摇篮，和中国一样同为世界上历史悠久的文明古国，意大利历史上的优秀作家和作品已为中国读者所熟悉，但由于种种原因，中国读者对当代意大利文学知之甚少，因此，他很早就萌发了要编选一套选目精当、具有分量的丛书，力求集中地多方位地展示意大利二十世纪当代文学大观。经过交谈我俩一拍即合，我也非常感谢吕同六先生对我和出版社的信任，将这样一套重要的丛书交由我们出版社出版。当年该丛书被列为国家“八五”规划重点图书。

我清楚地记得1993年丛书出版后曾经有过的“辉煌”。丛书的首发式在北京长城饭店举行，当时的全国政协副主席程思远、中国科学院副院长汝言、中国作协副主席冯牧、意大利驻中国大使馆大使罗西和文化参赞白莱慕，以及众多文学界、学术界的知名人士悉数出席，高朋满座。更令人欣喜的是当晚中央电视台一台《新闻联播》播发了首发式的盛况，使出版社和作为责任编辑的我深受鼓舞。多年来，我一直把出版此套丛书后获得的荣誉归谢于吕同六先生。吕同六先生毕生孜孜矻矻地为译介意大利文学做出了卓越贡献，正是他强烈的文化使命感，使他获得了意大利政府颁发的多种奖章和荣誉，成为名副其实的中意文化交流大使。

丛书出版后不久，我调到上海百家出版社工作，与外国文学出版工作逐渐疏远，与吕同六先生的交往也比以前少了许多，但还时有联系。吕同六先生古道热肠，待人真诚。1997年，我在京参加全国出版社总编学习班，正值上海百家出版社成立十周年，为社庆需有关领导和名人题词，我便请吕同六先生帮助，他没有二话，联系到程思远先生为我社十周年庆题了词。又介绍我去拜访冯亦代、黄宗英伉俪，请他们赐字，让我有机会拜访了这对蜚声中国文坛和影坛的夫妇的府邸。那天我在冯府待了不少时间，这两位大师级名人的家非常简朴。当时冯亦代先生因疾病坐在轮椅上，但仍神采奕奕地和我谈笑；一头银发的黄宗英不减当年丽人风姿，在名演员之后她又成了名作家，我清晰地记得，她精神矍铄、思维活跃、谈锋甚健，她指着一张儿童饭桌般的小案，笑着说这就是她写出许多作品的书桌。临别前，冯亦代先生欣然为百家出版社和《读者导报》题了词。我们还一起合了影，弥足珍贵。

2005年的某一天，我突然在一张报纸上看到了吕同六先生已于10月28日去世的噩耗，记得当时一瞬间，我因震惊而片刻无语，恍惚中甚至怀疑这不是事实。唏嘘痛惜之余，我当即提笔写了一篇追思文章，以纪念吕同六这位我心目中最值得尊敬的学者。2006年10月，中国社科院来电邀请我参加10月28日在京举办的“吕同六先生去世周年追思会”。那是一次追思吕同六先生卓著鼎丰的事业和高风亮节的品格的会议，我在会上也发了言，和大家一起怀念永远活在我们心中的先生。吕同六先生的夫人蔡蓉女士也是位意大利文学翻译家，长期在外交部西欧司意大利处和中国驻意大利大使馆工作。吕同六先生去世后，蔡蓉女士强忍悲痛，继续着先生未竟的事业，为中意文化交流作不懈的努力。她是一位杰出的知识女性。现在她每年都给我寄来贺年卡，有时还来电问候。借此真诚地祝她健康长寿！

《千字文》中形容真正的贤者君子是“似兰斯馨，如松之盛”，我以为这八个字无论用在吕同六先生的事业上还是人品上都是再恰当不过的。行文结束之时，撰联一副，再愿吕同六先生天国平安。

六七英华胜千古

一世丰赡同百川

张磊，毕业于上海师范大学中文系，原任上海百家出版社副总编辑，《读者导报》执行主编。上海市作家协会会员、上海翻译家协会会员。主要译著有《太阳的女人》、《死亡回声》、《飞翔的天鹅》等。

李俍民先生

——书的怀想

章洁思

一本本的书，平摊在屋外走廊的桌上，阳光穿过树丛斜射下来，把书映衬得光彩照人。多少年了，这些书！虽已泛黄，但在我心里，依旧如新。

从五十年代的《盖达尔选集》，到八十年代的《牛虻》、《孔雀石箱》、《一岁的小鹿》、《红酉罗伯》、《柯楚别依》、《伊纳格夫兄弟游击队》……每本书前都有工整的签名，而在每个签名背后，我都似乎能看见李俍民叔叔谦和温暖的笑容。

前不久，整理父亲靳以的照片。在那一组父亲公祭的照片中，我看见李俍民叔叔也坐在公祭的人群中。那时的他，多么年轻，但已经是一位知名的翻译家。父亲在世时，我不认识他，因为他不是我家人来人往中的常客。但是，我仰慕他已许久。从父亲带我上书店挑书起，我就牢牢记住了他的名字。那个时代，《丘克和盖克》、《鼓手的命运》、《铁木尔和他的伙伴们》这些书中的人物，早已被孩童的我们效仿崇拜，甚至成了我们生活中的伙伴。苏联儿童作家盖达尔笔下的故事，通过李俍民叔叔的传神译笔，是怎样占据着我们童稚的心！而那些乌拉尔矿区美丽的民间传说，通过《孔雀石箱》耀眼的宝石，忽隐忽现的美丽仙女，弥漫四周的神秘氛围，又怎样引导小小的读者编织无尽的梦想！

之后，《牛虻》闯进我们的少年时代。把书从图书馆借来，再传递到一双双手中，直到把书本翻烂。英雄人物的豪情在我们年轻的胸臆中鼓荡，而那封“牛虻”临刑前写给女友琼玛的信，更是被我们背诵得滚瓜烂熟，连同信中那首短短的小诗《牛虻》(甚至忽略了原诗的作者——英国诗人布莱克)。少年的我们其实并不真正懂得信中的涵义，但“牛虻”的故事在我们心头激起最初的朦胧和追求，它引领我们成长的脚步从少年走向青年。

由此，我更加牢牢记住了“李俍民”这个名字，因为这三个字，正是印在《牛虻》的封面及扉页上的译者名。

认识李俍民叔叔是在父亲去世后不久。

那天，他轻叩我家的门，手里捧着他新出版的译作，扉页上的题赠除了写有母亲的名字，甚至还有我的名字……

那一刻，我的激动、快乐，难以言表。

因为父亲刚刚离世，家中忽然冷落。更因之前，在父亲川流不息的宾客中，我从未见过李俍民叔叔的身影；而此刻，他竟然登门拜访，并自报家门，来与母亲和我认识……

也更因为，他对我并不陌生，且是我从小就熟悉崇拜的人。这时，他竟然就站在我的面前，那么平易，而他那一口软软的带宁波音的上海话，那么温和，使人感到那样亲切！

后来，我才知道，李叔叔就住在我家附近，仅二十几步路之遥。我还知道，他常常路过我家；因为，每天早晨，他都会来到我家门口的小花园打太极拳，锻炼身体。

厨房的窗口就对着小花园，我常在那里洗漱。有时抬眼望去，正见他拳毕，我挥手招呼他进门，他也总是欣然而至。

坐下，就是随意的谈话。而话题，总是围绕着书。因为家中的一大架外文书就立在面前。爱书的李叔叔一进屋，眼光就凝聚在这个书架上。他会把书一一从架子中小心抽出，然后开始讲故事。那些早晨，我好像回到童年时代，面对一位睿智的长者，尽情地倾听。虽然窗外有喧嚣，窗内却是一片安宁。

今天回想起来，那些看似“随意”的话题，对于我来说却是那么宝贵。因为不是每个人都有这样的幸运，也不是每个人都有这样的机会，聆听一位大翻译家讲述世界名著以及名著背后的故事。

那些难忘的早晨，一直镌刻在我心中。

进入出版社工作后，有一天，我的两位复旦师兄前来找我。他们捧着《牛虻》的英文本，有意作为注释本把原文介绍给中国读者。他们的想法正合我意。一个阳光灿烂的午后，我与师兄如约前去李叔叔寓所。谈得兴起，李叔叔忽然转身从一个高橱内捧出厚厚一大叠手稿，他告诉说，那都是当年《牛虻》译稿被出版社删去的部分，内容主要有关宗教，也有一些别的。见到手稿上工整的笔迹，我深感可惜，立即联想到他的另一部译作《斯巴达克思》，书中那些浩瀚的历史人物，页脚那些密密麻麻的注释，直到现在，仍让我敬佩不已。作为译者，无论是书中所涉宗教，还是历史、典故，李叔叔从来一丝不苟，这也是许多老一辈翻译家遵循的基本准则。

我不是翻译家，不敢对翻译妄加评论。但我看到过李叔叔的译作，看到过他的工作，得益过他于外国文学的浩瀚知识以及精辟理解。他为人不事张扬，如谦谦君子。今年，是他去世整整二十周年。我不知道翻译界是否有纪念活动，但是，我知道许多读者忘不了他，尤其是，那些伴随着他的译作，从童年走到少年、进入青年，与他译作的人物做了一辈子朋友的读者。李俍民先生与他的作品一直存于他们心中，这就是最好的纪念。

风儿在轻轻吹拂，树叶在悄悄低语，阳光在一本本书间快乐地跳舞，我的怀想游走遥远。我仿佛看见李叔叔闪亮的眼睛，正专注凝视面前那一大架子的书，嘴边布满笑纹。那可是真正爱书人的喜悦啊。

章洁思，1944年生，毕业于复旦大学外文系英国语言文学专业。上海译文出版社副编审。著有《从远天的冰雪中走来·靳以纪传》、《曲终人未散·靳以》，编撰《靳以影像》，编有《英汉双解英语短语动词学生词典》、《英汉汉英小词典》、《中学生汉英辞典》、《呼啸山庄》(英汉对照)、《小博士英语》等。退休后发表散文约五十余万字，作品散见于《散文·海外版》、《香港文学》、《收获》、《文汇读书周报》、《文汇报》、《博览群书》、《中华读书报》、《天津日报》、《今晚报》、香港《大公报》等。

漫漫“译路” 你我同行

——记翻译家协会的三位朋友

赵建中

很欣赏吴晓波说的一句话，就是“要将生命浪费在美好的事物上”。流年似水，自己也不知不觉到了人生的中途。这时候，心开始沉静，生活开始删繁就简。但有一项活动我是基本每叫必到的，那就是上海翻译家协会组织举办的活动。因为每次赴会，总能碰到那些期待一见的朋友。

海岸：台州籍的诗歌翻译家

海岸的本名叫李定军。他是我原杭州大学的校友，他在外文系，我在中文系。杭大与浙大合并后，我们又同为浙大校友。此外，我们还是台州老乡，都有着鲁迅所说的“台州人的硬气”。

10年前，我们在一位共同认识的校友与老乡、时任浙江大学校友会上海分会秘书长的王渊的家里相识。初次见面，他拳曲的头发、略带忧郁的眼神、普通话中明显的台州口音就给我留下深刻印象。此后，我收到过他寄来的、由他主编的诗刊，但是，因为他单位在浦西，我单位在浦东，而住家又正好相反，加之工作上又没有交集，所以，见面就非常有限。后来由于我们都热心参加译协的活动，见面机会就多起来了。现在，每当译协有活动，我们总是相约参加，然后见面畅叙。

海岸以英语诗歌的翻译饮誉翻译界与诗歌界。2014 年 12 月，由译协举办的第 23 届金秋诗会在丽娃河畔的华东师范大学举行。诗会举办的日子，正好是克里斯托弗·诺兰的电影《星际穿越》上映期间。来自上海戏剧学院合木诗社、复旦大学、上海外国语大学以及华东师大的师生们将戏剧、音乐与文学诸多元素融为一体，集体表演朗诵了狄兰·托马斯的诗："不要温顺地走进那个良宵，/老年在日暮之时应当燃烧咆哮；/怒斥，怒斥光明的消亡！"当舞台上响起这情绪激昂、铿锵有力的朗诵声时，台下的许多听众都被深深打动。这首诗的翻译者就是海岸。诗会结束后，海岸热情地邀我们几位朋友吃饭，还专门献上了自己珍藏的两瓶葡萄酒。那天晚上，我们相谈甚欢。

自从我们加了微信后，就经常互动。海岸经常将全国及国际诗歌活动的资讯、自己创作与翻译的诗歌、他在世界与全国各地的诗歌之旅的照片发在微信朋友圈，与朋友们分享。海岸的身体状况并不是很好，而且作为《英汉医学大词典》的编委，工作也很繁重，但他对诗歌翻译仍倾注很大热情，并对诗歌的复苏不遗余力地推波助澜。近年，全国范围内诗歌的勃兴，无疑也有海岸的一份功劳。

在北岛、顾城的年代，中国曾出现过诗歌热。许多文艺青年熟记海涅、雪莱、华兹华斯、普希金、惠特曼，熟记戴望舒、徐志摩等。

但后来，随着生活节奏的加快及社会变得越来越现实，人们的诗歌情怀渐渐冷却。但是，生活中还是需要诗歌的。德国 19 世纪的浪漫派诗人荷尔德林曾写过《人，诗意地栖居》这首诗，后经德国当代哲学家海德格尔的阐发，“诗意地栖居在大地上”，成为许多人的共同向往。正因如此，这个时代仍然需要海岸。

受海岸的影响，我现在也在做翻译诗歌的准备，并且已经开始收集日文版的诗歌集了。

叶荣鼎：激情四溢的苦行僧

2015 年 3 月，译协组织会员去南汇参观考察傅雷生平陈列馆与南汇曾以产盐出名的新场古镇。一辆中巴与一辆大巴一路同行，车到目的地时，我与一位老朋友不期而遇。尽管时隔多年，但在目光对接的一瞬间，我们立即认出了对方。这位老朋友就是现任上海翻译家协会理事的叶荣鼎老师。

这让我们充满了重逢的喜悦。我们也是在译协举办的活动上认识的，时间是在上世纪末。其时，他在东华大学任教，我在市委宣传部文艺处任职。我们一见如故。记得那一天，叶老师穿着一件休闲风格的花呢西装，戴着一副金丝边眼镜，头发梳理得整整齐齐，时尚潇洒。此后一二年间，我们又在译协的活动上见过几次面，有一次，叶老师还赠送给我由他翻译的 5 本椋鸠十的动物小说。但自从我于 2002 年离开市委宣传部后，我们就没有见过面。这次见面，他已离开东华大学，而我也到了太平洋保险工作。

时隔10余年，叶老师虽然已两鬓斑白，头发也稀疏了一些，但仍然是金丝边眼镜，头路清爽，走起路来腰板笔挺，步履矫健，说起话来嗓音洪亮，并不时发出爽朗、富有感染力的笑声，显得精气神十足。这次南汇之行，我与叶老师一路交流翻译心得，一路沐浴着早春二月的明媚阳光，观赏着桃红柳绿的田园景色，并兴致勃勃地拍照留念，心情无比欢畅。这次南汇之行，又让我知道了叶老师的不少故事，也发现了他身上更多的闪光之处。

听叶老师说，他父亲早年在东京帝国大学留学，回国后任黄埔军校教官。后被打成右派下放劳动，生活坎坷。他涉足文学翻译，就是1982年在他父亲的指导下开始的。此后，他几乎所有的业余时间都用在文学翻译上。从1997年开始，他又毅然步入专业从事长篇文学作品翻译的道路，而且一干就是18年。这些年，许多时候他过着“十年寒窗无人问”的苦行僧生活。但一分耕耘，一分收获。迄今为止，叶老师共出版了文学译著和科技译著近100卷，字数逾1 000万，代表译著有《江户川乱步小说全集》46卷、山中恒校园小说系列等，所获奖项不胜枚举。一路上，叶老师对我说，从事翻译事业第一是要苦干实干，咬定青山不放松；第二是要有战略眼光，不能零打碎敲。他还以自己为例，说自己近年集中精力翻译日本“本格派”推理小说的创始人江户川乱步的作品，现在已经全部译毕。

叶老师虽已年届花甲，但他对生活与事业仍充满火一样的热情。退休后，叶老师更是忙得马不停蹄。现在，他经常在新东方等机构授课，还担任了全国各地多所大学的兼职教授。更有意思的是，近年，叶老师还坚持每天写一首四律诗。他的诗自然清新、朗朗上口，或描写自然风物的美好，或抒发对生活的热爱，或表达对人生的感悟，激情洋溢，多姿多彩。

此次相遇，我加了他的微信。从他发在朋友圈的微信中，我看到了他对以往生活，特别是知青生活的怀念，他与日本友好人士的交往，还有就是他的“每日一诗”。看他微信的时候，我会感到一个专注事业、热爱生活、充满活力的叶老师就在我身边，并给我带来极大的正能量。

陆求实：内外兼修的谦谦君子

陆求实先生是来自金融界的翻译家。平时，他服饰整洁，温文尔雅，一看就是个谦谦君子。我与陆先生之间的交往，也堪称是“君子之交”。

《庄子·山木》中说：君子之交淡若水，小人之交甘若醴。我理解，这里所说的“淡若水”，不是说君子之间的感情淡得像水一样，而是指君子之间的交往，不含任何功利之心，就像水一样的清澈透明；而小人之间的交往，则往往是一种利益交换，表面看起来“甘若醴”，但一旦利尽，也就各奔东西。其实，“淡”是生活的本色，平平淡淡从从容容才是真。朋友之间的交往没有大风大浪、大起大落，而是一种宁静与愉悦、默契与信任，那是十分难得的。

我与陆先生在译协举办的活动上碰面较多，而且经常聚在一起。我们同在日语组，年龄相仿，读大学的时间也相近；我们还有相同的职业背景：他来自基金公司，我来自保险公司，同属金融界，更有意思的是，此前我在市委宣传部工作，他在《新民晚报》社工作，我们又同属文化界。由于工作经历相同，所以我们有不少共同的朋友。所有这一切，都让我们在一起时有许多共同话题，交流起来备感亲切。但最终让我们越走越近的主要原因也许是虽然我们已人在商界，但仍然保留着一份人文情怀，对文化事业、翻译事业有着始终不渝的热爱与执着。

陆先生十分勤奋。他在基金公司上班，工作时间是朝九晚五，翻译工作都在业余时间进行。就如鲁迅先生是把别人喝咖啡的时间都用在写作上一样，他也是惜时如金，在远离城市喧嚣的家中埋头译述。他坚持文学翻译十多年，先后出版了数十种、约500万字的译著，并获得过上海市翻译新人奖、上海市优秀中青年艺术家称号、上海市文艺家荣誉奖、日本第十八届野间文艺翻译大奖。他翻译的作品贴近读者阅读需求，注重对人性的剖析，文笔清丽流畅，可读性强。近年，他翻译了多部渡边淳一的作品，每一部出版，都引起很大反响，我自己就买过他翻译的好几部作品。像他这样孜孜不倦地潜心于翻译事业，精益求精，不断攀越新的高峰的精神追求，对我来说无疑是一种有力的鞭策。

陆先生为人处世谦和低调，但却急公好义，乐于助人。自从他当选为译协理事后，就积极为译协各项工作上下奔走。他还经常告诉我日语翻译活动的信息，并相约参加。我第一次参加上海各高校轮流举办的上海高校日语教师文学年会，就是由他介绍的。今年，他还积极动员我参加户川幸夫动物小说的翻译。我接受任务后，他很快发来了合同，其间还几次发微信关心我工作的进展。在他的勉励与督促下，我集中时间和精力投入翻译，今年一开年，就做了一件有意义的事情。

上世纪九十年代，我曾翻译过较多的介绍日本文化与日本电影的文章，但后来随着工作的变动，翻译工作也有些荒疏了。现在，有了陆先生这位良师益友的激励与提携，我想，以后我一定会继续努力并不断取得进步的。

赵建中，1961年生，现为上海社会科学院副研究员，上海翻译家协会、上海电影家协会、上海电影评论家学会会员。创作策划多部影视作品，出版专著《马克思恩格斯艺术哲学》，参与撰写《上海文化通史》、《百年上海文化史》，发表文艺评论、影视评论文章150余篇。1988年开始从事日文翻译，先后在全国多家报刊发表过译文30余万字，译文内容涉及日本社会文化评论、文艺美学与影视创作研究、企业文化介绍等多个领域。

谈译事

译事忆趣

蔡伟良

自 1973 年第一次与阿拉伯语打交道到今天竟已过去了 42 年，真有点“不堪回首”的味道，时间是不饶人的，它不会因为你不舍得它离去而放慢步伐。到了此年龄段，总自觉不自觉地会想起以前的趣事。从毕业到现在，除了教书站讲台、伏案写论文、写书或为行政工作而忙得不亦乐乎以外，还做过不少不被当下大学认可的翻译（不知从何时开始，翻译被高校“踢出”了门外，它是不被视为成果的）：译了几部小说（其中一部与他人合译）、译了一本半（其中一本与他人合译）的散文集，还译了（中译阿）十余部电影（纪录片、动画片）并配音，译了几则中国童话故事等。就口译而言，主要是参加了一些上海市政府、市政协接待阿拉伯国家政府代表团的外事翻译工作。因为阿拉伯语在当时是稀有语种，大多外贸单位都没有自己的阿拉伯语翻译，有时应朋友之邀也会客串一下经贸谈判翻译。这些口、笔译的经历对语言能力的提升确实功不可没。

上世纪八十年代中后期，连着好几年宣传部都会选定一些动画片和介绍中国自然风光、文化、科技和科学家的纪录片，翻译成外语，用作对外宣传，用现在的话语来讲，就是“文化走出去”。一般情况下，主管部门会指定一些单位负责将这些影片翻译成输出对象国的文字，并完成配音，当时的上海美术电影制片厂和上海科学教育电影制片厂是承担此项被视为“重要政治任务”的大户。我有幸全程参与了其中大部分影片的阿拉伯语翻译和配音工作。记得由我翻译成阿拉伯语并配音的动画片就有《大闹天宫》、《葫芦兄弟》、《邋遢大王奇遇记》等，纪录片有《中国古塔》、《钱江涌潮》、《谢希德》等。

无论是动画片还是纪录片的翻译都有一个共同的难点，那就是时段和语言完整表述的关系处理。阿拉伯语的语句构成和表述方法与汉语有很大的差异，在一个特定的时段内，汉语可以做到的表述完整地道，阿拉伯语往往需要译者经过各种手段的处理，如多用代词、以绝对宾语的功能替代状语描述等来实现基本不影响原意的少词化表达。对动画片而言，如果导演是比较讲究的话，还会面临一个在其他翻译活动中不会碰到的问题，那就是对口型。而这些情况，总是在配音现场才会被发现的，翻译必须“即时应对，即时解决”，显然这是对译者语言能力的考验。我怎么也没想到，被认为是世界上第二难学的语言——阿拉伯语，这时却为我解决这两大难题提供了很大的空间。首先，阿拉伯语中同义词、近义词非常多，根据对音节多少的要求，可以有多种选择，另外也为解决口型要求提供了不少选择余地；其次，阿拉伯语中对主语、宾语、状语等成分在句子中的位置并没有十分严格的规定，在一定条件下是可以相互置换的，这也为处理好时段对语言的包容量问题、口型问题等提供了莫大的方便。

文字翻译对动画片而言仅仅是完成了第一步，配音质量也是一个很重要的考量因素，而且，由于角色众多，配音是要靠一个群体合力来完成的。当时，作为上海外国语大学阿拉伯语专业毕业班的任课老师，我拥有其他译者无法拥有的资源，于是让学生参与配音成了毕业班学生最有“实战感”的语言实践。配音绝对不是对语言材料的标准朗读，而是语言向话语的转化，而角色话语又是角色情感的物化表现，它需要言语者(配音者)的入戏，还需要言语者具有一定的言语装饰能力和表演技巧。如《大闹天宫》中唐僧和孙悟空两个角色就最能说明问题。我在进行文字翻译的时候虽然已经充分考虑到了两者的不同身份，以及各自话语表达中所涉及的用词和句型特点，但是，一旦被转化成话语表达时，还必须靠语调、语气的变换凸显个性，如唐僧的沉稳语调，孙悟空时而张扬，时而调侃甚至调皮的语气等。尽管毕业班的学生已经学了 5 年的阿拉伯语(当时本科阿拉伯语专业的学制是 5 年)，但是，在没有前期训练的情况下，短时间内要求掌握并运用这些微妙的话语技巧实在是有点为难他们了。在译制导演的现场指导下，我俨然被逼成一位配音导演，对每一句台词，我几乎都得试配一遍，学生在此基础上进行模仿、发挥。最后，为了使配音达到尽可能理想的效果，在导演的“命令”下，我居然一人承担了唐僧和孙悟空两个角色的配音，前者用我的真声——浑厚，后者尽可能用前腔发音从而变得尖细和清脆。在配音完成之后的复听过程中，连我自己都听不出来那孙悟空是我在帮他说话的。

纪录片的翻译，讲究的不仅仅是“信达雅”，还要考虑到句子被读后各词汇之间、各句子之间的节奏关系，有时为了增强句子或语段的音律感，也不得不适当增词或减词，当然前提是不影响句子、语段的原意。另外纪录片配音因为是“旁白”，完全属于“个体行为”，只要自己掌握住节奏，相对比较容易出效果。

2010年上海世博会前，为宣传上海城市的发展，有关部门推出一张题为《魅力上海》的DVD光盘，没想到时隔20年之后，我又“重操旧业”，完成了该宣传片的翻译和配音。

在口译方面最令我难忘的是为时任上海市政协主席的谢希德教授当翻译。1992年2月22日至24日，埃及协商会议代表团访问上海，我被临时借调担任该代表团在上海访问时的翻译。该代表团由埃及协商会议主席穆斯塔法·卡玛勒·希勒米博士任团长，全团共20人，不仅规格高，且团员多，由当时市政协副主席王兴全程陪同。代表团抵达上海的当天下午，市政协主席谢希德就在锦江小礼堂会见代表团一行，晚上谢主席在锦江北楼11楼宴会厅设宴招待代表团。

就是在此之前的1991年9月，我刚翻译、配音了纪录片《谢希德》，通过银幕我认识了谢教授，对谢教授的学术造诣、为人风范着实钦佩，这次竟能亲身走近谢教授，为她做翻译，心情之激动难以言表。为领导当过翻译的都有一种感受，那就是最怕领导信口开河，讲一些与主题不沾边的事儿。在会见开始前我也在为这事担忧，没想到的是谢教授竟将我叫到她跟前，小声对我说了她在会见埃及贵宾时可能会涉及的一些话题，并让我慢慢译，不要紧张，顿时我紧张和担忧的情绪得到舒缓，整个翻译过程非常顺利。在宴请之前，谢教授再次让我来到她身边，告诉我她在宴会前即席发言的主题。正是谢教授对翻译工作的这种体谅，才使我的这次翻译显得比以前任何一次都轻松，同时更让我体会到了谢教授的平易近人和她对年轻人的备至关怀。

谢希德教授接待外宾，笔者任翻译

蔡伟良，1953年生，上海外国语大学教授、博士生导师，享受国务院政府特殊津贴。中国阿拉伯文学研究会会长，教育部高等学校外国语言文学类专业教学指导委员会委员、阿拉伯语专业分委员会副主任委员，中国外国文学研究会理事，上海翻译家协会理事，教育部普通高等学校人文社会科学重点研究基地上海外国语大学中东研究所特邀研究员。多年来一直从事阿拉伯文学和阿拉伯伊斯兰文化研究，相继在中国大陆和台湾地区发表论文数十篇，主要论著有《灿烂的阿拔斯文化》、《阿拉伯文学史》、《当代阿拉伯联合酋长国社会与文化》等；主要译著有《底比斯之战》、《苦涩的爱》、《先知全书》、《罗马喷泉咏叹》、《南风》等。主持《大辞海》阿拉伯文学词条的撰写，参与“七五”国家社科项目《中国伊斯兰百科》部分词条的撰写等。

我和博尔赫斯

陈东飚

事情并未发生在那另一个人，博尔赫斯身上。（我套用并篡改那一段著名文字的标题和起首句，以确认我作为翻译—模仿者的角色。）事情都发生在我身上。

我最早读到博尔赫斯是八十年代不知哪一年翻到了《外国文艺》的过刊，1979年的某一期。王央乐译的几篇小说让我无法自拔。在初中时代以及后来几年里，我一直在阅读能够读到的所有现代主义作品，早已熟知那些不知所云、难以卒读的篇章，那些在文体和叙述方式上令人惊奇的尝试。博尔赫斯的小说完全出乎我的意料，它没有任何拒绝阅读的姿态，词句简单、清晰，节奏明快，但又用极其微妙的方式抓住你的好奇心，让你毫无困难地走入其中，直到结尾你才意识到，这故事并非你所期待的那种故事，它是拥有另一个主题的另一个故事。后来王央乐的《博尔赫斯短篇小说选》成为我多年来重读次数最多的书，那种享受令人沉迷，很长时期我都难以解释其原因，现在我知道，是那种声音，经王央乐之口传递出来的博尔赫斯的声音，那种语气，语调，语速，用词，惯用语，形容方式，停顿，省略，以及句子和篇章的长度等。在二十世纪最重要的作家之中，博尔赫斯因为他的声音而成为对我来说最为特别的一个。

（题外话，声音是一个人最真实的表征，你可以改头换面，但你难以改变你的声音。因此我认为一个演员最大的魅力所在就是他的声音，当你想到阿尔·帕西诺或迈克尔·道格拉斯时，你的脑海中必定会响起他们的声音，唯有声音是他们独一无二、无可取代的证明）。

（当然，在谈论文学时，我们所说的“声音”是一个比喻，指的是你可以从文字中感受的一切，而远远不止是——甚至可以完全不包含——你用耳朵听见的声音。）

八十年代末，我在华东师范大学的图书馆里找到了一本西英对照本的《博尔赫斯 1923—1967 年诗选》（*Jorge Luis Borges: Selected Poems 1923—1967*），当时对我来说仅仅是半本，我忽略左半部的西班牙语，而在右半部中，我从十几位英语诗人的声音里再一次听出了博尔赫斯的声音。这一次是更纯粹、更真实，出于自我的博尔赫斯的声音。我没有经过什么思考就决定将它译成汉语。当我开始着手时我意识到了左半部的重要性。我在学校里的一次旧书售卖会上买到了几本估计是美国小学使用的西班牙语课本，学到了最基本的西班牙语单词和语法。此后又买了一本挺厚的《西汉词典》，在我翻译《博尔赫斯 1923—1967 年诗选》时，可以说是一个词一个词地检索其原文，在感觉英译与原文有所差别时几乎全部以我所理解的原文为准。惭愧的是，无论是懒惰还是学习能力的原因，至今我尚不能完全脱离词典自由地阅读西班牙语著作。

我记得（但不能确定）我在那次旧书售卖会上同时买到了那本纳博

科夫的《说吧，记忆》(*Speak*, *Memory*)。我记得这本一九七几年的原版书花了我2元钱，在当时并不算太小的数目，它让我发现了又一个语言的魔术师，此前我从来没有听说过这个名字，也没有读到过任何中文译介。后来这本书变成了我的毕业论文的主题和我出版的第一部译作。

我同时着迷于纳博科夫和博尔赫斯并不是偶然的，这两人惯于被评论者放到一起谈论，很多时候是作为二十世纪六七十年代世界文学背景的重要部分，比如读到某某人时一定会联想到纳博科夫和博尔赫斯等。但我对纳博科夫的情感是敬佩以至崇拜，对博尔赫斯则是热爱。我并未搜集纳博科夫的所有作品加以研读，我曾经试图翻译《微暗的火》(*Pale Fire*)，译过它的开篇和那首999行的长诗，我曾经想过翻译《爱达，或激情》(*Ada*, *Or Ardor*)，但这种意图从来没有变成一种冲动。纳博科夫给我的印象是一座被薄薄的雾霭笼罩的庄园，当你穿过雾霭眼前便会巨细无遗地呈现出一座精美的建筑，每一块石头都雕琢得尽善尽美。你眼中的一切都仿佛被放大，被聚焦，但因为无限地精微又显得非常渺小和遥远。博尔赫斯则不远也不近，就像一个城市，一条街道，你不必注目它的每一个细部，只需瞭望它的落日或面前的月亮，置身于其间。读纳博科夫你会觉得是在看一部诗般的电影，每个镜头的构图都深思熟虑，并且用滤光镜过滤一些色彩，加深另一些色彩，有如梦幻。读博尔赫斯你会觉得是在看一部黑白电影，无论情节如何，单色的粗糙质地都给你一种平易与安心的感觉，因为它凝练，省略，有如记忆。那种亲近感是纳博科夫所没有的，博尔赫斯毫不费力地融入了我的血液，没有任何排斥反应。

我决定翻译博尔赫斯诗选的时候即将毕业，此后将无法长期持有原书了。我记得，我将原书从图书馆里借出来，托我哥的朋友，当时任职于新华社的某(当时就已开始著名的)诗人复印(1990 年前后，复印仍是一件伟大的工程，想想真恍若隔世)。我记得这位诗人写信给我哥讲述他是如何惊险地避过同事的注意完成任务的。我至今尚未见过这位诗人一面，也无从致谢——或许诗人本人都不记得这事了(这事会不会是我保留多年的一个幻觉呢?)；在那时，现在也一样，诗人在我眼中就是博尔赫斯所谓的“创造者”这一族类，对我这样的普通人而言遥远而又虚幻。这份复印件现仍在我的身边不远处的一个公文袋里。因为有它我才能在 1996 年完成了博尔赫斯诗选的翻译，并被收入海南国际新闻出版中心的三卷本《博尔赫斯文集》中的诗歌随笔卷。2003 年又由河北教育出版社出了单行本《博尔赫斯诗选》。

这部译作带给我的一种特殊的成就感，是我的任何其他译作都没有给过我的。无论是纳博科夫，还是威塞尔、斯蒂文森、庞德，还是我零星译过的其他诗人和作家，我所做的都仅仅是将他们的文字变成汉语，那些声音不是我的，尽管译文的准确或失误都要归到我的头上。然而我把经我的口发出的博尔赫斯的声音当成是我的声音，在发出这些声音的时候我没有感到过模仿的困难，或终于发出那个声音时的惊奇与释然(或许我只是忘掉了)，而是理所当然。如果我从来没有译过博尔赫斯，我也许仅仅是一个传声筒而已，无论在广告职业中还是翻译活动中。对于并非“创造者”的这一类人来说，谁能摆脱作为一个工具的命运呢？把博尔赫斯的声音想象成自己的声音，把博尔赫斯想象成自己，把自己想象成一个“创造者”，也许是我作为翻译者的最好的安慰吧。

抑或，那只是我的最大的悲哀？一个归根结底没有自己声音的人？一个靠想象来安慰自己的传声筒？我试图用如下的话来再次安慰自己：人的自我是人所感知的世界的总和，没有人不是某物的传声筒，即使“创造者”也是如此。博尔赫斯本人也曾经期望过自己发出乌纳穆诺或卢贡内斯的声音，或是“试图将英语或德语的音乐纳入西班牙语”以使自己成为“一个大诗人”。所有的人都在感知、传递和创造，在传递声音的同时创造新的声音。在本质的意义上，传声筒和“创造者”并无不同。

不，并非如此。不同当然是存在的，“创造者”向世界更完全地敞开自己，用更清晰响亮的嗓音来传递他感知的一切，将它变成伟大的声音。而其他人没有这种能力，他们发出的声音微不足道，除非他们倾听“创造者”的声音，让自己变成他们的传声筒，才能发出远比自己的声音更伟大的声音，成为创造的一部分，并将那创造的过程再次延续。对于翻译者来说，做一个好的传声筒，与其传递的声音合而为一的传声筒，是他唯一的价值所在。由此看来，前面所说的成就感，也许并非自满或是安慰，而是我的一种不自量力，就是凭借以我的口发出博尔赫斯的声音，创造出一个新的博尔赫斯。

这个博尔赫斯源自那个本来的博尔赫斯，一个用时间和虚无来编织诗意的人，用他的脚行走，用他的耳朵倾听，感受他的迷惘，表达他的激情，拥有他的痛苦、失落、安宁、幸福，像他一样简洁、收敛、冷峻，对意象的选择有同一种品味，对节奏的掌握有同一种感觉。但这个博尔赫斯在词语音乐——你用耳朵听见的“声音”——的维度上与本来的博尔赫斯毫无相似之处，他也无意于重建这个维度。仿佛是为了弥补这个无法弥补的缺陷，他拥有汉语的语感，在用汉语重新表达他已经用西班牙语表达过的一切，他试图用一个阿根廷人的诗意来改变和更新汉语，启迪一个他从未到过的国度的诗歌与文学，将他自己汇入其现代传统，并成就未来的新传统。

在很长时间里，这个博尔赫斯仅仅是1923—1967年那几十首诗的博尔赫斯，直到2010年后的某一天，我开始了博尔赫斯诗歌总集的翻译，至2013年中完成。我曾经委托出版业内人士，将译稿的简介交给获得了博尔赫斯中文版权的上海译文出版社以寻求出版，但并未得到任何回应。于是我注册了一个名叫“诗人博尔赫斯”的新浪博客作为部分译诗的发表渠道。

2014年底，华东师范大学出版社的许静老师，因为对2003年河北教育版《博尔赫斯诗选》的欣赏而答应为我联系原文版权的所有者。某天我收到了她从微信上发来的消息，版权方称中文版权归译文社独家所有，从而排除了《博尔赫斯诗歌总集》出版的可能性。

至此，事情并未发生在博尔赫斯身上。事情仅仅发生在我身上。但是，我想到，仍有一件事，即这个否定的回答，发生在了我与博尔赫斯的遗孀，玛丽亚·儿玉女士之间。而儿玉女士在当今所做的一切，都是她与博尔赫斯共同拥有的过去的延续。因此，在我看来，仿佛这件无望的事情也发生在那另一个人，博尔赫斯身上了。

陈东飚，1967年生，上海翻译家协会会员，主要译著有《说吧，记忆》、《博尔赫斯诗选》、《一个犹太人在今天》、《日记》、《阅读ABC》、《诗选》，并在《今天》等海内外文学杂志发表过《当代印度诗选》、《保罗·穆尔顿诗选》、《C·D·赖特诗选》等。

翻译的创造与忠实

戴从容

一

开始翻译第一篇文章的时候，我根本没想专门去做翻译，更没想过翻译有一天会对我的学术生涯产生这么大的影响。事实上在2006年翻译本科专业开始设立之前，优秀的翻译家们虽然得到人们的尊敬，翻译本身并没有获得今天这样的重视。因此2000年陆杨教授找我翻译他主编的《大众文化研究》中的若干章节的时候，除了从文学作品的角度读过大量译作，我对翻译几乎一无所知，陆教授找到我也只是因为我的同屋(曾是他的硕士生)向他提过我的英语不错。今天回头再看这些篇章有不少硬译和误译，而之所以再提这一并不值得称道的经历，是因为其实这也是不少人有过的经历：很多人都是像我一样，因为出版社或别人的约稿，在对翻译规则和历史知之甚少的时候，就开始了翻译的生涯。

我并不是说这样做是错的。就像很多作家并没有系统地学习中外文学史和文学理论就开始了文学创作一样，翻译也并非以明确的翻译意识和翻译训练为前提的。事实上，翻译实践与翻译理论是否互为前提，学者们至今依然争论不休。当然到了今天，随着对翻译的理解的日益深入，无论支持哪一方，越来越多的人都承认一个好的译者至少需要具备三个基本条件：第一外文好，第二中文好，第三对译著的专业领域有足够的了解。表面看这三个条件都可以通过专业训练获得，因此翻译似乎只是一项专业技能，但是，事情真的如此么？

写小说需要有良好的中国语言和文学修养，但是很长一段时间人们都承认中文系并不培养作家，甚至一些原本已经开始创作的人，从中文系毕业后反而写不出优秀的小说了。这当然与中文系的培养方向不是创作而是研究有关，但还有一个重要原因就是创作需要灵感：对生命的感悟、对语言的直觉、对情绪的把握，这些一旦化为规则就会做作和教条，或者换句话说，这部分是高度个性化的，无法像计算机语言那样统一编程。

在翻译中其实同样存在这样的个性化的部分，那就是对某个词语的选择，对一个句子的表述。事实上翻译的时候一个英文单词常常可以有不同的中文与之对应，“glorious”译为“荣耀的”、“著名的”，还是“光荣的”、“享有盛誉的”，还是“辉煌的”、“壮丽的”……这些选择在真正的翻译中其实只是凭借直觉在一瞬间完成，而正是这种直觉性的选择形成了不同的翻译风格。读者说“我更喜欢××的译本”的时候，很多时候不是因为翻译得正确与否，而是这种由直感带来的不同的翻译风格。

当然，翻译的风格首先要与原文的风格一致，翻译彭斯的诗歌就不能使用翻译斯宾塞的语言。但是很多时候风格的差别并不那么悬殊，不同的译者在不偏离整体风格的时候依然会有自己的特色。梁实秋翻译的莎士比亚与朱生豪翻译的莎士比亚给人的感觉并不一样，这不是是否忠实于原著的问题，而是译者在翻译过程中的直觉和灵感，这一部分是不可替代的。我的一位学古代文学的朋友在读了国内著名译者翻译的一部作品后诧异地问我，他那么大的名气，他的语言怎么这么粗糙。这里的问题显然不是译者对原文的理解，而是译者的中文无法满足那位古代文学学者的欣赏习惯。

从这个角度说，翻译也是一种文学创作。唐代诗人贾岛在“僧敲月下门”和“僧推月下门”之间的推敲成为文学创作的美谈，说明了词语选择对文学创作的重要性。而人们在阅读翻译作品的时候，却往往忽略了译者的词语选择对整体效果的影响，一个重要原因就是把翻译仅仅视为一种可以习得的技能，未能看到翻译也是一种文学创作。

二

翻译不仅仅是为客户提供定制商品的手艺，译者也不仅仅是两种语言之间被动的搬运工。随着翻译的日益繁荣与成熟，翻译也必然会逐渐获得自身的独立性和艺术性。不过与文学艺术相比，中国的文学翻译作为一种大规模的文化现象才开始不过一百多年，翻译在今天的发展情况更像文学在十八世纪之前的发展阶段，那时的文学被比喻为生活的镜子，以真实地再现社会为主，如今很多人对翻译的要求也是与原作相似。与之相应，以读者需求为主要目的的归化翻译也越来越被以忠实于原著为主的异化翻译所取代。

当我翻译《芬尼根的守灵夜》的时候就遇到了如何翻译原本不通的语句的问题。是翻译成日常的语句，还是让自己的翻译语句也变得困难。当然最后我选择了后者，因为我觉得乔伊斯要用他的文字去重新锻造爱尔兰人的良心，要去改造社会而不是为社会锦上添花。他要用自己那些惊世骇俗的语言去撞击现有的一切，这样的文本怎么可以用通俗通畅的语句来让它变得平滑平顺呢？

此外，切断词语的能指和所指之间的单一联系，展现词语（以及世界）的不确定性和多重可能，同时又让读者看到现实中被各种界限隔开的事物之间存在的千丝万缕的联系，这是《芬尼根的守灵夜》对当代文学和认知的一个重要贡献。既要使用约定俗成的汉语又要让我的译本也拥有这种不确定性、多义性和关联性，这是直译乔伊斯的《芬尼根的守灵夜》必须做到的。为了取得这一效果，除了大量加注外，在正文的选择上我也有意打破日常的说话习惯。这里说“选择”而不是“翻译”，因为翻译《芬尼根的守灵夜》的正文并不是将一种语言翻译为另一种语言，而是在众多可能性中选择把哪一个可能放到正文之中。

比如“the bisifings in idolhours that satinfines tootoo”一句，其中的部分词语可以解读为：

1）Idolhours 解 idol“偶像”＋hours“时刻”；也解 idle hours“无聊时刻”。

2）bisifings 解 busy fingers“忙碌手指”；也解 beseifen［德］“清洗”；也解 bis［德］“直到”＋fing［德］“被捉住”。

3）tootoo 解 too“太”＋too“太”；也解 tutu“芭蕾舞短裙”；也解 to do“去做”；也解 tattoo“文身”。

4）satinfines 解 satisfying“令人满意的”；也解 Satan finds“撒旦发现”；也解 fine satins“上好的缎子”。此句化自习语 Satan finds work for idle hands to do“魔鬼找事给游手好闲的人做”。

这样，这句话可以侧重其中包含的宗教含义，从而翻译为：“偶像时期的清洗，撒旦发现该做的!”也可以侧重其中包含的性含义，从而翻译为：“无聊时刻里的忙碌手指，非常非常让人满意!”而为了帮助读者注意到这句话中包含的不同可能性，感受到语句关系的断裂而不是整一，认识到词语间不同组合的可能性和组合的不确定性，我将其翻译成了“偶像时刻里的忙碌手指，特特让人满意了!”

我的翻译当然从语法和逻辑上来说都是错误的，但乔伊斯的原文正是通过不合规范的词语和句式把人们从语言的牢笼中解放出来，使用既有的旧词如何取得这样的效果呢?

在两种文化相遇之初，由于认识的局限，人们会更愿意也更倾向于看到与自己相似的东西，此时归化的意译会更容易被接受。但是随着相互了解的深入，就会生出充分了解对方的渴望，而这只有通过异化的直译来获得。因此在今天的中国，至少对于英语文学，直译或许不仅更忠实于原著，也是一个更符合读者期待的选择。

戴从容，1971年生，复旦大学中文系教授、副系主任。著有《自由之书:〈芬尼根的守灵夜〉解读》等专著三部，《芬尼根的守灵夜》等译著四部。曾应邀到美国加州州立大学、西澳大利亚大学、英国诺里奇作家中心、韩国延世大学等做公共讲座或大会主题发言。所译《芬尼根的守灵夜》被新华网评为“2012年度中国影响力图书”，路透社、法新社、BBC、新华社、上海电视台、上海人民广播电台、《每日电讯》、《华尔街日报》、《洛杉矶时报》、《人民日报》等国内外50余家通讯社和媒体进行了报道。

逶迤行译路　迢递陟云峰

戴清一

我和傅雷也算是半个老乡——这是在学生时代看了《傅雷家书》后才知晓的。

知道镇上竟然还住过一位翻译大师，我拉着小伙伴的手，穿过竹行街，拐过小云台街的一隅，直抵东大街她的邻家。隔壁外墙斑驳，沿街厚重木门开着。我们透过翘檐的仪门头向里探视：东西厢房门前晒着煤球，屋檐下吊着柳篮，芦花笤帚倚靠在墙角……这跟小镇市井人家没什么两样。

从小伙伴处得知，傅雷小时候随母租住在此地，后来搬到上海读中学去了，没有留下可寻觅的痕迹。

上世纪七十年代，上小学的我随调动工作的父母迁居到周浦镇。小镇傍河而筑，河道成网，纵横交错的市街由各式小石桥相连。

“门外路，咫尺是湖阴。”当年小傅雷是否也像我一样，放学后数着石桥上雕刻的狮子老虎，辨认过石栏上的梅兰竹菊？是否也去埠头汲水润砚濡笔，濯洗小手小脚丫，抑或跳上泊舟嬉闹一番？他可能常常在岸柳庇荫里，诵读古文古诗，不然他日后的译文笔调怎会如此优美流畅?

我曾一度沉湎于傅雷翻译的罗曼·罗兰小说《约翰·克利斯朵夫》的阅读，为它粲然的语体所折服，心慕手追那份流淌在文字间的美感。中大街的书店里，双卷《唐诗别裁集》让我如获至宝，欣喜异常。当时学校的语文课枯燥乏味，常令我昏昏欲睡，但自从读了几首唐诗，口齿也噙香了。一天最惬意的事莫过于徘徊在桥畔月柳下吟咏古诗，没有比江南小镇更适宜读古诗的地方了，不知道当年的傅雷是否也有同感。

八十年代小镇的河道开始填平，石桥拆了，因为不断有市民们上访抱怨河浜越来越臭，责怪石桥妨碍骑车通行。火柴盒式的居民楼林立，原先靠河道为生的船上人家也搬进了水上新村。明清式样的狭斜曲巷和高高垣墙，随同通幽的意境，逝水般在现代高楼中湮没。

我后来在杭州湾畔的上海石化总厂工作。填海筑就的十里厂区，隆隆机器声不断。爬上海云半绕的铁塔，望着远处海平线在潮起潮落中时隐时现，我感受着现代工业浪潮的汹涌气势。

工厂几乎没有国产设备，有的是整套整套的进口生产流水线。百米长的车间顶高地阔，纤尘不染。技术人员坐在控制室里按按电钮，观察仪表走向。单位的外文资料堆积如山，这让领导们头疼。为了让懂点外文的老老少少都派上用场，总厂成立了一个业余科技翻译网络，我也被网络收罗进去了。仗着学生时代残留下的一点英语兴趣，我开始翻译摊到手的英语技术资料。

像许多新手一样，翻译起步在于词汇和表达。当我几乎翻烂了词典，我的文字表达的功力还停留在逐字逐句不失真的艰涩阶段。词汇越专业，重复次数越多，其译意就越狭隘，我开始整理自己收集来的化工词汇。我琢磨着资料编者串词成句的思路，体味着傅雷先生“西方人重分析，细微曲折”的感悟。与此同时，我倾听着流水线上机器节奏鲜明的轰鸣声，仿佛在听一首首豪放不羁的摇滚乐；我时而徜徉于阳光下列岫般林立的各级反应塔，时而俯瞰蜿蜒如蛇谷般虚虚实实的管道。我将一句半页长的英文分拆成若干分句，逐个揭破编者巧设的层层机关，使其设下的西式迷魂阵按中式套路摆设开来，水落石出之际，文字涧泉般流转……

我正醉心于自己的翻译天地，忽然接到一纸调令参加英语口语培训。石化的大型项目一个接连一个上马，急需现场口语翻译人员。经过一年半紧张的全封闭学习，我被安排在对外合同处英语科任译员。

从一上阵就发怵到站定现场一整天，这期间经历过怎样的磨练，不知道听坏多少台录音机，写满多少袋速记本。在烈日高照的脚手架上，在星斗横挂的化工釜间，在流程密布的培训课上，在唇枪舌剑的谈判桌旁，在杯觥交错的宴会上……每一次口译实践总会引发一番“书到用时方恨少”的感慨。

傅雷云：“译事要以艺术修养为根本。”我大量阅读英语名著，同时也吟咏英美名诗铺底气。最先诵读拜伦的诗，有一种震撼的感觉，其放旷浪漫的诗风似乎飘忽着中国诗人李白的影子；低吟济慈的十四行诗又令我想起了追求唯美诗意的李商隐；而华兹华斯的诗分明又让我看到了谢灵运笔下的山水；弗罗斯特的田园诗则更让我不得不想探究陶渊明和孟浩然的诗源。掸去那两卷《唐诗别裁集》上的积尘，我开卷重返中国的诗歌王国，交错体验着两种语言的诗歌魅力。我一方面迷醉于英诗两行、三行、四行等像“积木”一样搭出的灵动诗节，另一方面沉湎于汉诗的平仄骈俪。

凭借互联网，那些沉寂在岁月长河中形形色色的中外流派诗歌，经鼠标轻轻一点，便迫不及待地跳将出来。我选读了不少美国意象派的诗。不懂中文的美国诗人埃兹拉·庞德从日文版的中国唐诗里惊讶地发现了意境，深受影响，开创了美国意象派诗歌，开辟了美国现代诗歌的新纪元。王国维认为诗“有境界则成高格”。意境在一首诗中的美学内涵体现为：景为情生，情由景出，情景交融。我细细品读庞德从日语版的唐诗翻译而就的英诗，并搜寻中国古诗的各类英文版，在比较各种译法的迥异中，提高自己英汉双语写诗能力。

新世纪初，我辞掉上海石化股份公司国际部的工作，回到上海的家。我和孩子一起轻松快乐地吟咏唐诗宋词，并在她订阅的《中学生英文报》诗歌园地上投稿，介绍中学语文教科书上出现的中国古诗，对古诗作英文解释和评论。

最美的诗似乎总是离不开音乐，从最早的《诗经》到后来的元曲，其诗歌形式都与适合吟咏或歌唱的韵律变化有关。《唐诗别裁集》编者沈德潜曰：“诗以声为用者也，其微妙在抑扬抗坠之间。”经历代“诗赋取士”体制下的诗人们不间断的探索和实践，极富有意象美的中国象形文字，其诗歌韵律借平仄、黏附、押韵、对偶等形式的灵活极致的运用，将讲究格调的唐诗推上了世界诗歌的巅峰。

虽然我们奉行“信达雅”的翻译原则以抓住中国诗歌的神韵和风格，但不得不承认一种语言诗歌的音乐性是不可能在另一种语言中完全再现。为了保留一点中国诗歌的音乐特质，我尝试用英语传统诗歌的形式来做翻译处理。富有乐感的英语语音文字，其诗歌韵律在英雄双韵体（heroic couplet）、意大利三韵体（terza rima）和“商籁诗”（Sonnet）等诗体中已属臻美。汉诗的平仄相间，与英诗的抑扬格有相似的韵律节奏，用英诗的五音步和七音步抑扬格来对应汉诗四五七言句，或许可保留原诗的一点乐感。

诗歌总被认为是不可译的。诗之所以称其为诗，是因为它独特的形式。翻译诗歌难就难在保持住诗歌的独特形式上，也许只能用另一种语言的诗歌形式来弥补它的诗歌特质。但在意境方面，我还是认同傅雷先生的主张：“重神似不重形似。”

2011 年中国对外翻译出版有限公司在中华文化“走出去”战略下决计让我编译一本《中国古典诗歌英释 100 首》。中国古典诗歌不仅是中华民族的文化瑰宝，也是世界文化的财富。它对世界诗歌发展的贡献，不仅仅在于它影响了美国意象派诗和日本俳句的形成，更在于它的生命力仍将继续影响着世界诗歌的发展潮流。

从浩瀚的中国古诗中，我撷取了 100 首自认为最有代表性的诗歌，它们涵盖了中国古典诗歌的各种形式，从中可以寻见中国古诗的嬗变过程。为了便于读者更好理解中国古诗的精髓，此书偏重注释。我如数家珍般用英文对每一位诗人作了介绍，对每一首诗作了评论，点明诗的美点和它对后世的影响等。注释还包括了一些文化背景、传统意象和必要的诗意说明等。

此书经中国出版集团在 2011 年上海书展上首发推出后，引起了翻译界的注意。几天后，我收到了上海翻译家协会秘书长赵芸女士的电话，诚邀我参加协会组织的诗歌翻译沙龙活动。次年，我被吸收为

笔者在周浦公园傅雷雕像前留影

协会会员。在译协这个真正的翻译大家庭里，我遇见了让我仰慕已久的翻译大家，如草婴、任溶溶、钱春绮、吴钧陶等，我小时候就拜读过他们的翻译作品，是看他们的书成长起来的，他们像傅雷先生一样，巍峨如山峰。大家一起切磋翻译艺术，我从中又学到了不少东西。

正值译协成立纪念日，春暖花开之际，协会组织会员们参观了傅雷生平陈列馆。之后，我独自回到了周浦镇。昔日熟悉的百年老街已经被拆得支离破碎，残垣断壁中，傅雷先生的故居孤立在夕照里。门口停着几辆电动车，隔壁门上写着“棋牌室”的危房不时传出麻将声，应和着不远处隆隆的推土机。

我走在废墟上，仿佛又听到了当年青石板上的脚步声。时光匆匆，人生过半，崎岖之路伸向远方，而我似乎才刚刚起步……

戴清一，1965年生，上海翻译家协会会员，从事英语翻译二十载，热爱中国古典诗歌和英美诗歌的翻译。译有美国意象派诗选、约翰·济慈十四行诗选、勃朗宁夫人十四行诗选和中国楹联创作集句，著有《中国古典诗歌英释100首》。

别了，渡边淳一

戴 铮

渡边淳一走了。75岁那年，他第四次来上海，一身浅色西服配一条粉色领带，显得格外健朗。专访时听他一席“爱的宣言”，至今余音犹在耳畔……

作为“日本情爱小说第一人”，婚外恋几乎成了渡边淳一作品的“永恒主题”，但他却称自己描写的是使身心都得以愈合的成年人的纯爱。见我略带疑惑，渡边补充道：“5年、10年以后，爱是会转变的，没有持之以恒的爱。移情别恋并无对错，这只是人的本性。所以婚外恋纯粹是为了追求爱，也是一种纯爱。”

渡边淳一说，他许多作品中的主人公都在寻找一种“终极之爱”，那就是令人销魂的性爱，而男人和女人最根本的差别，也恰恰表现在性爱方面。相比女性在性爱之后对于怀孕、生孩子等的展望，男人的性爱看似凶猛，可一完事便急速萎靡，思维也随之处于闭塞状态。这种根本性的差别，以前从来没有人在小说中写到过。

对于曾经横扫日本文艺界的纯爱风潮，渡边淳一似乎不以为然。他说，不少人深信没有肉体关系、只有精神相连的爱是最为纯粹的，其实那只不过是一种未成熟的幼稚的爱。而真正至高无上的爱应该是精神和肉体两者紧贴在一起，身心都像疯了似的在燃烧，这样的爱才纯粹、才能得以升华。

渡边淳一反复强调，自己的作品不是爱情教科书，而是反映男女在恋爱中的真实感受。每个男人结婚前都把对方想得很完美，对性爱也充满了期待，并且一定要取得独占权。可结婚多年之后，两人就由爱侣变成了日常生活中的伴侣，以往的激情不见了，久而久之，就会像《紫阳花日记》中写的那样：不管怎么说，就这样，双方谁都不那么顶真，平平淡淡地过下去的话，倒也相安无事。

当时我正在翻译渡边淳一与文汇出版社签约的21本自选集中的《夜潜者》，感觉在他40多年的创作生涯中，写的几乎都是恋爱题材，是否会给人一种重复的感觉，又是否考虑有所突破？渡边淳一对我说，爱情是永恒的主题，就像《源氏物语》，一千年来依然没有失去光彩。他始终会将“写情”作为创作的主线，而不会去写战争题材、历史题材的东西，写《爱的流放地》就是因为受到了有人说他无法超越《失乐园》的刺激。《紫阳花日记》从“偷窥”的角度来写，也可算是一种突破。

当我问及哪个作家对他的影响最大时，他想了想，还是摇了摇头：没有。“事实上，影响我创作情爱小说的是法国电影。我年轻的时候看了许多法国电影，大部分都在讲述男女之情和性爱，法国电影对男女之爱的细腻描写是美国电影无法比拟的。”

我问“言情大师”的个人生活以及作品中是否有自己的亲身体验，渡边回答得挺妙：“当然不可能完全是经验，但的确有真实的感受。”那天同样有女记者要他谈谈自己的太太，谁知他玩起了外交辞令：“无可奉告。”

据知情人士介绍，渡边上次来上海，他的太太曾一同前来，但3天之后就被他打发回日本了，他说不太希望自己的妻子在公众场合抛头露面。

这次，渡边淳一是带着《紫阳花日记》而来的。“紫阳花的花语是花心、善变和见异思迁。我在小说里想探讨的就是夫妻关系在进入平淡期之后，如何重新燃起他们的爱情。”

“那么，先生您自己呢?”我单刀直入。

“我觉得爱是人生的原点，没有爱人就没有生存的意义。很多人说上了年纪就不应该有爱情，不应该去追求异性，我觉得绝对不是这样的。人越上了年纪就越应该去追求爱情，我会用一生去追求。”

如今这位一生都在“爱”的作家走了，他的遗作是聚焦高龄性无能的长篇小说《再爱》，主人公是位73岁的整形外科医生，分明折射出渡边本人去世前的影子。他曾对日本媒体表示，自己两三年前就查出前列腺癌和脊椎管狭窄症，性无能的状态令他内心受到巨大的打击。“我不得不考虑作为男人的生活方式，尽管如此，对女性又没有失去兴趣。出于作家的本能，我一定要把这种失落和重生的感觉写下来。”

《再爱》问世之后，渡边淳一曾对《读卖新闻》说，自己即将年满八旬，寿命超过了享年79岁的“痴情文学”前辈谷崎润一郎。也许在他的心中，作为“写情圣手”的作家人生已了无遗憾。

戴铮，1967年生，毕业于复旦大学中文系，上海翻译家协会、上海市作家协会会员。主要译作有《毒蘑菇》、《酒精考验》、《缘分就在你身边》、《下流社会》、《夜潜者》(《不可告人的夜》)。自2003年起任《环球时报》等多家报刊特约记者，发表有关日本文学动态的报道500余篇。

我的起步在《上海译报》

杜海清

见到上海翻译家协会三十周年庆的征文题目“译路同行”，令我回想起自己的翻译生涯。

我最早的起步，是从《上海译报》开始的。

1979年暑假，还在读大学的我因为懂一点日语，作为志愿者，被学校点名参加在上海展览中心举行的“’79日本图书展”。这也许是迄今沪上规模最大的日本书展，在我的记忆中，上海再没举行过如此规模的日本图书展。我参与了整个展览的布展和展出期间的服务接待工作。展览结束后，这批展出的日文书刊便被留在了上海少数几所高校的图书馆，我也因此毕业后被留在上师大从事日文书刊的编目工作。在当时改革开放刚刚起步的形势下，能接触如此多而新的日文原版书刊是件很稀罕的事。我因为有条件接触日文书刊，还有图书馆订阅的日文报刊，再加上喜欢舞文弄墨，所以，当1983年《上海译报》一创刊，我就向它投稿了。我时常从刚到手还散发着油墨味的《朝日新闻》、《读卖新闻》上寻找新鲜、有趣的小文章翻译后投到《上海译报》。上世纪八十年代，写作、通信手段远不像现在这样，有电脑、有网络、有电子邮件，文字都是手写在400格的文稿纸上，一篇译稿差不多就是一张文稿纸，本埠的贴上4分邮票就寄出了。

一来二往，慢慢地，我与《上海译报》的编辑相熟起来。记得我最初联系的译报编辑名叫莫邦伟。一次，好像为了核对文中的数据，他邀我去报社面谈。那是我第一次与报社编辑直接接触，心里既期待，又忐忑。那时《译报》还刚刚创刊，报社设在福州路外文书店的楼上，虽然挂着上海翻译出版公司(上海远东出版社的前身)的牌子，但印象中他们的办公条件并不怎么好，室内光线昏暗、空间逼仄，四处堆着书报，与我原先想象的报纸编辑部感觉大相径庭。莫编辑为人和气，他惊讶于我的年轻，说是没想到一直寄来译稿的竟是个“初出茅庐”的年轻人。可能是年纪相仿的缘故，初次交流颇觉投缘。后来莫编辑东渡出国，还委托其兄莫邦富特地来我家归还我借给他的图书，可见其为人诚恳踏实。

莫编辑赴日留学后，慢慢地，我为《译报》翻译的稿子便少了，直至彻底中断。但是缘分这东西真是奇妙。过了好多年，时间到了上世纪九十年代，《上海译报》跟着上海远东出版社搬迁至徐汇区冠生园路，与我供职的上海师大仅一墙之隔，我们竟成了邻居，这下我重又燃起为《译报》翻译文章的热情，有时中午休息时还会去《译报》编辑部串门。这时，打交道的《译报》编辑是张世平、沈勇、蒋志宏等人。至今想来，我的翻译进步离不开这几位老师的帮助，他们常常向我提供原版日文报纸期刊，让我获得最新的前沿信息；我翻译的文章，也从最初两三百字的“豆腐块”变成了半版甚至整版的深度报道。这段时间大概又持续了几年，直至《译报》再次搬迁至静安区的武定西路，我们的联系才渐渐少了。这一方面是《译报》的编辑方针有了改变，另一方面我也开始对文学翻译发生了兴趣，加入译协后，更是致力于日本非虚构类作品和现代小说的翻译。

我翻译生涯的起步在《上海译报》。在《译报》上发表的难以计数的一篇篇长长短短的译文，为我今天从事文学翻译打下了深厚的基础。

杜海清，1959 年生，教育学士。九三学社社员。现任《上海师大报》编辑。上海翻译家协会会员、上海市作家协会会员、上海市科技翻译学会会员。事迹被收入由中国翻译工作者协会编纂的《中国当代翻译工作者大词典》。从 1983 年在《世界图书》杂志发表的第一篇文章《世界珍本传奇》起，至今已有 30 多年的翻译和创作经历。近几年来主要致力于日本当代小说的翻译，出版或发表长、中、短篇小说 16 部。

译海竞渡忆当年

葛乃福

谈起翻译的事，过去连想都不敢想，因为我曾对外语不怎么感兴趣。之所以不感兴趣，并不是感到外语不重要，我的老师朱东润教授曾经说过，一个不懂外语的人就好像只生一只眼睛。他是英国留学生，外语好得没法说。我是觉得外语很难。就像繁体字一样，外文单词有的一个有十多个字母，而且外国人对同一单词的发音也不尽相同。但事情就是这样凑巧，你不怎么感兴趣，它偏偏要找上门来，盛情难却。

1988 年春，我校杨竟人、沈志宏二位教授和苏州大学友人合编“外国文学名著评析译丛”，约我译《卡夫卡小说评析》一书。该书作者为赫伯思·齐马克，他是文学硕士，美国维也纳学院讲师。1973 年《卡夫卡小说评析》一书由美国内布拉斯加州的林肯出版社出版，它是“峭壁丛书”中的一本。这套丛书计五十本，被誉为“打开文学名著的金钥匙”。

我曾译过一些诗歌与文章，译书却是第一次，但我还是接受下来了。我接受的另一个原因或许是被卡夫卡对文学的执着深深感动。为了文学，他一生没有结过婚。

我知道译书不比译诗歌与文章，它很难。因此我想出了一些办法：（一）购买了所能买到的卡夫卡的小说和传记，例如《审判——卡夫卡中短篇小说选》（李文俊、曹庸译）、《怪笔孤魂——卡夫卡传》（［日］三野大木著）等。（二）购买了好多本翻译用的工具书，例如《英华大词典》、《综合英语成语词典》、《英语常用词组》以及《英语姓名译名手册》、《外国地名译名手册》等。（三）向外文老师请教翻译时应注意的问题。在这方面，我的好友杨宇光教授和孙建教授对我帮助很大，介绍甚详，我对他们心存感激。

俗话说，路总得自己走。别人的经验要变为自己的体会还得靠实践才行。我在翻译中感到困难重重，它主要表现在：（一）卡夫卡著的小说很多，他的全集当时还没有中译本。而且他是现代派小说的鼻祖，所采用的小说表现手法较难理解。（二）外文中复句居多，很多连接词将句子搭成长长的“九曲桥”，使译者不能一目了然知道句子的主谓宾是什么。（三）外文单词往往是多义的。一个词前后稍加些成分就有十多种乃至二十几种解释，而句中的确切解释只有一个，全靠你理解并选择。对此，我花的功夫最多。我几乎将每一个单词都查出来，抄在一本专门的簿子上，然后字斟句酌。

差不多花了半年多的业余时间，好不容易才将八万多字的全书译了出来，送审后获得了通过，而且我的译文已有个别章节在内刊上发表，此时我的心情如释重负。感谢我校陈雄尚教授认真、费心地校阅，否则我的译稿就不会这么顺利通过。这里，还要感谢杨竟人、沈志宏二位教授的热忱关照，要感谢资深翻译家吴钧陶先生赐序。

还有一件事这里想提一下。拙译曾请北京中国社科院外国文学研究所叶廷芳研究员指正，承他惠函纠正了几个人名的译法，便如卡夫卡的一位女友叫菲莉丝·巴尔，叶廷芳研究员在惠函中指出“巴尔”应译为“鲍威尔”才规范，我接受了这个意见。2006 年 2 月 15 日，我在某报上读到《卡夫卡性格的形成》一文，文中将卡夫卡的女友“菲莉丝”译成“菲莉斯”，我不敢苟同。窃以为译外国女性的芳名将“斯”字译成“丝”字较妥。

或许正是因为难才会有好奇心，也或许正是因为难才会重新产生兴趣，除这本《卡夫卡小说评析》外，我打算再译一本书，书名为《审美研究——建筑学与诗》。此书由凯瑟琳·吉尔伯特著，1970 年纽约出版。当然这要通过一定途径取得版权才行。

支支妙笔同欢庆，岁岁春秋展辉煌。2016 年是上海翻译家协会成立 30 周年，在这喜庆的日子里，呈上此文以表贺忱！

葛乃福，1940 年生，毕业于复旦大学中文系，教授。曾任复旦大学写作教研室主任、韩国全南大学客座教授。现为上海翻译家协会会员、上海市作家协会会员、上海大学现代诗学研究中心客座研究员、中国现代文学研究学会会员、上海市写作学会理事、深圳中国现代格律诗学会理事。合著有《大学写作》、《中国优秀报告文学选评》、《中国现代分体诗歌史》，合编有《中国文学大辞典》、《20 世纪中国新诗辞典》、《20 世纪中国散文英华》等，译有《卡夫卡小说评析》。《中国现代分体诗歌史》获第二届中国大学出版社图书奖·优秀学术著作一等奖。出版诗集《无等山下》、《春天的色彩》等。

译事，与诗同行

海　岸

近期参加上海译协主办的“吴钧陶文学翻译学术研讨会”，会上翻阅《纸囚诗韵贯中西——吴钧陶》一书，我想起十年前是经吴老和复旦外文学院黄勇民院长推荐参加译协的。2005 年“金秋诗会”前夕，香港诗人傅天虹、路羽夫妇将创办于 1987 年的《当代诗坛》改成双语版，著名诗人、翻译家屠岸先生应邀出任主编，拟邀我出任编辑部主任，加强刊物英文版翻译校对力量，来沪与我见面时，邀我一起出席上海译协“第十四届金秋诗会”。也是在这次诗会上我见到了译协的前辈诗歌翻译家：冯春、钱春绮、吴钧陶、张秋红、黄杲炘、王智量、潘庆舲等，会后我也就幸运地成为上海译协的一员。

2005 年，诗人北岛已在《收获》杂志开设专栏，连续九期介绍九位 20 世纪大诗人，每一期均以较大篇幅点评国内诗歌翻译的现状，令人遗憾的是他的点评缺乏学理的根基难以服众，不懂原文的他硬要以个人有限的翻译实践指点译事，未免有些欠妥。当然，北岛引发的这场诗歌翻译论战，不经意间活跃了诗坛学术气氛，大大促进了译界学术思想交流，故而在 2006—2007 年间，我花了近两年时间编选了一本《中西诗歌翻译百年论集》，注重诗歌翻译实践与诗歌译论研究并举，重点选编老、中、青三代在诗歌翻译领域颇有建树的翻译家的译论，从“信达雅”、“化境说”到“多元互补论”，更兼“直译”、“意译”、“风韵说”、“形似论”、“神似论”、“三美论”、“三兼顾”等，20世纪所有重要的汉语诗歌译论尽收囊中。2007年恰逢中国新诗诞生90周年，中西诗歌翻译的实践最早可追溯到晚清时期，中国新诗的诞生是与诗歌翻译密不可分的。20世纪二三十年代从事诗歌翻译实践的大多为诗人兼翻译家，如郭沫若、闻一多、成仿吾、徐志摩、朱湘、戴望舒、梁宗岱等，他们的诗歌创作与翻译共同推动着中国新诗运动的发展，迎来了中国新诗史上的一个“黄金时代”。八九十年代，中西诗歌翻译与译论研究翻开了崭新的一页，重建辉煌的老一辈翻译家，如卞之琳、王佐良、袁可嘉、钱春绮、许渊冲、飞白、江枫、屠岸等为新时期文学的复苏做出了巨大贡献。20世纪真可谓是中国新诗创作与翻译互为作用的时代，也是中西诗歌美学思想相互汇通的时代。《中西诗歌翻译百年论集》的出版获得2007年度上海文化发展基金会的支持，在业界获得好评，现已成为各大高校诗歌翻译研究人员必读的参考书，大大地推动了我国诗歌译学理论的建设与发展，在此我也得感谢上海译协前辈钱春绮、吴钧陶、黄杲炘先生的大力支持。

编完《中西诗歌翻译百年论集》后，我发现中国诗歌在英语世界的翻译与传播虽历经几个世纪，但重心无疑落在中国古典诗歌的外译上，对新诗的译介显然起步晚、影响弱，仅在近二十年间获得一定的发展。在2008—2009年间，我也曾尝试过新诗的英译实践，与欧洲POINT(诗歌国际)出版社合作，在全球范围内联合诗歌英译者，成功地推出一本《中国当代诗歌前浪》(*The Frontier Tide: Contemporary Poetry From China*，2009)，在2009年8月第48届马其顿斯特鲁加国际诗歌节开幕日上首发，同年进入德国法兰克福国际书展、比利时安特卫普国际书展。这部诗集以汉英双语形式呈现新世纪全球经济一体化背景下，具有悠久诗歌传统的中国当代新诗全貌，其新诗英译大致可分为两类：学术翻译和诗人翻译。全书约二分之一的英译出自英语世界一流的学者、诗人、翻译家之手，如凌静怡、霍布恩、梅丹理、乔直、柯雷、戴迈河、西敏等，余下部分则由本人提供英译初稿，再分别与美国诗人徐载宇小姐、梅丹理先生合作完成。本书选编了中国大陆80位大多在20世纪五六十年代出生，至今在世界范围内坚持汉语写作的先锋诗人的作品，也收录了代表更年轻一代审美取向与文化观念的“七〇后”、“八〇后”的诗人作品。本书无论是作品还是翻译均属上乘，它的出版，尤其在欧洲最古老的诗歌节开幕首日推出，不仅给与会的五大洲各国诗人带来一份惊喜，提升了中国当代诗歌的声誉，而且促进了国际诗歌界对中国当代诗歌的了解。

经历了几年的译编工作，我才深刻地体会到英国翻译家霍布恩在英译诗人杨炼《同心圆》时的那番感言：“要想提高汉英文学翻译的质量，惟有依靠英汉本族语译者之间的小范围合作。汉语不是我的母语，我永远无法彻底理解汉语文本的微妙与深奥；反之，非英语本族语的译者，要想将此类内涵丰富的文本翻译成富有文学价值的英语，且达到惟妙惟肖的程度，绝非是一件容易的事。可一旦同心协力，何患而不成？”值此国家大力倡导“中华文化走出去”的转型期，中国新诗的外译工作方兴未艾，目前从事这项工作的诗人、翻译家太少。

在此我想呼吁全国社科规划部门更应将诗歌外译的工作纳入国家社科基金中华学术外译项目规划中，激励更多的青年才俊参与其中。总之，随着全球经济一体化进程的深入，各国文化交流日趋频繁，中国新诗英译的前景更值得期待。毋庸置疑，在西方汉学界，无论是瑞典的马悦然、德国的顾彬，还是荷兰的柯雷，都十分推崇中国当代诗歌在世界文学领域所取得的成就。他们认为中国当代诗歌反映了这个时代的一切，这些诗歌同它的时代和地域联系起来，就可以看到一个国家的文化和发展。通过诗人的作品，我们可以了解到中国的过去、现在，特别是看到了中国的发展。其次，我更想呼吁国家不仅要设立文学翻译奖，按照国际惯例，政府文化机构更应该设立各类翻译基金，建立透明公正的审批平台，吸引国内外的翻译人才合作或独立地开展工作。在英美等西方国家，哪怕在东欧一些国家，诗人翻译家每年均可报送某一选题，申请相关的翻译经费乃至出版基金的资助。美国相关基金会的翻译资助重心已从“中国朦胧诗”过渡到“第三代诗人”的作品翻译。上海译协更应提醒相关文化机构理顺文学翻译基金的资助机制，最大限度地发挥学院与民间两大翻译渠道的优势，以宽容的方式鼓励海内外的汉学家与中国文化爱好者参与其中，确保中国文化真正、可持续性地走向世界，如今仅靠贴补国内出版社或国外出版社而不去资助翻译家，是无法真正完成“传播中国文化，推广中国学术”这一大业的。

人生有太多的回忆，有美好，有伤痛，幸福夹杂着苦涩，快乐携带着忧伤。在与译协相随的十年间，我走过了人生的不惑与天命，渐渐剔除了浮躁，沉积下一份淡泊、从容与淡定。在我人生旅途中，有些刻骨铭心的记忆在如水的夜色里，悄悄地来又悄悄地去，留下一缕云烟让我缅怀。最后收笔前我想重温与冯春、高维彝、赵芸等译协同道在“2008·俄罗斯文化之旅”上的美妙瞬间：“多少次，我的耳边响起那熟悉的旋律/多少次，我在梦里走进那片高高的白桦林//多年之后。一场午后的雷阵雨/也许驱散这段美妙的回忆/你温柔的声音随时光而消散/你美丽的年华随岁月而流逝//却难忘北国某偏僻小站，晨露未褪/我们曾虚度整整一个清晨/失去抵达的目的地，失去方向/失去笑容，生命有时真的好无奈！//我依稀记得那美妙的瞬间/我的心灵沉浸其中，亦真亦幻。”

海岸，原名李定军，1965年生，诗人、翻译家，现为复旦大学外文学院副教授兼香港《当代诗坛》(汉英双语版)副主编，上海翻译家协会常务理事。著有《海岸诗选》、《挽歌》、《海岸自选诗60首》，译有《狄兰·托马斯诗选》、《萨缪尔·贝克特诗选》，编/译有《中西诗歌翻译百年论集》、《中国当代诗歌前浪》等。

我与龚古尔文学奖得主莱内

何敬业

帕斯卡尔·莱内是六十年代登上法国文坛的当代著名作家，和获得 2014 年诺贝尔文学奖的莫迪亚诺是同一代新秀，但是成名比莫迪亚诺要早几年。他早在 1974 年就以小说《花边女工》这本不足六万字的作品击败了 170 多个候选提名，一举斩获当年的龚古尔文学奖，这么短篇幅的小说获此殊荣，在该奖设立的前 71 年历史中绝无仅有。

我与莱内的结缘是托了我国改革开放政策的福！

大革文化命的十年动乱结束了。当时国内的人民群众，特别是年轻一代对被极“左”路线封杀的文艺作品有了井喷式的需求；“不准接触资本主义国家文艺”的禁令也轰然倒下。借助这天时地利，我对法国文学的热爱终于有了发挥的可能。我运用自己的语言优势，大量涉猎外国文学特别是法国现当代文学及理论作品，并开始迎头赶上，进行补课式的研究。在前辈老师如徐仲年等先生的鼓励下，写了《超现实主义的形成与发展》等论文。同时，在授课之余开始了法国文学作品的翻译。上世纪七十年代末，我一读到法语原版的《花边女工》就非常喜欢。小说的动人之处，在于作者用朴实无华的白描艺术手法塑造了一个被侮辱与被损害的小女工形象。这本既继承优秀法国现实主义传统又有新颖创作手法的小说深深吸引了我。在故事的叙述中作者娓娓道来，不时插入言简意赅的哲理，令人掩卷深思！在“新小说”、“荒诞戏剧”等文学浪潮过后，《花边女工》这样的新现实主义小说又重新获得法国社会的青睐是非常值得思考的。小说获得龚古尔文学奖后又被改编成法国和瑞士合拍的电影，女主人公由法国著名女影星、当时初出茅庐的伊萨贝尔·于蓓尔主演，大受欢迎。这些事实证明了关心社会现实的文艺作品永远都不缺受众。我自己在大量阅读了现代派外国文学作品后，最终还是喜欢这类贴近人本主义的优秀作品，我被作者的人道主义精神打动了。

我与张寅德合译了《花边女工》。小说先发表在南京大学的《当代外国文学》杂志上，后于1984年由文化艺术出版社出版了单行本。但由于当时我国尚未加入世界版权公约，还有其他种种客观原因，我们未能把出版消息告诉莱内本人，更别提样书和报酬了。对于这一状况，我始终耿耿于怀。

1987年11月，我获得法国政府奖学金去巴黎第三大学进修。一到法国，我就通过友人及出版社的帮助联系到帕斯卡尔·莱内。他得知我的情况，高兴异常，立刻给我寄来他新出版的长篇小说，并邀请我赴他的家宴。他郑重其事地邀请了多位出版家、制片人、电影导演及演员朋友作陪。会面时，我把中文版的《花边女工》样书亲手交给他，带着歉意告诉他由于我国目前的出版制度无法支付他报酬。他连连摇手，真诚地拥抱我，同时激动地说：“我这本获奖小说在全世界已经有近20种语言的译本，但我一直不知道有汉语版，这曾使我深感遗憾。今天看到你带来的书，我终于了却一桩心愿，太感谢了！至于报酬根本不值一提！我的作品拥有广大中国读者是任何金钱不能换取的！你今后如果愿意再翻译我的作品，我会乐意提供一切方便。”

尽管中文版的《花边女工》与英、德、美、日等国家的版本在书籍装帧上质量差别巨大，但他却立刻把我给他的书放在书架的最显著位置，说这书应该放在最显著地位，因为它是世界人口最多国家的出版物。来宾们纷纷鼓掌赞同，令我也不由得自豪起来。

他向往中国，多次邀请我聚会，共同探讨文学和翻译问题。熟悉以后，我才知道我们相互有“三同”之缘：同龄，都出生在1942年；同是师范大学俄语专业毕业，我是华东师范大学，他是巴黎圣克鲁高师；毕业后同操教师职业。只不过他成名后转向了职业文学创作，而我直到退休都工作在三尺杏坛。莱内的创作非常勤奋，而且作品涉及文学、电影、电视等诸多领域。中国人常说的“著作等身”他可谓名副其实。他出身名门，外祖父是参与建造埃菲尔铁塔的高级工程师，母亲和姨妈是法国共产党的早期党员。他曾以此家族背景写过一部长篇小说。密切关注社会底层、同情弱者的家庭教育对他影响很大，他的多部获奖小说都是介入社会现实生活的题材。他坦率地告诉我，像他这样的作家如果只写纯文学的作品，在法国也很难有较好的经济收益，会影响到生活。所以，他也写系列侦探小说，并为电视台一档每天5分钟的悬念连续剧写脚本。然而，他始终把严肃文学创作看作自己的主要职责。其时，他告诉我，他正在尝试寻找投资人，想把普鲁斯特的《追忆似水年华》改编成电影。我一直关注他的创作，他每有新作也寄给我。然而不无遗憾，因为他的作品以纯文学为主，加上版权等客观原因，目前被介绍到中国来的还很少。

我们的交往长期保持着。他是个很重情义的人，也很乐于助人。1988 年 11 月，我在巴黎第三大学结束了为期一年的进修学业。在我回国前夕，他假座香榭丽舍大街一家著名中国餐馆设宴为我饯别，同时又邀请了不少文化界人士作陪。宾主欢谈欲罢不能，直至下半夜地铁关闭才依依惜别。他亲自驾车送我回居住地，令我感动万分。1995 年，拙译长篇小说《狮王》获得法国政府的文化基金赞助，由上海译文出版社出版。但与出版原作的法方出现了一些程序上的误会，以致迟迟未能落实合同。恰巧那年我去法国敦刻尔克高等国际商学院任客座教授，当我把这个情况告诉莱内后，他当着我的面立刻致电伽里玛出

笔者与莱内合影

版社。经过他的解释疏通，问题马上解决，拙译很快就在1996年顺利面世了。我每次有机会访问法国，总会去拜访他。交流时，他尖锐的作家目光和剖析社会万象的言谈都能帮助我更好地理解法国社会，对我的教学和科研极有好处。

帕斯卡尔·莱内近年似乎退出了法国一线作家行列，但他在文学圈内的影响还是可以感觉到的。一次，当法国新小说派旗手罗布·格里耶访华时，他很真诚地告诉中国同行说："帕斯卡尔·莱内是一个值得尊敬的作家！"我认为，这样的评价是公允的。

何敬业，1942年生，华东师范大学法语教授，中国资深翻译家。主要翻译作品有《贝姨》、《神秘的宝藏和制钟巧匠》、《法语动词变位完全手册》、《三十口棺材岛之谜》、《狮王》、《花边女工》、《世界文化史故事大系：法国卷》、《粉红夜》、《法国概况》等。

含英咀华　独自徜徉

——关于汉诗英译的杂感

黄福海

一

“含英咀华”，本来是指对古典诗文的欣赏，后来被巧妙地借用来形容中国古典诗文的英译，因为这个词里包含英国的“英”和中华的“华”。闵福德与刘绍铭合编的英译《哥伦比亚中国古典文学选集》另有一个中文书名，就叫《含英咀华》。中国古典文学有世界上最美好的诗文，将它们译成英文，这个过程就像在嘴里含着芬芳的花朵，进行咀嚼、加工，再把它化成新的样式的芬芳的花朵。

二

人接触到美好的事物，精神上会产生美妙的感觉，将这种感觉比作美餐的，最早可能要数屈原了。《离骚》有句云：“朝饮木兰之坠露兮，夕餐秋菊之落英。”就是说把清晨的露水当作饮料，把傍晚的花儿当作食物。我想屈原在这里是比喻自己平时喜欢亲近那些美好的事物。杨宪益把它译成：

Dew from magnolia leaves I drank at dawn,
At eve for food were aster petals borne.

大卫·霍克斯把它译成：

In the morning I drank the dew that fell from the magnolia;
At evening ate the petals that dropped from chrysanthemums.

杨宪益与霍克斯的《离骚》英译都优美而典雅，双峰并峙，是汉诗英译的典范之作。

三

一篇译诗是否优美，一般取决于原诗是否优美。换言之，只有原诗是优美的，据此翻译出来的译诗才有可能优美。翻译是一个追随、模仿原作的过程，模仿得好，译诗就因逼近原诗而优美；模仿得不好，译诗就在原诗的基础上等而下之。英国十九世纪诗人爱德华·菲茨杰拉德将古代波斯诗人莪默·伽亚谟的诗集《鲁拜集》译成英文，后来他的译诗成为英国文学史上的名著，而原诗反倒少有人知，这种事情在翻译史上毕竟少见。常见的情况是，含的是英，咀的是华，结果吐出来的却是一堆枯燥无味的碎沫子。所以，要想含英咀华而吐出芬芳的花朵，最重要的可能并不在于含咀什么，而在于如何含咀。

四

含英咀华，关键在于要“含”、要“咀”，而不是“大嚼”。诗歌这枝花，是世界上最为娇嫩的植物，哪怕处理得稍微有点粗暴，都会使原本芬芳的花朵受到损害甚至摧残。所谓含咀，就是仔细品味，品味原诗的结构、用词、节奏、韵脚，分析它的成分，清理它的思路，然后按照适当的比例将它重新排列、组合，使它富有新的生命力，散发出新的芬芳。

五

一枝芬芳的花，经过含咀之后产生的芬芳，会与原先的芬芳有所不同。原来是一枝蔷薇，经过含咀之后，可能会变成一枝玫瑰。蔷薇和玫瑰毕竟都属于蔷薇科，但枝叶的形态、颜色的深浅、香味的浓淡，都有不同程度的差异。如果是一枝蔷薇，经过含咀之后变成了一枝山茶花或者夹竹桃，虽然也可能很美，但那已经不是含英咀华，而是发生了基因突变，失却了原本的芬芳。在诗歌翻译中，如果原诗是一首忧郁的诗，而译诗变成了一首哀伤的诗，虽然也可能很美，但那是创造或改造，而不是翻译。

六

在确定一枝花究竟是蔷薇、玫瑰，还是山茶花或者夹竹桃时，它的外形、颜色、香味，包括叶子茎脉的走向及其边角的弧度，都是决定性的因素。在分析一首诗时，往往需要分辨一些极为相似的成分。在确定一首诗的情感究竟是忧郁还是哀伤，欢快还是欣悦，沉思还是憧憬，羡慕还是颂扬，赞美还是反讽时，这首诗的结构、用词、节奏、韵脚等因素，都具有重要的影响。如果译者在分析这些因素之前，具备广泛的生活经验，从自身的经历出发去体会、把握原诗的细微差别，就可能在译诗中恰当地体现出来。

七

花香是花的灵魂，花瓣和枝叶是花的躯干。就像神韵是诗的精神，节奏是诗的骨架。没有躯干，也就谈不上有灵魂。同样，如果一首诗没有节奏，也就不成其为诗，与散文没有了区别。在汉诗中，节奏体现为平仄声调的交替出现、长短词语的错落组合；在英诗中，节奏体现为抑扬、抑抑扬等各种音步，以及由各种音步构成的长短诗行。一首优美的古诗翻译成英文，最好也是押韵的，因为韵脚可以为译诗增加不少情调。格律和韵脚，就像层层舒展的花瓣、片片垂落的枝叶，按一定的时空间隔重复地出现，读者可以从中听见美好的乐音、看见丰富的色调。这是诗歌与散文的区别，也是诗之所以作为一切文体中最高级的文体的原因之一。

八

含英咀华，入于口，又出于口，花自不同，而芬芳依然。诗歌翻译也一样，要求译者全面掌握“译入”和“译出”这两种语言，要求译者的口齿具有极高的含咀的功夫。成功的译诗，要求精确地传达出原诗的情感与内容，而尽量保留原诗的结构和韵味。增之一分则太长，减之一分则太短。这个奇妙的过程，本质上只能存乎一心。就像《庄子》里的轮扁所说的，“徐则甘而不固，疾则苦而不入。不徐不疾，得之于手而应于心，口不能言，有数存乎其间”。这种滋味，只有沉潜其中、不断实践的人才能体会。

九

诗歌翻译要“化”，而不是囫囵吞枣。译诗总会损失一点原诗的韵味，出于语法、句法的需要，深化或浅化一些内容加以补偿，都无可厚非，但功能性的、具有区别性特征的内容还是要保留的。如果是“千古丽句”，翻译出来至少要有点佳句的样子。对经典诗词进行深化或浅化之前，首先要知道原作的深浅，了解那些词语的用意到底是什么。同时，还要知道自己的深浅，是否有能力替经典作家改诗。韵脚是诗歌的调味品，不能为了添加调味品，而把原料的味道给盖过了，从而给别人抓住把柄，指摘说“因韵害义”。

十

含英咀华，感受它的结果是一件美妙的事。这种感受，需要培训才能获得，好比观看体操表演，只有懂得规则的人才会理解表演的妙处而为之叫绝。译诗中的这种特殊感受是属于个人的，很难为外人道，因此也往往是孤独的。沉浸其中的人，有时会自觉与现代生活的节奏格格不入，甚至会遭到他人的嘲笑，嘲笑这个准备过程太繁琐、太迟缓，这正像茹毛饮血者，会嘲笑烹饪的艺术。而真正理解的人却自有他的乐趣，并且为那些无知的人感到可怜。文化总是复杂的，简单就显得鄙陋；文化总是含蓄的，直白就显得寡味；文化总是宁静的，喧闹就会浮浅；文化总是缓慢的，赶工就会粗糙；文化总是无用的，急功近利就会俗不可耐；文化总是孤独的，追求时髦就会随波逐流。

黄福海，1964年生，毕业于复旦大学外文系英美文学专业，上海翻译家协会理事。从事英语格律诗及中国古典诗歌的翻译研究。英译中作品有《马克·吐温书信选》、《爱尔兰当代诗选》、《开·闭·开》、《爱的招魂》、《末代大亨的情缘》、《木麻黄树》等；中译英作品有《老上海南京路》、《泰顺廊桥》、《马家窑文化彩陶瑰宝》、《孙悟空三打白骨精》、《孔雀东南飞》、《木兰辞》、《胡适诗选》等。另发表近体诗、格律体新诗，以及古典文学与翻译方面的论文多篇。

“这可是莎士比亚啊!”

黄昱宁

八年前在英国逛“水石”连锁书店，顺手拿起一本16开平装、厚达1 263页的牛津缩印版《莎士比亚全集》。搁在羊皮精装版的莎翁全集边，这个版本实在显得太便宜——尽管当时英镑跟人民币还是一比十五，但这4.99英镑的促销价标牌还是把我吓了一跳。递给收银员的时候，她也吓了一跳。“不会吧？这么大一本……”她来回看封面和封底新贴上的促销标签，用难以置信的、几乎是带着谴责的目光看着我，“这可是莎士比亚啊!”

那本书当然还是被我买了回来。鉴于其索引齐全、版本可靠，再加上莎士比亚所有的剧本和诗歌都化为密密麻麻的文字，集于一册，我很快就发现它在帮助我查阅引文时格外便利。每一个文学翻译都知道这一点有多么重要，因为莎士比亚笔下的人物、情节和典故，出现在任何文学作品中的概率，大概只有《圣经》可与之相提并论。比方说，就在前几天，我刚刚在翻译麦克尤恩的新作《甜牙》时碰到《奥赛罗》里提起的“银鸥”。那位剑桥毕业的女主人公，路上听到一声鸟叫都能想起莎士比亚，作为译者只能暗自叫苦，重新浏览一遍剧本以后方才定位到第五幕第二场，进而体会到这里的鸟叫何以具有双关含义，何以让女主人公在下一句里直接把“银鸥”代换成了“笨鸟”……总而言之，设若没有莎翁在背景幕布上窃笑，整个西方文化就不是现在这副样子。

所以，当评论家在政治大戏《纸牌屋》里窥见包括《麦克白》在内的多部莎剧结构，在凯文·斯派西满嘴机关枪速率的美式白宫切口中听出地道的莎剧台词韵律时，我们不必惊讶；当网友用三格漫画帮助你“五分钟看完莎翁全集”（“罗密欧和朱丽叶两家是世仇，他俩彼此相爱，于是他俩一起自杀了”）时，我们也不必嗤之以鼻。经过四五百年的沉淀，莎士比亚成为人类文化史上最经典也最世俗、最高深也最浅显的符号——没有之一，并不是偶然现象。他的价值，你既可以用 4.99 镑轻松买下，也会像那个收银员一样不由自主地献上最朴素的致敬——这可是莎士比亚啊。有时候，看着那本厚厚的全集，我会忍不住感叹：故事无论如何翻新，套路还真是很难越出这本书的疆界。早在十六世纪，老莎已经为后世所有讲故事的人，做了最精简的示范。

不过，比起其他世界名著动辄有十几个乃至几十个译本来，莎士比亚在中国的译介规模似乎要小得多，小到与其地位完全不相称的地步。有朱生豪珠玉在前，再加上其译本版权早已公有（对出版社而言，这意味着大大节约成本），后人（无论是译者还是出版者）若力图拓宽莎剧译介的维度，往往既担忧能力不济，又缺乏外在和内在的动力。若非对莎士比亚痴迷到一定境界，这样吃力不讨好的事，应该是不会考虑的。

偏偏已故著名翻译家方平是这样的人。他虽然担心“所谓‘原汁原味’对于经典文学的翻译——尤其诗歌翻译来说，也许是一个永远不能实现的向往”，却终究抵挡不住“将莎剧作为诗剧来翻译、更看重形式和内容血肉相连的关系”的诱惑。他要担纲主译，他要组织当代最好的“译莎”阵容(辜正坤，屠岸，张冲，汪义群……)，将上个世纪不断更新的莎学研究成果化为对文本更准确的拿捏，他要让纸面上的中文“莎剧”和“莎诗”更适合念出来、演出来，他希望你打开这些书的时候就仿佛能听到十六世纪环球剧场里的喧嚣与骚动，他要让某些句子的表现力更经得起时光的推敲——比如，“They have made worm's meat of me”不再是“我已经死在他们手里了”，而是精确到“是他们把我送给了蛆虫做点心”。

这些目标是否全盘实现，或者说，有没有可能全盘实现，是要靠读者和学者来判定的——更准确地说，要靠时间来检验。不过，当我翻阅每卷前后所附的各种考证、体例说明以及编者译者关于如何翻译素体诗的详尽阐释时，透过深奥的学术词汇，我总能看到更多的东西。对于方平试图完整重建一个崭新的莎翁世界时的如履薄冰，那番“明知不可为而为之”的悲壮，我不敢说感同身受，却也触手可及。也许，对于绝大多数普通读者而言，翻译莎士比亚是“等行”还是“等值”，没有那么重要；对于大多数演员而言，“多亏黑夜给我披一层面纱”是否要加上衬字，变成“幸亏黑夜给我披上了一重面纱”，也没那么重要——但方平却为了推敲这些细节耗去了多年时光。刚入行时，我无数次在编辑室里见过当时已经退休多年的他，身体羸弱，说话轻声慢语，行事近乎优柔，不爱也不会出风头。我们办公室里还总是善意地流传着他“做人家”(吴语，“过分节约、几近吝啬”之意)的段子。在我的记忆中，他是一个从形象到名声都与“勇士”或者“名士”无涉的小老头。

但就是这个小老头，九十年代自己拿出十万元在戏剧学院里立起莎士比亚的铜像；也是他，生命中最后的时光仍在校勘他的这套莎翁全集。“书就放在桌上，”他的儿子后来告诉我们，“他总坐在那里，我跑过去看，一直都是那一页……其实他已经看不动了。”也许，对他而言，哪怕只有这一件事释放出他积攒一生的能量和勇气，也足够了。我想，如果他能听到，那位英国收银员的话一定会让他在暗处颔首微笑——没错，“这可是莎士比亚啊！”

黄昱宁，1975年生，1997年毕业于上海外国语大学传播专业。现任上海译文出版社文学编辑室主任，编审，上海翻译家协会常务理事。从事外国文学编辑工作迄今已十六年，业余译著近二百万字，包括《甜牙》、《追日》、《在切瑟尔海滩上》、《崩溃》、《庭院中的女人》、《捕鼠器》等；曾在《万象》、《书城》、《人民文学》、《南方都市报》、《南方周末》、《东方早报·上海书评》、《上海壹周》等报刊上发表总共近四十万字的文化随笔及微型小说，著有随笔集《女人一思考，上帝也疯狂》、《一个人的城堡》、《梦见舒伯特的狗》、《阴性阅读，阳性写作》和《变形记》。

令人瞩目的“卡西欧杯”翻译竞赛

黄源深

时下，不少人醉心于浅层次文化欣赏，似乎对越来越多的“无厘头”搞笑情有独钟，或是乐为“低头一族”，把“读图”作为消遣的主要方式；或者不辞辛劳，大老远赶赴机场或车站，就为一睹某个明星的“芳容”。此类“文化活动”，还相当流行。不过，也有另外一些人，他们一样年轻，一样对生活满怀热情，一样有自己的业余爱好，而欣赏眼光却截然不同。他们被上海翻译家协会和上海译文出版社主办的“卡西欧杯”翻译竞赛所吸引，静坐灯下，细心查阅词典，认真研读不属于自己民族的文字，追溯故事的本源，索解迷离的内涵，享受着提高学养和增进知识的乐趣。竞赛自2004年开展至今，已有12个年头，参赛者换了一拨又一拨，但人们的兴趣、热情和认真依然，“卡西欧杯”翻译竞赛现象，成了现时文化领域令人瞩目的别样风景。

“卡西欧杯”翻译竞赛的设立，有着特殊的历史原因。

十多年前，上海翻译界隐约有一种危机感：扛着沪上译界大旗的老一代翻译家，已经年华老去；中年译者虽然实力不薄，但一时难以填补前辈留下的巨大空白；更让人忧心的是，青年一代由于面临现代社会的众多诱惑，以及译事之无利可图，投身笔译者日见其少，造成上海译界后继乏人。老一辈上海翻译家创下的“中国译界半壁江山”，颓势渐显，存在着有朝一日崩塌的危险。针对这一情况，上海翻译家协会会同上海译文出版社等，认真分析了现状，研究了对策。一致认为，上海的翻译生态条件不错：老一代翻译家影响犹在；现有翻译队伍业务扎实；多所高校文科出众，能适时输送翻译人才；上海译文出版社实力雄厚，可为译者的翻译成果提供出版支持。所缺的是翻译后生力量不足，需要尽快培养和壮大。

大家认为，要出人才，必须多管齐下。要多组织专业活动，“以老带新”；要注意发展年轻会员，不要“求全责备”；要为他们创造条件，提供成才的机会。上海翻译家协会在开展多项旨在培植新人的其他活动的同时，决定与上海译文出版社合作，定期举办一个全国性的翻译大奖赛，以期达到一举数得的效果：为青年译者提供“比武”擂台，为译界选拔人才；培养年轻人对翻译的兴趣，增加翻译的吸引力；发出上海独特的声音，扩大自己在全国译界的影响。

要办大奖赛，首先需要解决经费问题，而在当时情况下，无论是协会，还是出版社，都缺少资金。于是便想到与企业“联姻”，卡西欧愿意合作，赞助大赛，为此冠名为“卡西欧杯”翻译竞赛。这样，2004 年中国便多了一个全国性的翻译大奖赛。

大奖赛达到了预期的效果，成为培养和选拔翻译人才的重要途径。年复一年的大赛，使不少原本默默无闻的青年译者脱颖而出，上海译文出版社又不失时机地把他们纳入自己的麾下，使之成为其固定译者，为他们进一步成长创造了条件。大赛提高了年轻译者的翻译水平，尤其是多年之前，一位土生土长的新加坡译者以优秀的中文拔得头筹之后，经过多家媒体的报道，年轻译者开始对自己的中文修养更加重视，最近几年参赛者汉语表达能力渐长，不能不说多少与此有关。大赛也锻炼了年轻译者，使他们更加成熟：能勤查词典和参考书，力避常见的“想当然”错误；能恰当地添加注解，为读者提供理解上的方便；注意正确处理译文准确性和灵活性之间的关系，翻译质量明显有所提高。更可喜的是，大赛引起了越来越多的年轻人对翻译的兴趣，大学本科生、研究生，乃至奔忙于商界的白领，都纷纷来参加竞赛，以至于主办单位把大奖赛从英语扩大到了其他语种，成为涉及英、日、法、德、俄、西班牙六种语言的翻译大奖赛。这样的总体规模，在国内现有的翻译大奖赛中名列榜首。大奖赛无疑扩大了上海译界在全国的影响。

创业难，也许坚守更难。当年起步较早的全国多个翻译大奖赛，因为种种缘由，多“被雨打风吹去”，如今只留下了两个：一个是由中国译协主办的韩素英翻译大奖赛；另一个就是上海翻译家协会和上海译文出版社合办的“卡西欧杯”翻译竞赛。更值得高兴的是“卡西欧杯”翻译竞赛越办越红火，也越来越引人关注，成了上海翻译界常态性的盛事。

笔者担任翻译竞赛评委

黄源深，1940年生，上海对外经贸大学教授，华东师大博士生导师，上海翻译家协会原副会长，中国资深翻译家，从事英语教学、文学研究与翻译。主要译著有《简·爱》、《道连·格雷的画像》、《最后一片叶子》、《老人与海》及澳大利亚长篇小说《露辛达·布雷福特》、《我能跳过水洼》、《我的光辉生涯》、《浅滩》等，另有中、短篇小说译文二十余万字发表在《世界文学》、《外国文艺》等杂志上，专著有《澳大利亚文学史》、《澳大利亚文学论》、《澳大利亚文化简论》、《当代澳大利亚社会》、《对话西风》、《视觉·感悟》等。

译路漫漫

姜向明

有时候，事情往往起源于偶然。我怎么会喜欢上翻译的？至今回想起来，连自己都觉得不可思议。

二十多年前，我凭借一股青春的无知和冲动大学辍学去了日本。刚到日本的半年里，白天昏昏沉沉地在日语学校听日本老师讲天书，晚上在闹哄哄的赌场里提心吊胆地给客人们端盘子发牌子。这样的日子容不得你有太多的想法，可以毫不夸张地说，当时的我是过着一种行尸走肉般的机械生活。半年过后，因赴日欠下的一屁股债已基本还清，生活也逐步适应起来，虽然依旧羞于开口，但大致已能听懂日语。眼看着日子一点点转好，可就在此时一种新的烦恼又找上门来。人一空闲就会胡思乱想，想东想西的结果就是感觉孤独。怎么办呢？带去的中文书都已看完，日文书看不懂也不想看，好在打工的赌场旁边有一家蛮大的旧书店，不知不觉间我就成了那里的常客。书店里有一个专卖外文书的偏僻角落，除了我，我没在那里遇见过第二个人，这使我有了一种莫名的骄傲感，似乎那是个专为我而设的角落。记得很清楚，我站在那里读完的第一本英文书是《小城畸人》(原名《万斯堡，俄亥俄》)，为了留作纪念，归国前我还特意把这本早被我翻烂了的小书买了下来。之后站在那里囫囵吞枣相继读完的原版书有《永别了，武器》、《刀锋》、《南回归线》、《北回归线》、《了不起的盖茨比》等。店老板一定觉得我是个穷人，我在那里看书一站老半天，可几乎从来也不掏钱买书。

在我站在书店里看书的两年左右时间里，我碰上了平生第一本想要把它翻译出来的书：毛姆的《在中国屏风上》。可惜，它也是我这辈子唯一一本把译稿给弄丢了的书。通过几个月的翻译，我不知道自己哪里来的自信，觉得自己可以胜任这翻译活，另外也从中找到了一种说不清楚的快乐，至少在翻译时我不再觉得孤独。人的感受总是那么奇怪，在嘈杂的人群中你会觉得孤独，关起门来埋头翻译时却觉得充实、愉悦。此后就是一发不可收拾，只要碰到感觉好的短篇小说或散文评论，就会手痒忍不住要拿起来翻译。通过翻译，也发觉自己越来越喜欢短篇小说。当时可能也因为潜意识里觉得能否出版还是未知数，再加上自己确实对短篇更感兴趣，所以就没有贸然翻译长篇小说。

回国后，承蒙译文出版社各位大编辑的错爱，翻译出版了一些短篇小说集和几部中篇小说，甚至还拓宽范围翻译了几部日本的长篇小说。随后，在译文出版社龚容老师的盛情介绍下，加入了上海翻译家协会。加入了协会，让我一下子觉得如鱼得水。第一次参加协会的活动，就结识了上影厂的领导，此后接二连三地接到了许多电影剧本翻译的任务。另外，在协会里认识了无数法语、英语、德语、日语等不同语种的老师和前辈，和他们交流、聆听他们的感悟和心得，令我受益良多。

最后，我想说的是，这次应邀参加纪念协会成立三十周年的征文活动，我实在感觉惭愧得很，一来自己是2011年才入会的后进分子，二来觉得自己才疏学浅、思路狭窄、文笔迟钝。本来想回绝的，但在协会陆老师的再三相约下，实在不好意思这才勉强交出这篇不伦不类的东西，让各位老师一笑了！

姜向明，1971年生，毕业于日本国立静冈大学欧美文学专业，擅长英日语文学翻译，上海翻译家协会会员。主要译著有《那些忧伤的年轻人》、《退场的鬼魂》、《好学校》、《多彩的流放》、《童年时光》、《千里眼》等。

与《秋寒》的不解缘分

李重民

笔者与渡边淳一的小说《秋寒》(原名《野わけ》)还算有些缘分。20多年前就翻译过这部小说，那时我初学翻译，已经在发表中短篇翻译小说，又在上海外国语学院读夜大，看见学校图书馆里浩如烟海的原版图书欣喜若狂，所以也不管能不能出版，看见好书拿来就译。《野わけ》是我翻译的第一部长篇小说，当时的译名定为《秋风萧萧》，译完后向好几家出版社投稿，但都石沉大海。那时还没有电脑，每投一次稿都要在稿纸上誊写一遍，很是辛苦。后来我干脆将小说的枝叶砍去，只保留一条主线并压缩成两万字，取名为《一颗滚烫的爱心》，发表在当时的《作家与企业家》杂志上。此后就对这部译稿的出版不抱希望了。

能够重译这部小说，纯属凑巧。文汇出版社出版的“渡边淳一自选集”，全部都是由渡边淳一自己选定的，共有21部长篇。出版社找到我时，我只是随口问了一句“有没有《野わけ》这本书”，不料还真有，但出版社已经与南京的译者签订好翻译合同，将这部书送到了南京。于是我试着提出要翻译这本书，因为以前翻译过，对它的小说情节还记忆犹新，没想到编辑马上趁南京的译者还没有来得及动手翻译，便与译者商量将书换了过来。

因此，重新翻译这部小说比较顺手，我将小说的标题定为《秋寒》。现在回想起来，20 多年前，中国刚从“爱情是资产阶级情调”的束缚中解脱出来，渡边淳一的小说都是描写婚外情的，所以对当时的中国来说还是有些超前，人们无法接受，出版社也不敢出，直至 10 多年以后，渡边淳一的小说才开始在中国走红。

渡边淳一至今已出版了 130 多部书，主要作品有《死化妆》、《远方的落日》、《光和影》、《失乐园》等，不胜枚举。说渡边淳一是情爱小说大师，这是中国人封的，其实渡边淳一就是一位多产的言情小说作家，称“畅销书作家”更贴切些。只是，他的小说探索的主要是中年人在爱情危机中的情感和心理，反映的是中年人灵魂和肉体的挣扎，强调个性的自由，而且他对中年人的感情世界和心理发展轨迹把握得十分到位，描写得也非常细腻。用渡边淳一自己的话来说，就是：“作为作家，我要写的是不愿意受压抑而愿意燃烧自己的这样一种非常美丽的火焰般的主人公，这是我的主题。”

《秋寒》讲的就是一段办公室恋情。某输血中心主任阿久津是有妇之夫，他的下属迪子是单身女青年，工作勤奋、聪明，阿久津对她非常器重，这类情感渐渐地演变成一种爱。两人有了不伦之情以后，单身女孩常常会在同事之间有意无意地显示自己的优越感，总是想与他的妻子一比高低，而作为有妇之夫的阿久津则非常害怕情事败露。于是，女人“作”、男人“萎”的故事便有了很大的看头。

在翻译时，从大的方面来说主要掌握两点，一是将自己当作故事中的人物，让自己沉浸在故事里；另一方面是语言尽量贴近生活，要体现出年轻女子与中年男子两种截然不同的心理状态是颇有乐趣的，有些地方会让人忍俊不禁，不得不佩服渡边淳一在刻画人物心理时的精准。语言贴近生活，可以增加小说的真实感。

《秋寒》中有一个词“配血”，它在日语里是来自英语的外来语“cross matching test”，是化验血型时的专用术语。当初第一次翻译的时候，中国刚从文化沙漠中走出来，使用的词典都是旧书店里淘来的旧词典，词典里只有一个译词，即“交差配合试验”。小说里不可能在所有用到这个词的地方都用这6个字，在工作中对话时，行业里肯定还有更简洁的行话。于是我去请教在黑龙江当知青时的战友、当时的上海免疫研究所主任李文。李文说，行话只有两个字：配血。这就对了！就应该是这两个字的、更具生活化的术语。

日本小说的特点就在于能够将悲剧写得很唯美，渡边淳一自然也不会脱离这个特点。在唯美中演绎悲剧，能使悲剧显得更加惨烈，更能打动读者的心灵，也更能让人滋生出重生的希望。这是日本文学独一无二的特点，其他国家的文学都不具有这样的特点。中国文学自然也有中国文学的特点，但是就作家的创作意识来说，我国作家的创作受到的束缚较大，深度挖掘人性和灵魂的作品较少，原因是多方面的，作家自身的创作意识还不够放开也是主要原因之一，这是很遗憾的。

李重民，1953年生，1969年赴黑龙江插队。上海市作家协会会员，上海翻译家协会会员。退休前在出版社工作。出版译著45部，在各地刊物上译介中短篇小说110余部、微型小说140余篇；发表非小说类文章500余篇。

以语际距离视域看汉外翻译实践和研究的广阔天地

陆经生

翻译事业在我国源远流长，根深叶茂，促进了中外文化的交流融合。在国家开始具有划时代意义的改革开放事业、国内经济建设和社会发展全面启动，对外交往逐步拓宽之际，更加凸现了翻译在我国与世界各国人民沟通交往中的桥梁纽带作用。在这个大背景下上海翻译家协会应运而生，汇聚四方翻译人才，搭建“联络、协调、服务”交流平台，推动了上海翻译事业的发展，辅助了上海国际文化大都市建设。在上海翻译家协会将至而立之年之际，作为会员，谨借“译路同行”纪念园地向译协表示热烈庆贺，并与诸位会员分享协会成立30周年大喜！

我于1973年进入上海外国语学院学习西班牙语专业。汉语和西班牙语分属不同的语系，代表不同的社会文化，两者之间存在巨大的语言文化差异，因此在两种语言使用群体之间的沟通中翻译具有特别重要的意义，是必不可少的媒介。甚至于在互为外语的教学中，翻译既是语言交际能力之一的培养目的(听、说、读、写、译)，又用作行之有效的教学手段(词汇对照和语法形式结构对比练习等)。可以说从西班牙语开课之初就开始了翻译练习，继而贯穿整个学业，乃至我们那届西班牙语专业学生的毕业实践之一就是参加翻译秘鲁小说《金鱼》(*Los peces de oro*，费利佩·蒙托罗著，上海外国语学院译，人民文学出版社，1977)。除了翻译，我还作为学生代表参加由西语师生和出版社编辑组成的书评小组撰写前言，得到了我系西语教师沈国正和人民文学出版社编辑、西语文学翻译和研究前辈王央乐的指点。虽然我分到的翻译量只有寥寥数页，但看到自己的学生习作居然成为白纸黑字印刷成书，还是感到无比兴奋的，也因此与翻译结下了不解之缘。

1978年7月，我留学墨西哥学院回国后开始从事西班牙语专业教学研究工作，而从业伊始的重要专业活动就是翻译。1978年底我由上海市外事办安排参加了墨西哥总统访华上海之行的接待，担任其新闻官的译员，这样的口译和同声传译经历在年轻时颇多，丰富了阅历。1979年初我首次独立完成了科教片《毛孩》解说词的汉译西工作，后来应上海科教电影制片厂之约承担了二十余部科教电影的翻译和配音。

八十年代我加入了中国西班牙、葡萄牙、拉丁美洲文学研究会，参加了几届全国研讨会，认识了我国西班牙语文学翻译和研究的前辈。应商务印书馆编辑林光先生之约参加了《拉丁美洲散文选》(林方仁编，云南人民出版社，1990)的选篇和翻译。我被推荐翻译了秘鲁散文家、政治活动家马里亚特吉的五篇散文。我喜欢这位拉美作家深入浅出的分析，独特的敏锐见解和隽永的文笔，这使我的译文也自然流畅，其中三篇分别入选《外国名家随笔金库》(叶廷芳主编，百花文艺出版社，1996)和《世界美文观止》(张守仁编选，作家出版社，2014)。后来我又参加了《博尔赫斯全集》(浙江文艺出版社，1999)的翻译。这位阿根廷诗人、作家自幼海量阅读，知识渊博，其文学作品虽文字简洁，但构思新颖，旁征博引，广泛涉猎，富有幻想和异国情调，其中不乏对中国古典哲学的引用，因而对其作品的翻译也需要广泛查证，反复推敲，译注也就相对较多，翻译比较费神费时。为了感谢外方在翻译出版方面给予的大力支持，出版社邀请这位享誉世界文坛的大文豪的遗孀访华，我也很有幸作为译者和上海东道主一起负责接待工作。

不过与翻译实践相比我更多的专业活动是西班牙语教学和研究，包括翻译教学和研究。我国高校西班牙语专业教学起始于上世纪五十年代初，其初衷正是为百废待兴的新中国培养西班牙语翻译人才。经过半个多世纪的耕耘培育，中国西班牙语学者队伍日益壮大成熟，教学和翻译事业规模快速增长，研究成果显著。自九十年代中起，中国西班牙语学界与亚洲主要国家地区西语学界及西语国家相关机构学者的接触交流越来越多，促使我们认真总结实践经验，深入思考理论方法问题，提出独立的见解。

不同的语言之间都存在语言形式和文化内容的差异，因此就有了蓬勃发展、永无止境的外语教学和翻译事业，产生了百家争鸣的理论方法和百花齐放的研究成果。我们在教学翻译的实践和理论研究中首先深切感受到了汉语和西班牙语的巨大差异，进一步又注意到了不同语言文化之间的差异程度是不一样的，因此其教学和翻译的难易程度是不可同日而语的。

汉语和西班牙语是两门在语言形式结构与文化背景方面都存在巨大差别的语言，其差异程度远大于汉语和英语，更大于英语和西班牙语，而西语和葡语简直就是十分接近的方言。在语言谱系上，西班牙语、葡萄牙语、法语等拉丁语族可以说是“亲兄弟”语言，它们与英语、德语等日耳曼语族同属印欧语系，可以认为是“表兄弟”语言。汉语是世界上最古老的语言之一，但作为既古老又通用的语言却是唯一。汉语传承了源远流长、博大精深的中华文化，在漫长的历史演变中形成了鲜明的特点：其语法规则重意少形，句子结构灵活多样，刚柔相济；其表意功能形象丰富，深浅随性，奇妙无穷。西班牙语这样的西方语言语法成分丰富多变，表现为形式结构的外在性和严密性。汉语与前述世界主要语言形成了鲜明的差异，两者之间没有任何亲属关系，当然汉语努力与这些语言保持“朋友”关系。

我们曾以西班牙编写出版对外西语教材《Sueña》第一册的总词汇表为样本做了西、葡、法、英四语种的词汇异同程度比较。以西班牙语为参照，在总共 1 164 个单词里，有 11 个单词在四个语种里完全相同(如 hospital，piano 等)；与西班牙语词形完全相同的葡语有 437 个(38%)，法语有 54 个(4.7%)，英语有 31 个(2.7%)；词形基本相同(同源，以西班牙语 aeropuerto 为例)在葡语(aeroporto)有 496 个(43%)，法语(aéroport)有 619 个(54%)，英语(airport)有 380 个(33%)；虽词形不同但为西班牙语所熟知的在葡语有 128 个(11%，如 aniversário 表示生日，西语则用作周年)，法语有 219 个(19%，如表示感谢的 merci 对应于西语的 merced，意为恩惠)，英语有 113 个(9.9%，如图书馆 library 在西语有 librería，意为书店)。以上三类可视为相同(相近)词汇，其合计可得出与西语词汇相同程度在葡语高达 92.6%(1 061 个)，法语达 78%(892 个)，英语也有 46%(524 个)。相对汉语而言，或许音译词有几分相近因素，如 sofá/沙发、toast/吐司/tostada 等，但这类音译词在 1 164 个里也只有 9 个，可以忽略不计。而西语和葡、法、英语之间的差异程度分别为 7.4%(85 个)、22%(254 个)、54%(622 个)。还应指出的是即便在词形完全不同的词汇之间，西方语言之间的文化概念也基本相同，如西班牙语 postre，葡语为 sobremesa，法语和英语同为 dessert，这些词的词义和文化概念则是完全相同的，而译成汉语“甜品，餐后点心”后都需要了解西餐文化语境才能正确理解和使用的。这个例子显示了中西文化的差异。

这就是“语际距离”的概念，指的是语言之间存在的类型区别，也就是两种或多种语言之间存在的语言形式结构方面的异同程度。在外语教学中，语际距离通常指学生的母语与目标语之间的差异程度。据此我们提出了“立足本地，构建切合中国国情特点的西班牙语教学体系”的理论，并付诸实践，开发适合中国学生的西班牙语教学方法。语际距离的概念同样可以运用到翻译实践和理论研究中，上述西方语言之间的翻译在很大程度上可以做到“形合”、“翻译对等”等。如果说在具有密切亲属关系的西方语言之间的翻译如英语、法语乃至葡萄牙语和西班牙语之间尚需花费大量笔墨争论理论和方法，那么汉语与这些语言之间的互译在“翻译单位”、“翻译标准”、“翻译技巧”、“对等”、“等值”等诸多方面就会有无法穷尽的研究课题，产生争论不休的林立学派，存在翻译实践和研究的广阔天地。

可以说，汉语与西方语言之间的互译是一片广无边际、深不可测、可以产生丰硕翻译实践和科研成果的沃土。如今上海翻译家协会成立 30 周年适逢国家深化改革、扩大对外开放的大好时机，翻译工作者有了更广阔的施展才能的空间，在中国崛起、呼唤中华文化走向世界的洪流中理所应当走在前列。

笔者（中）获西班牙政府“文化成就骑士勋章”（2013）

陆经生，1953年生，上海外国语大学西班牙语教授，博士生导师，教育部高校外语专业教学指导委员会副主任委员、西班牙语分委员会主任。长期从事西班牙语教学，重点开展汉西语言文化比较及应用研究。曾为西班牙国王、首相等国家领导人担任口译；参加《拉丁美洲散文选》、《博尔赫斯全集》等翻译，出版《中国西班牙语教学和研究》等专著教材，参加《新世纪西汉大词典》、《大辞海·外国文学卷》等辞书编写。目前承担国家社科基金项目“汉西对比视域下构建切合中国学习者的西班牙语教学体系研究”。获上海市育才奖(2001)、第四届国际西班牙语大会“金钥匙”(2007)、西班牙政府“文化成就骑士勋章”(2013)等荣誉。

翻译工作者应当努力做一个“杂家”

陆求实

文学翻译于我而言，是半路出家。

我的老本行是新闻工作。记得在复旦新闻系上学时，老师便教导我们：新闻工作者要努力做一个“杂家”。踏上工作岗位后，前辈报人也谆谆教诲，一定要杂，要博，才能干好这一行。

在报社从事了一段时间记者采访工作，后来担任编辑，数年的新闻实践工作使我有了切身的认识，新闻工作的性质决定了新闻工作者接触的东西点多面广，为了更好地与采访对象沟通，更好地向读者传递资讯和知识，新闻从业人员除了新闻专业素养外，还应当具备较高的知识素养，了解和掌握多学科知识，这就要求其必须是一名杂家，虽然不一定要求在各个方面都出类拔萃，但起码方方面面都应略知一二，才能做好这份工作。

再后来，我出国留学，回国之后在外资企业工作之余，慢慢与翻译结下不解之缘，之后便一发不可收拾，从专业渐渐“翻墙”涉猎到了生活实用、社会科学终至文学领域，甚至不惜放弃前景和收入都不错的外企工作，报考出版社，从此真正开始自己多年来梦寐以求的文学翻译工作。经过自己努力，还有幸加入了上海翻译家协会。这些年来，在多位名家和前辈春风化雨般的精神感化和言传身教下，我在文学翻译的道路上一步步走来，先后翻译出版了三十多种、约600万字译作，先后获得上海译协“新人奖”、“上海市优秀中青年文艺家”、“上海文艺家荣誉奖”等荣誉，并获得日本最重要的文学翻译奖项——“野间文艺翻译奖”。

回顾这些年来的翻译实践，我深有体会：要想做好翻译，翻译工作者首先应当成为一名“杂家”。“杂家”之名由来已久，早在战国末期至汉初，思想活跃，流派纷呈，其中一部分学者擅长折中和糅合各家思想，被称为“杂家”。《四库全书总目提要》将杂家与儒家、兵家、法家、医家、农家、释家、道家、小说家等并列，并释之：“杂之广义，无所不包，班回所谓合垦儒，兼名法也。”可见，所谓“杂家”就是要求具备广博的知识，“无所不包”，各个领域都要有所涉猎、有所掌握，博览群书，兼采并包，拥有超过一般人的知识。

或许有人觉得，自己从事的是文学翻译，不是科技翻译或其他专业翻译，何需那么多不相干的知识？即使掌握不多，也不会影响到翻译水平的提高。实际上，即使是文学翻译，照样缺不得驳杂的知识，因为文学作品中常常会出现涉及各种学科的用词和表达，倘使自己不理解，必定无法准确地传达给读者，以己之昏昏焉岂能令读者昭昭？

试举实例一二。我曾经校阅过一篇作品，其中有个词“ハードトップ”，译者原来译作“硬顶车”，自身驾车且对汽车颇感兴趣的我觉得有问题，查阅原书的前后文并仔细推敲后，我确定自己的判断没有错。“ハードトップ”（hardtop）可以表示汽车部件的硬顶，但更常见的是指一种车型，它不是指硬顶敞篷车的那种硬顶，按照国际上通行的汽车分类，它是指三厢轿车中车体侧面没有B柱，车窗为无框设计，突出和强调整体运动性、开放感的一类轿车，上世纪中曾风靡一时，而当代为了加强安全性，通过设计手段与颜色将B柱隐藏起来，这一介乎四门轿车和双门运动跑车之间的车型仍沿袭下来，称为“ハードトップ”。对照国内汽车市场的习惯称呼，显然这个词应该翻译成“轿跑”，也即兼具轿车和跑车风格的乘用汽车，假如译者稍有一点汽车知识，恐怕就不会出现这样的误译了。

跟上面这个例子非常相近的还有一例，同样是轿车。有译者将“ベントレー”(Bentley)译成“本特利”。作为世界汽车界具有代表性的奢侈品牌，凡是对汽车感兴趣的几乎无人不晓，假如译者脑子里稍稍储存有一些相关常识的话，立即就知道它是“宾利”，也不会犯这样的错误。

还有位译者在翻译“銭形アザラシ”时将它译成了“金钱海豹”，但我的知识库中却不记得有这样一种海豹。出于多年的编辑经验，对于专有名词等我都会审慎地核对一下原文，经核对原文，没发现错误，再查日文辞典和《英日韩水产动植物名辞典》的解释，得知这是一种全身长有大小不规则、像铜钱一样斑点和斑纹的海豹。看来译成“金钱海豹”似乎顺理成章。然而我发现，日文辞典解释中在“銭形アザラシ”后加括号附有这种海豹的拉丁学名：Phoca vitulina，按“图”索“骥”，原来这种海豹正确的汉译名是：港海豹(英文是Common seal)。真相终于大白。“金钱海豹”只能说是日式译名，但翻译成中文作品时必须按照通行的汉译名，不可以“拿来”就用的。

译者可能是受到了“金钱豹”这个词的影响，随手拈来从而闹出笑话，又或者是望文生义，由“铜钱形状”想当然地生造出了一个海豹亚种来。

从以上几个例子可以看出，驳杂的知识储备在翻译实践中是多么重要。

我认为，想要成为一名优秀的翻译工作者，首先就要做一个“杂家”。“杂”与“专”并不矛盾，翻译工作者的“专”恰恰体现为“杂”与“博”。这与其他某些领域，尤其是自然科学领域有所不同，搞自然科学要求从业人员固守某个细分的专业领域，穷其毕生精力深入下去进行探究，以求知识的系统和精深，而翻译更多时候要求从业人员一专多能，在翻译专业知识之外需要具备复合型的知识，以求知识的博广。可以这样说，前者的专是内炼型的，后者的专是外延型的。也就是说，翻译工作者应该是一个具有外延型知识结构的专门人才，举凡天文、地理、政治、军事、文学、历史、自然科学、金融、音乐、体育等，都要略知一些，使用起来方得心应手，绝不能译到用时方恨少。“活水源流随处满，东风花柳逐时新。”当今世界处于信息爆炸的时代，知识在不断膨胀、不断更新，加上网络的普及，知识的传播也前所未有的迅猛，翻译工作者面对的读者群体素质日益提高，翻译时应当时刻怀着诚惶诚恐般的畏惧，努力经营，从而使自己的译文过得硬、经得起读者和时间的检验。

怎样才能成为一个杂家？以我个人的经验来说，至少应做到这几点：首先培养广泛的兴趣。兴趣不广的人，知识面必定拘狭，要想使自己的翻译水平不断跃上新的台阶，必须广泛涉猎，兼收并蓄。其次处处做有心人，虚心学问，勤奋积累，并在大脑中建立起有效的搜索引擎和知识链接，需要之时才能做到得心应手，厚积薄发。第三是用好用活各类工具书。人的大脑毕竟有限，不可能存储下海量的信息，而工具书则是我们的可靠助手，拿我自己来说，橱柜中各种语词类、方言类、文史类、园林、食品、百科类的词典和手册等至少七十多种，它们在我的翻译中都发挥了重要的作用，为我解决掉许多疑难问题。

2016年上海翻译家协会迎来三十周年庆。在此，我愿将自己在翻译实践中的一点粗浅体会与各位译友分享，祈愿大家共同进步，共同为上海文学翻译事业的繁荣和发展贡献一分绵薄的力量。

陆求实，1962年生，毕业于复旦大学新闻学系、日本亚细亚大学国际关系学部。中国翻译协会专家会员，上海翻译家协会理事。业余坚持文学翻译十多年，出版有三十多种、约600万字译著，主要译著有《没有女人的男人们》(合译)、《虞美人草》、《人间失格》、《新平家物语》、《流冰之旅》、《一片雪》、《男人这东西》、《女人这东西》、《欲情课》、《彗星住人》、《东京湾景》、《阿修罗少女》、《下流社会》等。曾先后获得上海译协“新人奖”、“上海市优秀中青年艺术家”、“上海市文艺家荣誉奖”等荣誉，2011年荣获日本第十八届野间文艺翻译奖。

由于人民文学出版社和上海译文出版社在新中国前三十年出版了大量的外国文学佳作，故这两家出版社的《世界文学》和《外国文艺》在我们这些年轻译者的心中有着崇高的地位，很具吸引力，尽管要闯进去并不容易。1984 年我读了野坂昭如的“直木奖”获奖作品《萤火虫之墓》，十分感动，很快将它译成中文，还试探着询问译文社的资深编辑能否刊登，他回答说该作家的作品大都较“黄”，恐怕不行。我又请教刊出的原则究竟是看作家还是作品，回答说是作品。我立刻将译作投给《外国文艺》，结果这篇描写日本战后流浪儿悲惨命运的作品发表在 1985 年第四期的该刊上，这是我第一次进入《外国文艺》。

吉林人民出版社的《日本文学》是日本文学界钟爱的一块领地，我在上海图书馆借阅许多杂志译成的第一篇万字评论文《日本各家论川端康成》就刊发在该杂志 1983 年第三期上。那时候，上海社科院有一本双月刊《外国文学报道》(后改名《环球文学》)，除了刊登译文外，还发表文学评论译作。我在那本杂志上不仅经常发表一些日本文学的综述，还在 1986 年第四期上发表了尾崎秀树的评论《我之大众文学观》，在次年的第五期上发表了《日本新进作家论六篇》(岛田雅彦、增田子、桐山袭、川西兰等)。

我出版的第一部长篇小说译作是由四部组成的菊田一夫的畅销书《请问芳名》，由上外四位文学教师各译一部，全书六十五万字，我承担了第三部的翻译，1988 年 3 月由江苏人民出版社出版。这部作品在 1996 年被台湾远景出版社购去版权，同年在台湾和香港地区发行。

我第一部主编出版的中短篇小说译作是 1989 年出版的《日本战后小说选》，那是“文革”后国内出版的第三部日本中短篇小说集。当时出版社规定，已经译过的作品不能重译，所以1980—1982年由辽宁人民出版社出版的《日本战后小说选》(1、2辑)最早，1983年由中国青年出版社出版、高慧勤主编的《日本短篇小说选》质量最好。我在上外教社出的小说集中译了大田洋子的中篇《半死的人》及五个短篇，还为该书做了序言。

我还在1987年翻译了上海科教电影制片厂的影片《苏绣》，那是我尝试的第一个中译日的译作。

上世纪八十年代是我国改革开放后的第一个十年，在外国文学的译介中不时会遇到思想观念上的冲突。比如《译林》首期译介的《尼罗河上的惨案》就遭到文艺界大家的责难，甚至还惊动了中央。我本人的有趣经历是：1983年我读到日本集英社1979年出版的《纯爱小说名作选》中的三浦哲郎的爱情小说《初夜》，深受感染，将它译成中文。交到译文出版社后，编辑评价说“很动人，译得很有日本味”，却并未采用。适逢吉林人民出版社要出一本《外国爱情小说名作选》，于是赶紧寄去。责编的评价也很好，很快出了清样。可三个月后，该译稿又被退了回来，说是总编在最后审阅中，独独排斥了这一篇，没有任何理由。我百思不得其解，心想，难道伟大的无产阶级战士结婚后就没有初夜么？甚至还想到是否主人公家子女太多，且大都不健康，有违背计划生育的国策之嫌？译稿在我的抽屉里一睡几年后，上外外文所所长廖鸿钧教授受上海教育出版社委托主编一本《当代世界著名短篇小说》，问我要日本文学的译作。鉴于前几年的教训，我将《初夜》的题名改成《纯真的爱》，结果顺利地在1989年出版。直到2015年1月，上海文艺出版社出版三浦哲郎小说集《忍川》时，《初夜》才被正名后收入。

就这样，在我四十岁之前，我在上述各出版社及外国文学期刊上还发表出版了远藤周作的长篇小说《海与毒药》，中短篇译作有佐藤春夫的《女人自焚》、石川达三的《一个堕落女人的诗集》、黑岛传治的《崖下的人家》、石坂洋次郎的《雾中少女》、城山三郎的《事故董事》、山崎丰子的《陪嫁钱》《遗物》、源氏鸡太的《随员》《流冰》、川端康成的《精通葬礼的名人》、永井龙男的《青梅雨》、山田智彦的《特殊休假》、八木义德的《风祭》、中上健次的《隆男与美津子》、田久保英夫的“芥川奖”获奖作品《深深的河》等40种。不论是纯文学还是大众文学作品，都是精心挑选的优秀之作。通过这一时期的翻译，我得到了极大的长进和提高。

四十岁后，我从日语系主任的岗位调到校部，担任科研研究生部主任、校长助理，1994年起任主管教学的副校长，1990年起开始指导硕士生。教学和行政管理占据了不少时间，但在五十岁之前，只要有机会，我仍然没有放弃日本文学的翻译。记得1993至1994年间，任溶溶老师临时担任《外国文艺》的责编，他一丝不苟的敬业精神、不耻下问的谦逊态度令我这个后辈深受激励和鼓舞，我在此期间，连续在该刊上发表边见庸的“芥川奖”获奖中篇《自动起床装置》、日野启三的《海峡这边的家》、黑井千次的《圣产业周》和《夜友》、上林晓的《四万十川河的幻想》及三岛由纪夫的《我的阅历时代》等译作。1996至1998年间，沈维藩调入《外国文艺》当执行主编，他又约我翻译了室井光广的中篇、“芥川奖”获奖作《奥德鲁迪克》、奥泉光的中篇、“芥川奖”获奖作《石头的来历》、辻原登的中篇《曼侬的肉体》等作品。

这些具有开拓性技巧的作品在中国作家中产生很大的影响，据说上海作家蒋丽萍生前致信责编，谈到《曼侬的肉体》的创作时说，“真没想到当代的小说还能这样写”。这十年间翻译了各类小说有15种。

九十年代，我翻译出版的长篇译作有五木宽之的《冻河》（译林社）、壶井荣的《二十四只眼睛》（重庆社）、川端康成的《山之声》（河北教育社）和永井荷风的中短篇小说集《地狱之花》及谷崎润一郎的中篇《盲瞽者谭》（均上海译文社）。此外，这一时期还先后参加了陈德文、李芒、高慧勤、周平主编的《日本散文选》、《世界散文经典》、《日本散文经典》、《风流樱花雨》等的散文集翻译，共发表了17篇随笔名作的翻译。

2001至2011年间，由于担任博导，又承担了“十五”、“十一五”国家规划教材，外文出版社的初、中级翻译教程的总主编任务，另有国家社科研究项目及上外教社的“走进经典”阅读系列的主编及几本词典的主编工作，日本文学的翻译处于停滞状态，这十年间只有少量的随笔和中译日的译作发表。

2011年6月，在我年满六十岁时，不再担任常务副校长职务，除了日常的教学、科研工作和一些社会团体的兼职工作之外，我又获得了自己钟爱的从事文学翻译的时间。自2011年至今，我已经完成了4部长篇小说的翻译，它们是永井荷风的《各显神通》、谷崎润一郎的《痴人之爱》、安部公房的《密会》和小池真理子的《无花果森林》；另有中短篇小说集岛武郎的《诞生的苦恼》（6篇）、三浦哲郎的《忍川》（7篇）、川端康成的《爱的人们》（9篇），现在正着手翻译的是樱木紫乃的长篇《无爱》，这部作品正好是我翻译的第一百种日本文学作品。

二

以往的日本文学翻译实践，使我对文学翻译积累了一些心得，颇有感慨。

时光荏苒。四十年来，我目睹见证了许多老一辈日本文学的学者、翻译家的辛勤耕耘与言传身教，他们的求实、严谨、谦和的作风，感染影响着我们及下一代年轻的译者。他们都是如雷贯耳、学识渊博、译著等身、名播四方的大家，是我们崇敬、心仪的楷模，是他们使我们从稚嫩的苗木渐渐长成成荫的绿树。譬如2008年仙逝的高慧勤研究员，曾主持600万字的《川端康成十卷集》、《芥川龙之介全集》作品的翻译，其翻译风格贴近原作，选词炼句精益求精，语言典雅优美，堪称逸品。记得1982年我译司马辽太郎的《二军师》时，其武士对话均为文言文，高老师认真地将我自以为得意的近2万字的译稿改得满篇通红，从而使我懂得了文学翻译绝不仅仅是外语理解的问题，对于文言文与现代语、书面语与口语的区别和把握，对于文学意境的传达有了深刻的理解。译者要甘于清贫，坐得住板凳，恰似长距离的慢跑，在翻译实践中不断提高文字能力，使自己的才、学、识变得更加厚实、丰富。

近些年来，我国的日本文学研究界对于翻译的讨论十分广泛和深入。从大学时代的“直译”和“意译”，严复的“信达雅”的主张，到林少华的“才子、学者、工匠”型译法；从中国传统译论中的“案本—求信—神似—化境”，到传统译论核心的“诚于译事、修辞立成、案本求信、以象达意、译以致用、文章正轨、以文行远”，同时有更多的译者已注意到翻译与创作、翻译观与文学观的关系。我意识到，作为一名译者，无论对作家还是读者都有一份沉甸甸的责任，在维护民族语言的纯粹性方面，翻译家有着义不容辞的责任。诚如高慧勤所说：翻译理应忠实原作，但文学翻译不仅是文字语义上的翻译，还包括原作的风格、原文的美感和诗意的转达，翻译中失去了这些就谈不上忠实。作为译者，应时时站在作者和人物的立场上，以理解的态度去阅读作品。“翻译要离形得似”，“入乎其内、出乎其外”（罗新璋语），在整体上把原作的风格贴切、到位、传神地表达出来的，就是好的译本。这需要译者付出终生努力，是不易达到的境界，我现在还在朝这个目标迈进。

文学翻译的成果还能很好地促进研究。我始终认为，日本文学的翻译不做到一定的程度，评论和研究就会缺少相应的氛围和基础，高水准的活跃的研究活动也难以为继。这是因为现在的日本文学、中日比较文学的研究者中，还有不少日语专业以外的学者。此外，比起生搬硬套各种西方文学理论来做研究的流行做法而言，我更欣赏那些细读、精读文本，依据文本内涵来解读、研究作品的学者，从这个意义上说，认为“细读文本乃最佳的研究方法之一”的想法也并不为过。这也是我文学翻译做到今天的心得之一。

如今，在与那些和我一样早已过了花甲之年的同行、老友的言谈之中，大家都有这样的共识：“花甲”至“古来稀”之际，虽无伏枥之志，倒也不想抱残守缺，聊以自喜，只要可能，总还希冀为推进我国的日本文学的翻译和研究事业身体力行，摇旗呐喊，再尽绵薄。

让我们以陈毅元帅“花甲花朝仍少年”的诗句来共勉吧。

谭晶华，1951 年生，文学博士，二级教授，博士生导师。曾任上海外国语大学常务副校长、教育部高校专业外语教学指导委员会副主任兼日语分委员会主任。现任中国日本文学研究会会长、中国中日比较文学研究会副会长、中国译协副会长、上海市文联副主席、上海翻译家协会会长、上海市作家协会理事等职。长期从事日本近代文学研究及教学工作，著有小说《美人蕉》、《日本近代文化史》、《日本近代文学名作鉴赏》、《川端康成传》等，主编《新编日汉、汉日辞典》、《西索汉日简明辞典》、《新编日汉微型词典》、《日本文学词典》等，主要译著有《请问芳名》、《日本战后小说选》(合译)、《山之声》、《二十四只眼睛》、《冻河》、《地狱之花》、《各显神通》、《墨东绮谭》、《诞生的苦恼》、《忍川》、《无花果森林》、《石头的来历》等；散文随笔名作、评论及中译日纪录片《苏绣》、《魅力上海》等，共三百余万字。

翻译艰辛谈

徐　朴

年轻的时候，以为翻译很容易，学了外语便能翻译。到了中年觉得不那么容易了。到了老年更觉得翻译得好难上加难。

我父亲也是搞翻译的，子承父业，我也搞翻译，应该说驾轻就熟，何来难上加难？你是不是自抬身价，吓唬年轻人？

我说得一点也不夸张，我四十三岁才真正做翻译工作，虽说加上退休十几年，翻译了五六百万字的书，应该算经验丰富了，但是2015年明天出版社让我翻译两本罗·达尔的图画书，我还是发了愁。照例说图画书属于低幼读物，再简单不过，谁知罗·达尔是创造拟声词的大师，书中自己造了许多拟声词，很生动，读起来朗朗上口，但是字典上查不到，汉语中找不到对应的词，我调动了我掌握的所有汉语中的拟声词，还是不行，读起来没有了节奏。后来没有办法，我只能自己创造汉语拟声词，并借助其他手段衬托渲染以达到等同的效果。所以说，翻译确实是一件难事。在这里，我有必要说一说我这条翻译的路是怎么走过来的。我之所以这么说并不是炫耀自己，只是希望在翻译这条寂寞道路上行走的人能得到更多的理解和支持，我想译协的工作有这方面的内容，因此我借译协成立三十周年之际，说说这番话也是可以的。

我开始翻译还在中学时代，当然是在父亲的教导下，我翻译好了，他逐字逐句地修改，一边改一边讲为什么这样改，这样我果然翻译了三本儿童读物。但是严格地说，那不是我翻译的，而是我父亲给我上课的结果。

我父亲在翻译上还帮了我一个大忙，那就是在大学放暑假的时候，他让我对照当时很有名的一本书，那是一个赫赫有名的译者翻译的。他觉得译得不好，让我挑挑刺看。我费了半个月的时间仔细对照这本薄薄的书，竟然挑出二十来个毛病，并且加以修改。父亲核对一下，觉得我大多挑得没有错，只是修改有的不对，有的不妥，于是他就给我作了讲解。打这以后，我因为译文被父亲改得像小学生的作业而感到的沮丧一扫而空。我立志要做一介翻译家。

可那个时候是六十年代，我大学毕业以后，因为是摘帽右派，像样的工作都没有，只能当临时工。我消沉得很，下班以后只是打打桥牌，弹弹吉他，聊聊天混日子，连书都不大碰。1968 年以后，有个姑娘想请我教她翻译，我觉得不能再这样浑浑噩噩下去，想把翻译学学好，我挑了一些英美的短篇小说翻。我想请父亲教我，谁知得抑郁症的父亲回答我："不是文化越高越反动嘛，学什么！"

他以前十几年里对照了十几部名著，都做了笔记，说要传给我让我好好学。可这些笔记本在抄家中不知弄到哪去了。怎么办？我只能自学。翻好一篇放在抽屉里，过些时候拿出来修改，不满意，又丢在抽屉里。我修改以后总大声朗读，这样可以看父亲的反应，如果他摇头，我准丢在抽屉里。如果他一边听一边点头或者叹气，那就是说差不多了。这以后我读给朋友们听，多半朋友只是听听故事，其中有一个朋友，小时候在他父亲的督促下学过古文，至今还能背出不少，他听我朗读，总是不太满意，总说还有些涩。我很重视他的意见，又一次次修改，直到他满意为止。我这样翻译了二十来篇短篇小说，“文革”以后都发表了。

这段时间不长，1970 年我入狱，1978 年平反。1982 年我终于进了少儿社，做外国儿童文学图书的编辑。十多年工作下来，编了不少书，自己也翻译了不少儿童书，可是我发现翻译儿童书也不是件容易的事。作者写得有深有浅，写的东西有你熟悉和不熟悉的，文化背景又各不相同，这些都给你翻译带来困难。比如我们翻译出版《阿丽丝漫游奇境记》的时候就发现了问题，那本书是赵元任先生翻译的，翻译得很好，特别是一些近乎文字游戏的东西，别人无法处理，他都应付自如。但是他把英国海边一样东西 bathing machine 翻译成了“浮水机”，让负责的编辑犯了愁。我倒是在别的地方碰到过这个词，意为“更衣车”。我们组长认为赵先生是语言学家，不可能译错。我翻翻《现代英语双解词典》，果然有这个解义。我还想到赵先生为什么会犯这个错误。他是美国留学生，可能对英国的风物不了解，我又查了查美国的《韦氏大词典》，果然美文词典中并不收录这个词。到这个时候应该没有问题了。我们组长还是不服气，他说那你上下文 bathing machine in the sea 怎么解释？我说这容易，带轮子的更衣车涨潮时推在海中，落潮时在海滩上。你看，这样一个小问题还大费周折，能说翻译是件容易的事吗？

可一般人不这么看，因此来稿的水平参差不齐，有的译文很差，但是因为有些书一定要出，或者译者有来头，我们编辑只能硬着头皮对照原文修改，我因为是新手，接到的活多半是这种稿子。改多了，我发现活虽然很苦，但对我帮助不少，自己翻译的时候，把握的能力大大提高。但有的译者敝帚自珍，有时为了一些文字跟你纠缠不清，我自己很难找到有力的根据说服他。这个时候我想到了学习翻译理论，找来了许多理论书，仔细地看。看过以后觉得大有收获。跟我纠缠文字的人少了。对翻译好坏的看法，绝不是像有人说的那样，仁者见仁，智者见智。它在错和对方面总是绝对的。我还根据我的实践写了一部翻译理论和技巧的稿子，并用这部稿子在几所大学教过翻译课，很受欢迎。但由于权威性不够，考虑到销路，出版社要我自己出资部分才肯出书，我当然不干。

有了实践经验，又有理论武装，翻译起来应该没有问题了，但是并非总是如此，翻译《培根随笔》的时候碰到了古英语，翻译斯蒂文森、吉卜林的作品时碰到了水手语言和行武中的语言、盗贼中的黑话以及许多航海中的术语，查都查不到，伤透脑筋，翻译的速度降到初学时候的水平。这种时候我往往会血压升高，牢骚满腹。的确，这一行十分辛苦，报酬又少，我干了二十多年，也该歇歇了。但是想到难题总能解决，解决以后那个高兴，跟年轻时候自己摸索弹出一首吉他古典名曲一样十分享受，也就坚持了下来。

谁让我立下了要做翻译家的志向呢？进了少儿社以后，我的志向又有了具体的内容，那就是要翻译外国儿童文学的精华，让我国的小朋友们接触世界，能够读许多书，从小就养成读书的习惯。我要让他们能分辨什么是好书、好故事、好文字、好生活。在早期的时候，我很迷老舍的语言，翻译中刻意追求北京话，还喜欢用四字结构，后来发现这会妨碍文字的流畅。最最通俗易懂的语言才能流露出朴素美。现在谈中国梦，我想我所追求的应该归入这个大梦中。让中国的文化更好地融入世界，发扬光大，灿烂无比。

庆幸我能活到现在，中国能走上无比健康的发展道路，让我在耄耋之年依然能跟大家一起感受时代的脉搏。

译协到了而立之年，做了许多工作，我得到译协的肯定和支持，非常感谢他们。这段文字算是跟大家聊聊家常。

徐朴，1936年生，笔名余青，1961年北大中文系毕业。高中时就曾翻译《倔强的驴子》等作品。代表译作有《汤姆历险记》、《木民爸爸的回忆录》、《丛林传奇》、《小人国与大人国》、《哈克贝利·芬历险记》、《丛林之书》、《十一月的姆咪谷》、《小马黑美人的故事》、《太阳溪农场的丽贝卡》、《海盗生死绝杀》、《稻草人和他的仆人》等。

走在文学翻译的边上

杨东霞

文学，它像我心中的一个幻影，我老是想着它，却始终未能将它看得十分清晰；而文学作品在我心中所引起的欢乐与痛苦却总是那么巨大而深远持久；搞文学翻译，则是我曾经跃跃欲试想干一番的事情。然而，由于生性疏懒，我对许多事情都持浅尝辄止的态度，很少精益求精，因此，在文学翻译上也只是凭着兴趣做做，始终未有什么大的成就可言。

1988年我有幸加入上海翻译家协会，说来很惭愧，翻译而要能成为家，其实是难而又难的事情。自己多年来的翻译实践，杂七杂八，充其量只能算是个翻译杂家，且始终若即若离地走在文学翻译的边上，仅此而已。

但尽管如此，我对文学翻译的热情还是时多时少地存留在心中的，尤其在读到自己极喜欢的美文时，这热情便会在欣喜中高涨起来，并(在一段时间里)全身心地投入进去。

在我的翻译作品中，真正算得上文学翻译的作品仅有可数的几部，其中自以为得意的是莎士比亚的诗剧《威尼斯商人》和王尔德的文学评论及随笔。

很久以来，我对莎翁充满智慧又不乏人情味儿的作品颇多感叹，也曾想斗胆做一次(至少是一个剧本的)翻译尝试。可一来因对翻译莎翁作品心存畏惧，二来因自己光想不做的秉性作祟，便迟迟未有动笔。我的父亲在上世纪五十年代已将莎翁的四大悲剧以汉诗的形式译出，但由于种种原因，直至九十年代才得以出版(《莎士比亚精华》，复旦大学出版社，1996 年 11 月)。在那期间，父亲将其译稿做了反复多次的修改。他是那样的一丝不苟，那样的孜孜不倦，使我这个一贯懒散的女儿受到极大的震撼与感染。我终于下决心走进莎翁的作品中，开始尝试也以汉诗的形式翻译喜剧《威尼斯商人》。整个翻译、推敲、修改的过程持续了大约半年多。整体的翻译风格亦深受父亲译作的影响。最终，我的这一译作得以在《莎士比亚精华》一书中与父亲的莎翁四大悲剧译作一起出版了。

大约在 1998 年前后，受谈瀛洲君之约，我与几位同仁一起参加了《王尔德全集》的翻译，负责评论和随笔部分。平心而论，在那之前我很少涉猎王尔德的作品。接受了翻译任务之后，我比较完整地欣赏了王尔德优美的散文，对“唯美主义的王尔德”有了更多的了解，心中被这样的美文所深深陶醉，时时感叹：王尔德是文学的莫扎特！翻译王尔德的评论和随笔是个极其艰难的过程，不仅要译出其意，更要译出其韵，其美妙无比的神韵，这该是何等不易之事。然而，译事的许多乐趣也产生在这艰辛之中。唯其难，这乐趣也更显浓郁。有时候会为找出一个合适的词或句子而绞尽脑汁，一旦想到了又会欣喜无比。随着《王尔德全集》(中国文学出版社，2000 年 9 月，赵武平主编)的出版，我心中的成就感油然而生。

2007年，浙江文艺出版社将《王尔德全集》评论随笔卷中的几篇选出，作为“视觉读本”丛书中的一本，以《笔杆子、画笔和毒药》为书名，出了单行本。其中选了我译出的几篇。重读之时，亦让我重温了文学翻译的种种乐趣。

总而言之，我与文学翻译时近时远(当然不是太远)，近时感觉十分亲切，远时也未曾遗忘过它。

走在文学翻译的边上，时时能体验并观察到它的美，这种感觉真好。

杨东霞，1952年生，毕业于上海师范大学外语系英国语言文学专业。曾就职于复旦大学外语系、复旦大学出版社、上海译文出版社。主要译著有《狂欢史》、《莎士比亚精华》、《婚姻生活》、《王尔德全集》、《侦探篇》、《我梦见了意大利》、《城市文化》、《笔杆子、画笔和毒药》、《狂欢史——从古希腊到二十世纪》。

错译的反思

袁长燕

都说“一失足成千古恨”，我却是“一错译成千古恨”。因为白纸黑字摆在那里，想“赖”也赖不掉。

1990年8月，我在一“穷”(缺少工具书)二“白”(未出过国门)的情况下，开始翻译*The First Sea Lord*(中文名《包玉刚传》)一书。1992年底，我收到那本处女译作时，激动的心情不言而喻。数月后，已定居香港的迎宪老弟在收到我的赠书后，婉转地告诉我，书中的King's Road译成“国王大道”是错误的，正确的译法应该是“英皇道”。我翻到该书第22页，果然如此。这一错译引起了我的反思：虽然译书时我身处国内，对大千世界茫然无知，但为什么就没想到问问迎宪呢？或者，向原版书的香港中文大学出版社写信求助呢？作为翻译工作者，怎么能够对自己吃不准的词，采取想当然的态度呢？敷衍了事是对读者的极不负责，是文化人没守住做学问的底线。一念及此，我不寒而栗，索性把拙译从头到尾细细滤了一遍，还真找出了10处印刷错误(该书系手工排铅字印刷)，于是逐一勾出、改正，并告知诸位有书的朋友。

有了前车之鉴，我在翻译 *The Art of The Advantage: 36 Strategies to Seize The Competitive Edge*（中文名《决胜商界三十六计》）一书时，碰到作者援引毛主席《论游击战》中的一段话，中文原文在上海遍寻无着后，便求助大学同窗、中国社会科学院世界历史研究所李春放研究员。他到国家图书馆特藏阅览室查到了那本中华民国二十八年(1939年)三月出版的朱德和毛泽东合著的小册子，并抄录了那段原文，帮我解了难题。试想，原版书里引用葛拉西安《智慧书》和马基雅维里《君王论》那几段话的译文，我尚且从故纸堆里抠了出来，如果唯独毛主席那段话阙如，岂不让我抱憾终生?

然而该书的“回译”，即把原版书里英文的中文人名、地名、句子等再原封不动地回译过来时，让不谙历史的我还是栽了跟斗。书中 Liu Xun、Yao Li、Ye、HeNuobi 那几个人名、地名，我绞尽脑汁，查遍了能够查到的史地书，依然一无所获，于是只好音译成“刘迅”、“姚利”、“叶(城)”和“忽努比”。交稿时，我把那几处的译法专门向责编作了交代，提请她注意。责编告诉我，该社有个文史组，碰到类似“疑难杂症”，就请组里几位“老法师”会诊。成书后，我看到那几个词被改成“刘勋”、“要离”、“邺(城)”和“贺若弼”，方才恍然大悟。真是“台上一分钟，台下十年功”。通过搜索引擎查询，我搞清了它们的来龙去脉，也深刻地领会到，要想保证不译错，还得拓宽自己的知识面，多向专业人士请教。

令人感慨的事还有。一次，上海鑫鼎文具礼品有限公司总经理、台商王壮台先生光临我的办公室，取出我的4本拙译《职场沟通艺术》(英文名 *Lifescripts: What to Say to Get What You Want*)，请我签名。他说一本自己留存，一本送给公司财务总监，另外两本签上“鑫鼎公司员工留念”的字样，作为公司春节联欢会赠给员工的奖品。后来他告诉我，获得该书的两名员工比拿到吹风机、剃须刀奖品的员工显得更兴奋、更激动。彼时彼刻，我脑海里涌现出巴金老人的名言：“读者是我的衣食父母。”是啊，面对读者的厚爱，我们有什么理由不兢兢业业、不焚膏继晷，用心向他们捧出我们的最佳之作呢？

袁长燕，男，1948年生，毕业于西南师范学院（现西南大学）外国语言文学系。上海翻译家协会会员、上海市闵行区作家协会会员。主要译著有《包玉刚传》、《职场沟通艺术》、《决胜商界三十六计》、《发现增长点》、《抢跑品牌》、《直达买家》，电视专题片光碟《“中国张”的世博情缘》（解说词汉译英）等。

翻译这回事*

袁筱一

最后一次纠缠于翻译的“理论问题”，还是在几年前出版《文学翻译基本问题》的时候。在序言中，因为要清理自己的理论立场，我兜转在那些熟悉的“悖论”中：在场，或者不在场；可能，或者不可能；内容，或者形式；灵魂，或者肉体。翻译的事情是无解的，惟其无解，才能够让人心甘情愿地陷进去。但是在书出版之后，我离理论的问题似乎远了。翻译兀自做着，那只是因为我觉得，翻译的最大好处，就是可以虚幻地保有一个写作者的梦想。倘若真的不知天高地厚地直接抵达写作的中心，那会真的绝望。

绝望、悖论，这些也都还是抒情时代的话语。事实上，在相当长的一段时间里，我甚至很为自己停留在理论的“抒情时代”感到羞愧。固然翻译是一件充满魅惑的事情，但是，它似乎更加是有烟火气息的。最为切实的证据是，和多少字——不管是什么形状的字——真枪实弹地搏击，就一定会有多少字——也不管是什么形状的字——落在了纸上，白纸黑字印出来的那一刻开始，尘埃落定。赖也赖不掉。这时翻译成了一纸完成的契约，有达成、妥协、计谋和结果。你可能会仍然回味着过程中的满足，也会有一些欣喜，但更多的是再也不能重来的遗憾。是堵上了所有可能性之后的不甘和懊恼。不论译者愿不愿意承认，从来没有理想的翻译，也没有理想的译本。而翻译的过程，与其说是对“理想”的实现，还不如说是“勇气”使然的行为。

“勇气”，尽管有时候勇气是盲目的，甚至不来自事先的喜欢。我想起自己第一次翻译法国文学作品，碰到的是勒·克莱齐奥的《战争》，那时候他还没有得到诺贝尔文学奖，然而——在九十年代初期，他颠覆了我所接受的文学教育。这并不妨碍我每天都在翻译上有所进益，落成文字；也不妨碍我在后来的日子里，慢慢地修正自己已经获得的文学教育。我并不怀疑，自己现在的文学趣味有一大半来自自己的翻译。这一点，在伟大的翻译家身上也可以得到印证：傅雷的儿子傅敏在谈及傅雷翻译巴尔扎克时，说他“主要是考虑到政治问题，当时国内的情况，翻译巴尔扎克最为安全，如果不是在这种情况之下，他不一定会翻巴尔扎克，但是他翻了，也很喜欢”。

即便不一定是译“天书”，译者在绝大部分时间里也会无条件无原则地“崇拜”和“服从”原作，否则，他辛苦的劳作就没有继续的理由和继续的可能。这个前提却和实践中掌握主动的译者对于原作持有的权力构成了奇怪的悖论。崇拜，服从，但却是通过改变对方，甚至“践踏”对方的方式。

翻译由是才让人联想到爱的吧。一部作品发出诱人的光芒，召唤阅读，召唤评论，召唤翻译，翻译和前两者一样，也听从了召唤。虽

---

* 原载于郭凤岭主编的《译者的尴尬》，标题与内容有部分改动。

然在阅读、评论和翻译中，原作都是一如既往地用矫情的态度一面召唤，一面抵抗，但是翻译和阅读、评论都不一样，因为阅读和评论都是可以保持距离从而保全自身的，唯翻译不能够。在翻译这场真枪实弹的爱中，欲望不再仅仅停留在想象域内，它会留下结果，并且这结果不仅会招致原作的恨，也会一并招致阅读者和评论者的仇恨。一部作品越是诱人，翻译所面临的危险就越大。只是经常，在为原作所诱惑的时候，凭着一腔勇气做事的译者不能够体会到危险的存在。

在“去抒情化”之后，也还不得不承认，翻译是在自我与他者之间的游戏。游戏的含义就在于，在这个过程中，作为主体的译者有选择的权利，并且，因为这份权利，结果尚在不明了之中。译者可以主张自我，也可以主张他者，虽然自我从来都不是纯粹意义上的自我，他者也从来不是纯粹意义上的他者——这不就是生产，或者创造的根本吗？对于自我的破坏，以及基于他者之上的生成？

这个游戏本来无可厚非，因为是普遍的生产模式。只是在原作耀眼的光环之下，翻译的游戏就带上了危险意味。在这场自我与他者的鏖战中，身份的高低早已是一个大家都不屑于争论，也从来没有争论过的前提，翻译对于自我权利的主张于是就成了以下犯上的僭越。

于是，在翻译的诸多争论中，往往争论到最后，核心的问题只有一个，那就是：翻译究竟为了什么？

对于这个问题，在今天，我情愿用李健吾先生在评论巴金先生《爱情三部曲》里论译者和批评者的话来回答。他举了翻译荷马的例子，两种翻译的态度都只是“见其小，未见其大，见其静，未见其变”。而“所谓大者变者，正是根里荷马人性的存在”。他说，“荷马当年有自由的心境歌唱，我们今日无广大的心境领受”。要我说，这又何止是荷马，翻译难道不正是为了缔造一种“广大的心境”，来领受曾经令我们如此怦然心动过的美吗？大概所有的译者都不会否认，并且达成共识的一点是，翻译这么复杂的事情，却一直出于很简单的初衷，那就是喜欢。所谓的喜欢，就是看到一部作品，有非常心动的感觉，觉得需要把它译成自己的语言，觉得自己的语言里，还缺少这么一部作品。翻译这回事，应该就是这样吧。而所谓的翻译家，那个翻译了别人，从此不再被别人翻译的人，应该就是往自己的语言里所缺少的那一部作品前进的人，尽管他和西西弗斯一样，是注定要失败的。

袁筱一，1973年生，华东师范大学外国语学院院长，法国文学教授，翻译家，文学评论家，上海翻译家协会副会长。1992年以小说《黄昏雨》获得法国青年作家大奖赛第一名。翻译法国文学作品二十余部，其中代表作有《一个孤独漫步者的遐想》、《流浪的星星》、《非洲人》、《看不见的大陆》、《杜拉斯传》、《生活在别处》、《法兰西组曲》、《致D》等。翻译的同时也从事法国文学批评和翻译理论研究，著有《法国当代翻译理论》、《文字·传奇——法国当代经典作家与作品》、《文学翻译基本问题》、外国文学评论随笔集《我目光下的你》和《最难的事》及文学评论文章六十余篇。

译作是个馍

——《致悼艾米丽的玫瑰》译后谈

张和龙

在当代作家莫言的眼里，翻译作品都是“翻译家嚼过的馍”。其实，译者只是先把馍嚼碎了，然后又做了一个馍而已。说白了，翻译就是个嚼馍、做馍的活儿。也许，很多译者自以为保留住了“原汁原味”，但此馍已非彼馍也。这一差异正是解构主义译学家们所极力强调的。从理论上讲，这样的非本质主义认识论无可厚非。可是在翻译实践中，本质主义翻译观仍然是无法抛弃的。对译者或读者来说，原作总是先在地隐含着主旨、人物、情节、叙事、风格、隐喻、意象、象征、反讽等丰富的艺术要素。这些要素构成了文学作品的结构性特征，是特定文本的“本质性”、“规定性”内核。在翻译过程中，忠实于这些约定俗成的“本质性”、“规定性”内核，应该是翻译原则或翻译伦理中的题中应有之义吧。

当下国内，几乎所有文学翻译人士都不得不自觉遵循翻译界的普遍做法，即严格按照原文的结构顺序“逐字逐句”翻译。“忠实于原文”仍然是不变的翻译法则。任何译作都要经得起中英文双语对照。

眼下极少有人敢于效法近代翻译大家林纾先生，或是仿照美国汉学家葛浩文教授，对原作来一个斧削刀砍、快意恩仇了。几年前，笔者翻译T·S·艾略特的诗剧《机要秘书》时，个别地方略有游离，就被认真细致的编辑给逮了个正着。当然，译作是供中文读者来阅读的，“耐得住读”也是任何译者不能不时刻牢记的心法口诀。可以说，市面上的绝大多数文学译作都是上述理念做出来的一个个“馍”。有一百个译者，就有可能存在一百种“馍味”。对读者来说，“馍”的味道则更是言人人殊了。

一百多年前，翻译家严复曾发出过“译事难”的沉重感叹。大凡译者，莫不感同身受，而且各有各的难处。翻译福克纳，最难之处莫过于那些如幽灵般频现的繁复悠长的句式了。这些长句，乍一看，酷似剪不断理还乱的一团麻；细细考究，又如同难以破解的复杂密码，无情地挑战着译者的中文能力与翻译理念。翻译时，究竟是根据意群将长句截断、分成不同的短句，然后再用清晰晓畅的中文转译和传达，还是甘冒被读者指责为“生硬”“翻译腔”“食洋不化”的风险，保留那繁复悠长、回环往复的文体特点？真所谓鱼和熊掌不可兼得。“信”与“达”永远是一对纠缠不清的冤家。即使是在译界公认的名家名译中，也不难发现顾此失彼的蛛丝马迹。

例如，《干旱的九月》开头就是一个长句。福克纳使用了复杂缠绕、因果相连的意象与隐喻，将大旱季节里谣言的传播比作是在干草堆里扔进了一簇火苗。某翻译家的做法是将长句拆开，译成了三句：“九月的黄昏，残阳如血。整整六十二天没有下过一场雨。久旱后的傍晚，有一件事像燎原烈火迅速传播开来——这是一桩谣言、一个故事，你怎么称呼都可以。”从中文本身来看，第一句摘出原文的部分意象，译得言简意赅，干净利落，看了着实令人眼睛一亮。可是，这样急促的短句恰恰不是福克纳小说的风格，倒有点像是海明威的电报式文体了。此外，福克纳的繁复长句，如果不仔细咀嚼，还会在理解时出现语义上的偏差，从而导致误译、错译。某中译本第一段出现了这样的句子：“没有人知道究竟发生了什么事情；然而，人人似乎遭到袭击，受到侮辱，甚至有些担惊害怕。”显然，这位翻译家将谣言的内容，即女主人公被黑人强暴、侮辱之事，误解成一群白人听到谣言后，犹如个个被性侵、被凌辱了一般。

关于《干旱的九月》第一段，笔者是这样翻译的：

整整六十二天大旱无雨后，有一桩谣言，或者说一个传闻，不管你叫它什么吧，就像干草堆里扔进了一簇火苗，迅速燃烧蔓延，穿透了九月残阳如血的黄昏。那是关于米妮·库柏小姐和一个黑奴的事儿。什么强暴啊，侮辱啊，恐惧啊——就在那个星期六的晚上，人们聚集在理发店里，不清楚究竟发生了什么。天花板上的吊扇没有吹来清爽的凉风，而是不停地搅动着浑浊的空气，将一股股浓烈的洗发水和润发膏的陈腐味儿，还有人群中呼出来的污浊气息和身上散发出来的汗馊味儿，又源源不断地吹回到他们的身上。

“*A Rose for Emily*”可能是中国读者最为熟悉的福克纳短篇了。坊间大多将篇名译作“献给艾米丽的一朵玫瑰花”。只是这个译名太容易被误解了。实际上，这枝“玫瑰”并不是某个恋人向艾米丽宣示爱情的浪漫玫瑰，而是葬礼上“我们全镇的人”用来追悼逝者、寄托哀思的丧葬之花。早年某翻译家的中译名“纪念艾米丽的一朵玫瑰花”比较切合原意。遗憾的是，后来不少选本都将“纪念”置换成了“献给”。其实，如果译成“致悼艾米丽的玫瑰”，可以重现复数叙述者“我们”对艾米丽这座“倒塌的丰碑”的挽奠之意，以及整部作品盖棺论定式的叙事蕴含。福克纳的原文标题只有四个简短的英文单词，真可以用成语“言近旨远”来形容了。每次看到两个中译本的标题(“献给艾米丽的一朵玫瑰花”“一枝给埃米莉的玫瑰”)，总不禁使人想起板桥先生的诗句来：“删繁就简三秋树，领异标新二月花。”

“*The Bear*”也是不少中文读者百读不厌的名篇佳作。不多的几个中译文取译名为“熊”，似乎没有体现篇名中定冠词“the”的特殊含义。如果直译的话，应该是“那头熊”，也就是作品中那头闻名遐迩、在很长时间里神龙见尾不见首的“老本熊”了。如果取译名“荒野老熊”，也许更加切合中文语境中约定俗成的表达习惯，而且还可以突出这个短篇与《去吧，摩西》中的同名章节(或同名中篇)并不相同的主旨内涵。这里不妨看一看福克纳在作品中是如何描述这头老熊的：

在老熊的名号下，奔跑着的甚至不是一头终有一死的动物，而是一个不合时宜的怪兽。它不屈不挠，不可征服，仿佛来自一个已经消亡了的古代，是古老荒野世界中的一个幽灵，一个缩影，一个神灵。渺小的人类蜂拥而至，带着愤怒、憎恨与恐惧开垦着荒野上的土地，犹如侏儒们围住一头昏昏欲睡的大象的脚踝忙碌着。而那头老熊显得孤寂，不可征服却孑然一身，没有伴侣，没有子女，永生不死——如同耄耋之年的普里阿摩斯失去了耄耋之年的妻子，却比他的所有儿子活得还要长寿。

“*Wash*”是当代作家余华最为推崇的福克纳短篇。余华早年最害怕心理描写，读完这个短篇后，自称从“我师傅福克纳”那儿学到了一手“绝活”。他说：“当一个穷白人将一个富白人杀了以后，杀人者百感交集于一刻之时，我发现了师傅是如何对付心理描写的，他的叙述很简单，就是让人物的心脏停止跳动，让他的眼睛睁开。一系列麻木的视觉描写，将一个杀人者在杀人后的复杂心理烘托得淋漓尽致。”小说中这个叫“Wash”的穷苦白人一向老实巴交，对主子玩弄自己的女儿一忍再忍，忍无可忍时杀了主子，而且杀人后显得若无其事。不过在小说的最后一刻，他的怒火终于爆发。他纵火焚烧了主人安置女儿与初生婴儿的马厩，举起割草用的镰刀向围捕他的人群冲了过去。如果音译成“沃什”或“沃许”，是四平八稳的译法。如果采用“增词法”译成“沃什的怒火”，也许更能增强作品中对比与烘托手法的艺术效果。“*A Bear Hunt*”也可以作类似的变通处理，如译为“猎熊趣闻”。有人译成“一次猎熊”，不仅显得生硬，而且也太不切合原作“套盒叙事”的幽默旨趣了。

从文学翻译的角度来看，时代的变迁，现代中文的发展，阅读语境的不同，文学理念与学术认知的变化，使“经典重译”势在必然，而且不可或缺！翻译理论家们常说，一个时代有一个时代的译本；时过境迁之后，一些译本就会慢慢退出阅读舞台。他们还说，原作是永恒的，译作是短命的。因此，经典名著每隔三四十年推出新译本，应该是一个合理的做法，据说在国外也比较通行。福克纳写过的短篇小说有一百二十篇左右，被翻译成中文的仍然是少数。市面上的中译本也不多见，尤其是见到“一枝给埃米莉的玫瑰”、“一次猎熊”这样的译名后，很让人有跃跃欲试的重译冲动了。

单就“*A Rose for Emily*”而言，眼下最好的中译文仍然是某翻译家1979年的首译。这个译文后来被收录在不同的选本中。兹抄录开篇第一段，供读者诸君赏析之：“爱米丽·格里尔生小姐过世了，全镇的人都去送丧：男子们是出于敬慕之情，因为一个纪念碑倒下了；妇女们呢，则大多数出于好奇心，想看看她屋子的内部。除了一个花匠兼厨师的老仆人之外，至少已有十年光景谁也没进去看看这幢房子了。”令笔者叹服的是，这位翻译家在“妇女们”之后增加了语气词“呢”，然后又使用了一个逗号，这一创造性的停顿将原文中的意境传达得极为生动而形象，这真是后无来者的神来之笔啊。

在过去的三十多年里，中国社会发生了巨大变化，对福克纳的译介与研究也几乎从零起点逐步走向深入，批评界对其作品的理解已经不可同日而语了。例如，随着叙事学理论的大热，批评界几乎都知道这个短篇中的复数叙述者“我们”是何等重要，而此前不少译本却把它当做可有可无的“赘语”给省略掉了。再如，短篇第一句是说艾米丽小姐去世了，镇上的人全都赶去追思凭吊。而“送丧”是一个带有浓厚中国文化色彩的词语。改革开放之初，让西方人去“送丧”或“送葬”似乎并无不妥。但三十多年来，我们对西方丧葬习俗的认知与描述已经形成了约定俗成的说法：“参加葬礼”。再把人家说得像国人一样去“送丧”，就有点时空错位的感觉了。

首译者有首译者的艰辛，重译者有重译者的困难。比如，结构单一、语义简短且与中文思维接近的句子，市面上不同的译本往往有诸多相似之处。此外，如何不受已有译本（尤其“经典”译本）的影响，译出自己的特色与风格，从而被读者、学界所认可，更是一件难上加难的差事了。不过，孔夫子早就说了，知道达不到这样的境界，但内心还是非常向往的。

关于《致悼艾米丽的玫瑰》第一段，我的译文如下：

> 艾米丽·格瑞尔森小姐去世了，我们全镇的人都去参加葬礼。男人们怀着某种敬意去瞻仰这座倒塌的丰碑，女人们则大多出于好奇，想窥一眼深宅老院的内貌。除了那个老黑奴——艾米丽的园丁与厨子外，镇里的人至少有十年光景没进她的家门了。

曾有翻译家在《中华读书报》上撰文说：忠实传神的译文谈何容易！此言甚是。再用“嚼馍”打个比方：把馍嚼得仔细，把馍做成像模像样的馍，谈何容易！对译者来说，费尽心机做出来的馍，还会遭到翻译批评家们的无情吐槽，说你这个馍不是馍，而是串了味的中式馒头、变了味的西式点心。作为做馍的人，只能以“得失寸心知”来自我安慰，以“译艺无止境”来自勉了。

张和龙，1966年生，上海外国语大学文学研究院副院长，教授、博导，《英美文学研究论丛》副主编，上海翻译家协会理事。译著、合译著主要有《另一个国家》、《马克·吐温中短篇故事全集》、《黑暗昭昭》、《艾略特文集》、《致悼艾米丽的玫瑰》。出版学术专著、合著多部，在国内外报刊上发表论文60余篇。

从“新英汉”起步

朱少伟

在庆祝上海翻译家协会成立三十周年之际，我不禁回忆起自己加入这个译界著名团体二十载的历程。与此同时，也深深感到：自己在翻译方面的攀登，是从“新英汉”起步的。

1978年秋，我从崇明农场考入复旦大学。在离开这个“祖国第三大岛”时，农场团委领导小罗特意来欢送，他恳切地说：“你当了几年基层团总支干部，做了不少工作。现在，农场团委赠你一样纪念品！”我接过细看，原来是一本崭新的《新英汉词典》，顿时爱不释手。

进入复旦大学不久，史学大师周谷城教授来给同学们开学术讲座；讲座结束之前，他与大家互动交流，并谆谆教导：“要在治学上博大精深，掌握好外语也挺重要啊！”这给我留下了深刻印象，故在高校读书期间，自己不仅努力学习专业课程，还非常认真地攻英语。对于一个刚掸掉身上泥土的知青来说，熟练掌握英语无疑是艰难的，但因拥有农场团委赠的《新英汉词典》，身边就像多了一位好老师，所以学习中的不少困惑和难题往往能够迎刃而解；后来，我还在课余开始自学其他外语。

有天晚上，我在学校图书馆翻阅几册介绍国际法和相关重要人物的外文书籍，出于好奇就一边查《新英汉词典》，一边进行阅读，其中关于雨果·格劳秀斯的一些资料鲜为人知：这位荷兰著名法学家曾在政治动荡中被关押，其妻坚持每周为丈夫送一批图书供阅读，经过朋友们秘密策划，他最终得以藏在书筐中成功越狱。于是，我当即动手将此紧张情节翻译出来，并演绎为一篇生动故事。1980 年 11 月，上海《航海》杂志发表了我编译的《“国际法之父”越狱记》，它成为我翻译的处女作。我十分高兴，一下子买了十余本刊物赠给亲朋好友。

当年，在课余初涉翻译时，我对文学翻译史也产生浓厚兴趣，特别希望了解《红楼梦》在海外的传播情况，以及《茶花女》在中国译介的过程。因而，我借助《新英汉词典》查阅了不少外国文学史著作，结果获悉《红楼梦》很早就与海外读者见面，日本从十九世纪末期起陆续出版十余种《红楼梦》摘译本、节译本、全译本，朝鲜半岛在 1884 年前后即有全译抄本，泰国在十九世纪前期出版摘译本，英国的杂志在十九世纪前期译载部分内容，法国巴黎出版的丛书在 1933 年也译载部分内容，还有西班牙、意大利、希腊、罗马尼亚、阿尔巴尼亚、匈牙利、捷克、德国、美国和苏联等都印行过节译本或全译本。我经过查考知晓在清代光绪年间中国就有《茶花女》的文言文译本，这就是 1899 年印行的署名晓斋主人（王寿昌）翻译、冷红生（林纾）笔述的《巴黎茶花女遗事》，它很快形成《昌言报》馆版、素隐书屋版、文明书局版、商务印书馆版、广智书局版、玉情瑶怨馆版等，无愁著述、觉庵润色的《茶花女补轶》也应运而生，辛亥革命后又推出许多译本，其中影响较大的为刘半农译的《茶花女(剧本)》(1926)、王慎之译的《茶花女》(1936)、陈绵译的《茶花女》(1947)等。我颇为兴奋，挑灯夜战将其整理成文，所撰《〈红楼梦〉的译本及其他》、《〈茶花女〉的取材及汉译》于1982年相继在北京外国语学院《课外学习》杂志发表，并被外语教学与研究出版社“课外学习”丛书第三辑收入。

大学毕业后，我一直从事报刊编辑工作，除了《上海故事》、《儿童时代》，还主编过《魔力双语》等。业余时间，《新英汉词典》仍然是我的重要工具书，起初主要是翻译一些外国趣闻，并于1989年由中国民间文艺出版社结集出版；后来，又迎难而上着手译书，于1993年由海燕出版社出版《银滩探宝记》、1994年参与编译上海辞书出版社出版的工具书《世界侦探推理小说大观》等。记得在负责《儿童时代》编辑业务期间，我常见到著名儿童文学作家、翻译家任溶溶先生，或为约稿，或在上海作协活动中相遇，或一起参加儿童文学笔会，得到过他的亲切勉励，并从中获益匪浅。1995年秋，我有幸成为上海翻译家协会会员，使自己能够获得译协的各种热忱关心，并有机会参加译协的理论研讨会、金秋诗会、电影招待会、迎春联欢会等丰富多彩的活动，受到许多译界名家和前辈的真诚指导，从而在翻译方面有了新的可喜进步……

如今，三十而立的上海翻译家协会驰誉遐迩，早已由小到大、人才济济，而且建树颇多、成果丰硕。我由衷觉得，译协就像会员们共同的“家”。有了这个温馨的“家”，会员们在致力文学翻译事业时都深感有底气、有依靠、有奔头！

朱少伟，1957年生，祖籍浙江诸暨。研究员，资深出版人。现任《哈哈画报》杂志社副社长兼执行主编，上海市政协委员、九三学社上海市委常委、上海翻译家协会会员、上海市作家协会会员、上海大学海派文化研究中心特邀研究员。主要翻译作品有《银滩探宝记》等，参与编译《世界侦探推理小说大观》。

文学翻译的良心与操守

——从丹·布朗小说的译介谈起

朱振武

一、为何译?

记得最初在评论丹·布朗的小说时，我曾发出如下感慨：丹·布朗的小说创作短时间内就在世界各地取得了极大的成功，其原因自然是多方面的，但其深层原因却主要在于文本中对传统文化的颠覆性阐释，对宗教与科学之间的关系的重新梳理，对当下人们内心焦虑的形象传递及其融雅入俗、雅俗同体的美学营构，这些要素满足了不同层面读者的审美诉求，激起了人们心灵深处的情感共鸣，引发了人们对既定的历史、对传承已久的经典文化和膜拜多年的宗教与科学的重新理解和审视。可以说，丹·布朗的几部作品很大程度上既迎合了人们重构文化的宗旨，也顺应了商业社会中雅俗文学合流的趋势，这是布朗获得前所未有成功的重要原因。某种程度上，可以说，丹·布朗的作品让人们对小说这一久已低迷的文学样式刮目相看，使小说在各种新的文艺样式和媒体手段的混杂、挤压乃至颠覆的狂潮中又巩固了自己的一席之地。这样的作品我们应该尽力原汁原味地译介给中国读者，这也是我近些年执着于丹·布朗小说翻译的主要原因。丹·布朗到目前为止共完成出版了五部长篇小说，原版出版的先后顺序是《数字城堡》、《天使与魔鬼》、《骗局》、《达·芬奇密码》和《失落的秘符》。中国大陆引进的先后顺序则是《达·芬奇密码》、《数字城堡》、《天使与魔鬼》、《骗局》和《失落的秘符》。我们大都知道，许多在国外走红的作品译介到中国后并不走红，虽然原因很多，但一个重要因素就是翻译问题，有的译本并不能简单地说翻译错了，而是不适合中国读者阅读。能在大陆畅销，能让汉语读者喜爱，能让他们一气呵成地读完，翻译自然是一个重要因素。

我很喜爱布朗的作品，除了其作品本身因素外，还有一个原因，那就是我们两个年龄相仿，他只比我小一岁；我们两个专业背景相似，都是英语语言文学；职业相同，都是大学英语教师，教授英美文学和写作；都下过海，他去唱摇滚，我去经商搞建材，都是为了谋生。记得我在外面做翻译讲座时曾讲到一个翻译对等问题，我来主译布朗的作品真算是对上等了。我可以更多更深地理解读懂他和他的作品，然后相对忠实地移译给中国读者。所不同的是，布朗是在自由地跳舞，而我是戴着枷锁跳舞而已。

二、怎么译?

读过丹·布朗小说的人都知道，系统专业的知识性是其主要特色之一。《达·芬奇密码》的读者就无不为作者广博的知识所折服。其实，《骗局》亦不例外。小说涵盖了海洋学、冰川学、古生物学、天文学、地质学、天体物理学、气象学以及航天科学和军事科学等领域的专门知识，同时还涉及美国国家航空航天局、美国全国勘测局、美国太空署北极科研基地、三角洲特种部队等多个美国政府高度秘密机构。因此，翻译这样的书，还要考虑和处理很多文学因素之外的东西。当时的《新民晚报》就曾这样报道，说我“为了翻译丹·布朗的作品，连头发都掉了许多。译好一部‘密码’，掉了多少头发；译罢一部‘城堡’，少睡多少好觉；译就一部‘破解’，累得差点吐血；译好一部‘魔鬼’，平添多少皱纹”。这话当时虽然是笑着说出，但个中苦涩与艰辛是不言自明的。丹·布朗的小说涉及学科广泛是人所共知的。他创作每部小说之前首先要进行大量的实地研究，以及对图书材料和专业知识，特别是高新科技信息的“取证”工作，他曾就小说中有关的各方面知识请教过大批的专家学者和专业工作人员，作品中术语之多、之专、之新、之难都是文学翻译中比较少见的。《达·芬奇密码》出版之后，丹·布朗还对之进行了多处修改。这些都给翻译工作带来了很大困难。陆谷孙先生在《英汉大词典》的前言中引用十八世纪英国诗人亚历山大·蒲柏的那句英雄体偶句说得好：To err is human; to forgive, divine.（凡人多舛误，唯神能见宥。）我曾戏谑地跟一家出版社的老总说：“一将功成万骨枯，一书译罢满头秃。”完成一部作品的翻译很难，但让译作在目标语读者中喜闻乐见则更难。在审美意象、思维和视角上与原作保持相似性，为读者奉上既符合汉语读者阅读习惯又忠实原作内容和风格的译文，则是难上加难。

真正搞翻译的人都清楚，文学翻译是最难的。因为其中涉及太多方面的东西，它的意象、修辞、典故、思想情感、语气语调等很多方面对译者的要求很高。说得稍微专业些，译本在一个全新的语境中得以畅行自然离不开译者的苦心孤诣和辛勤笔耕，离不开译者在翻译过程中的美学理念和各种思维的综合运用。从丹·布朗作品的翻译实践来看，将美学理念与审美思维有机结合起来，并将之运用到文学翻译实践当中去，从而在最大程度上使译入语文本接近源语文本，极力提高二者的相似性，是文学翻译者所应追求的目标之一。文学翻译是艺术化的翻译，是译者对原作的思想内容与艺术风格的审美把握。在阅读原文的过程中，译者通过语言认知与美感体验的双重活动认识和理解原文，并在大脑中形成一个"格式塔意象"，再用译入语实现对源语文本的"意象再造"，从而实现文学艺术的成功再现和审美体验的有效传达。文学翻译不是词句的形式对应，而是语言信息与美感因素的整体吸纳与再造。文学语言既有指义性，又有审美性，其美学特质——形象性、情感性和音乐性，是与整个文学的艺术特点相适应的。长期以来，受华夏文化传统思维和审美心理的影响，汉语形成了独特的艺术魅力：以意统形，概括灵活，言简意丰，音韵和谐。这些特点相互融合，体现在汉语的各个层面上，深深融入国人的审美情趣之中。译者如果能把原作者的思想感情、语气语调乃至节奏韵律都淋漓尽致地表现出来，那原文的美感才能得到完美的体现，也才能真正赢得汉语读者。

举个简单的例子，《天使与魔鬼》里面有个词"Hassassin"，是作者自己造的词，我见景生情，触类旁通，创造了"黑煞星"这一新的形象。"Hassassin"与"黑煞星"在发音上几乎完全吻合，而"黑煞"很容易让人联想到麻醉剂的性能之烈，"黑煞星"这一形象则能让人联想到杀手的阴冷、狠毒与恐怖，确有音义兼得之妙。翻译的灵感来自于译者全身心的投入，方可偶尔得之。主、客观因素相结合，使译者的情感汇聚到一个最佳点，其智慧得以充分地发挥，激情达到顶点，从而产生灵感，获得一种新的感悟、形象和概念。因此，译家需要协调原作的语言风格和阅读的审美视角，做到既能进入到原作的审美视角和原作者所臆造的想象空间，又能充分考虑到译入语读者的接受视角，通过建立格式塔意象，进行文化整合，从而找到相应的表述方式。由于语言的表层意义和所指意义、形式和内容之间会有一定的区别，因此，我们在忠实字面意义的同时要视语境而定，决不能机械照搬，决不丢失主信息。美感体验源于审美距离，译者在仔细确定审美视角之后要充分考虑意义的空间距离，对其进行灵活的调配，使阅读空间获得敏感性，这样，审美的效果才能在译文里得到更好的传递。从丹·布朗系列作品的翻译中，我们越发感到这一重要性。作为审美表现之一，文学翻译特别需要意识的主动控制与思维的积极参与，因而需要美学意识与各种翻译思维的互动。因此说，文学作品的美学功能和文学语言的特性对文学翻译提出了更高的要求，我们必须把文学翻译置于更广阔的语境下，把翻译的视角和距离等美学与思维问题都充分考虑在内，极力提高目标语文本与源语文本的相似性，从而在更高层次上实现文学翻译的审美旨归。

三、何谓文学翻译，文学翻译何为？

记得翻译《骗局》之前，我做客新浪网站，有网友问我接下来要翻译什么作品，我回答说：“打算翻译 *Deception Point*，暂时翻译成《圈套》吧。”结果黑市上一个多月后就开始兜售标着译者为朱振武的所谓的丹·布朗的最新力作《圈套》了。无奈，我们最后决定将 *Deception Point* 译成《骗局》。这样的事情还真不少。丹·布朗的中译本本本都有盗版，我家楼下就有卖，我们拿他们也没有办法。应该说，我国的译界目前相对来说还有不少滥竽充数和鱼目混珠的现象。有一个人说他一天正常工作之外还能翻译好几万字，有的人能翻译多种甚至十几种语言的作品，这我只能是望洋兴叹，这辈子自叹弗如，下辈子也肯定难以望其项背。就是不戴着枷锁也做不到。傅雷，这样一个大翻译家，汉语和法语修养那么好，而且是个职业翻译家，特别是到了后期，他一天，不是工作之外，也只不过翻译两千多字。我们这些后学，先不说我们的学术素养、双语能力和文化修养远不及傅雷先生，就是单说打字吧，几个钟头几万字，连专业打字员都很难做到，何况我们这些人呢，更别提对原文的揣摩和研磨并转换成在几个方面与原文都保持一致的道地的汉语了。当然，若是从网上拉下来“改译”或是照着从前的译本“重译”的所谓的经典重译不应在我们的考量之内。有的人“翻译”的速度的确奇快无比，一星期就能“翻译”一部或几部长篇小说，有的把港台的繁体字本改成简体字本，速度也是惊人，但这样的人往往有个共同特点，就是从不“翻译”没有译本的书。至于能翻译多种外语，这样的人在我们国家极少，能读懂几种语言的人还是有一些的，但离翻译文学作品的程度往往还有距离。至于说能翻译十几种外语的文学作品，我们可以毫不犹豫地说，我们国家是绝对没有的，世界其他地区是不是有我不敢说，反正没听说过。这种现象的出现有的时候也要怪出版人。记得有一个出版社的老总让我审一部译作，我看完之后跟他说这部“译作”和原文没什么关系，那个老总非常吃惊，说这个译者的英文水平很高，连大学英语六级都过关了。很多搞出版的人以为懂几个单词会查字典就可以搞翻译了，还有的人总是轻描淡写地说“随便找个人翻译翻译算了”，根本不知道翻译的重要性和翻译是怎么回事儿。我在上海翻译家协会大会上曾经编过这样几句话，叫做译事八型：“译者的选择：随意型；译者的权益：轻视型；译品的选择：盲目型；译品的质量：粗糙型；编辑的工作：马虎型；时间的限制：紧逼型；后期的制作：隐秘型；作品的宣传：羞涩型。”相当一部分编辑没有起码的外语基础就编辑译稿，对译稿做出判断和修改不知从何谈起，但还往往语出惊人，说这个有“错”，那个有“讹”！还有一家出版社约我翻译《飘》，还说这部书很好卖，说给我半个月时间。我回复说已经有很好的译本了，而且这样大部头的书别说半个月，就是半年也翻译不完。对方教导我说把原先的译本随便改改就行了。我那时才知道九〇后们常说的“我晕”是什么境界！当然，现在情况总是在向好的方面发展。在前两年的世界翻译大会的筹备会上，我曾提出这么个倡议：对前辈持敬重之情，对后辈有奖掖之举，对同辈无相倾之意。共同努力，扬清激浊，繁荣文化事业，提高翻译水平，营造译界的和谐。

四、文学翻译有何法门？

我在大学教书，因此免不了要研读谈翻译的书。谈翻译的书，特别是谈文学翻译的书一般有两大类：一类是纯粹探讨翻译理论的书，搞翻译的人大都不看，看也看不下去；一类是单纯探讨翻译技巧的书，这些书往往都是不怎么做翻译的人“研究”出来的，不是隔靴搔痒，也多是纸上谈兵，所谓的实用指南并不能用到实际中去，因此，一般初学翻译的人看过之后容易堕入五里雾中，而搞翻译的人更较少去关注这些书。真正的翻译家似乎都不大有兴趣研究翻译理论或探讨翻译技巧，有的也多为“丛残小语”，难登“大雅”，或不成气候，形不成“门”、“派”。我国的翻译家，鲁迅以降，到傅雷和朱生豪等，大都如此，近年来译家们更是鲜有翻译“专著”，国外翻译界大体也是这样一种情况。因此，看到美国著名翻译家克利福德·E·兰德斯的《文学翻译实用指南》一书便不由得眼前一亮，觉得他说的都是掏心窝子的话，因此我接着他的话也说几句大实话。

我翻译过十几部小说，也做过英汉对照的，虽然在学校里专门修过翻译课，但课堂上的东西与实践相去甚远，先前接触过的翻译理论和实践著作也大都远离实际，有的翻译指南一类的书则过于教条、呆板，制约了翻译的灵感和机动性，不适合指导具有深厚文化内涵和美学韵味的文学翻译，因此我翻译的策略主要是靠自己摸索。兰德斯的书给了我很大的自信。兰德斯的每句话都极为实在，把切身体会到的成功之处和操作流程奉献给大家，特别是刚刚涉足译事的人。仔细阅读这部翻译著作，我们能深深体会到，这是一部几乎没有什么“专业”术语的文学翻译著作，还是一部并非为了出成果或评职称而写就的专著，纯粹是写翻译感想和切身体验，而且循循善诱，娓娓道来，方方面面考虑周详。作者是想和初学翻译的人谈谈心，和有一定翻译经验的人交交心，而不是所谓的“鸳鸯绣取从君看，不把金针度与人”。兰德斯就是要把他的“金针”“度与人”，就是要揭开把翻译理论与实践隔开来的那层薄薄的纱。

文学翻译与只有一个或非常有限的答案的数学题目不同，作为文学的一个分支，文学翻译是一门艺术，而不是一门科学，因为其本质是主观的。我在给研究生开设的翻译课上曾总结过“译事十戒”（一戒言词晦涩，佶屈聱牙；二戒死译硬译，语句欧化；三戒望文生译，不求甚解；四戒颠倒句意，不看重心；五戒前后不一，一名多译；六戒无凭无据，不查辞书；七戒格式混乱，不合规矩；八戒草率成文，不加润色；九戒抄袭拷贝，惹祸上身；十戒应付差事，不负责任）和“译事十法”（一曰贴：紧贴原作；二曰换：切换自如；三曰化：回归本土；四曰粘：前后呵护；五曰减：删减冗赘；六曰添：增字添词；七曰合：合并散句；八曰断：切断长句；九曰注：注疑释典；十曰诠：力求晓畅）。但这些东西不可能穷尽文学翻译中的各种事项，更不能把它们作为行动中的指南或诀窍。事实上，文学翻译对译者的主观能动性和天赋等各方面的要求都是非常高的。

五、谁来译？

记得在纽约大学访学时，世界著名汉学家罗慕士（Moss Roberts）先生就谆谆告诫我，作为一个中国人，不要把中国文学翻译成外语；而作为一个美国人，他也不会把美国文学翻译成汉语。他认为，这都是费力不讨好的事儿。这话虽然说得可能有点绝对或过火，但却是我们建国后几次大规模的中国文学外译都不能算是非常成功的原因之一。罗慕士的汉语很好，他把《三国演义》和《道德经》等中国文学文化典籍翻译成英语，却从不反过来做。兰德斯也是如此，他给出的指南针对的是源语译成目标语，特别强调把源语译成母语，认为把母语译成外语往往是费力不讨好的事，是失败之举。当然作者这里仅就文学翻译而言。但是，像《红楼梦》等作品的译者杨宪益那样中西合作的方式，看来还是非常可行的。

译者需要对这两种工作语言的相关知识都了然于胸，流畅的母语表达和扎实深厚的源语基础是必备条件，但对母语的熟谙显然是重中之重。前面说到，翻译有多种——商业翻译，金融翻译，技术翻译，科学翻译，广告翻译等，而只有文学翻译要求最高，使人一直处于创造性的想象之中，也只有文学翻译才能使译者品尝到美的体验。当然文学翻译也有为名、为利或为消遣的，但大多数从事文学翻译的人都是从精神层面出发，追求的是一种精神的旨趣和审美的理想。文学翻译有其独特品格，使之与其他翻译区别开来。文学翻译除了需要译者对源语和目标语均应精通以外，还要对两种语言的文学、文化包括民族思维方式等方面的知识都十分熟稔。比如在技术翻译中，只要具体资料和信息如实翻译过来就万事大吉了，风格等问题基本可以忽略不计。技术翻译正如运送轿车的集装箱，只要轿车安然无恙地抵达，其先后顺序等问题是无关紧要的。而文学翻译则不然，轿车的顺序，也就是风格是至关重要的，有灵活生动极具可读性的译文，也有矫揉造作、僵硬古板、剥离了源语中的艺术和灵魂的蹩脚的译文。因此，文学翻译要求最高，这可以说是没有什么争议的。文学翻译是昙花一现的艺术，其生命也就是三四十年或者四五十年，嗣后便在某种程度上失去了其鲜活力以及与读者的交流能力，它需要与时俱进。因此，很多文学作品就要不时地重译，以保持其作为文化和时代的终结的功能，不同时代的译者都应有自己的声音，而且优秀译著的生命力可能会超过原作。正如兰德斯所说："希腊人只有一个荷马，我们则有很多。"文学翻译该怎样起步？其实，个中道理再简单不过了：动手。拿游泳做比，要想学会游泳，当然要跳到水里。选材也很重要，"粪土之墙不可圬也"，劣材成不了精品，好的作品加上好的译品才会产生好的印品，当然译者也要持之以恒，坚持不懈。译者既要有丰厚的语言文化功底，也要具备奉献精神和使命感。昂贵的相机造就不出摄影师，一架子的词典也成就不了翻译家。做翻译，特别是文学翻译，要求有较高的"译商"。我们说情商、智商、财商，实际上是指一个人的综合素养。"译商"是指对外文能够准确把握和自如的转换。翻译的标准众说纷纭，但还是要看翻译的目的和原文文本，翻译没有单一的标准，任何固定的标准都难免以偏概全。应该说现在中国人外语水平总体提高很快，相应地，翻译水平也有所提高。真正好的译文应是目标语读者喜闻乐见的，而不是欧化的、蹩脚的、晦涩难懂的、佶屈聱牙的。事实上，这样的译文是没有吃透原文的结果，这实际上是"愚忠"，即表面上忠实源语的过于拘泥于原文的翻译。好的译文是原作者的汉语写作，傅雷先生说得再好不过了，我们在翻译过程中，自然要把原文文化背景吃透、挖深，然后在内容、形式、风格、意境、修辞手法等多方面进行比较忠实的移译。这样的成功的转换应该就是好的译文。

有的人做文学翻译想从翻译理论入手，这可能是同行们最不认可的事了。其实，翻译理论和翻译实践是两回事。懂翻译理论才能翻译正如懂汽车引擎系统点火理论才能驾车一样都是可笑的，有些理论还会使译者不知所措，无所适从。我们强调忠实源语，但对那种过于拘泥于原文的“愚忠”则应给予抨击，一味“愚忠”的做法是简单地从原文出发，其实是没有真正读懂原文。任何句子都有其特定语域，不能只见树木不见森林，孤立处理之，机械对等实在是文学翻译的大忌。认为熟谙语法、词汇且有词汇量就足以做一个称职的文学译者了，那是天真至极。对文化的深刻理解才是关键，因为文化构成、改变和制约着语言。兰德斯指出，双语者已是相当不易，而从双语者到双语文化者还差得远，因为真正的双语文化者以奇特的方式认知符号、象征乃至禁忌，甚至在潜意识情况下随意使用，而且可以分享集体无意识。这样的要求和门槛实在是太高了。

但文学翻译也未必都由目标语翻译家来做，一定要视具体情况而定。我们探讨文学翻译，特别是如果研究文学走出去的问题，就不应该拘泥于某一学科或囿于某种单一的学术研究方法，而是要重树学术研究理念，打破学科间的壁垒，从跨学科角度对“文学走出去”的问题进行“综合治理”，在文学文化和译介学间架起沟通的桥梁，以使中国文学实现向外走出去的成功跨越。要向海外有效介绍中国文学，目的语国家译者自然非常重要，但我们更需要具有文化自觉、创作自觉和翻译自觉的专家学者和翻译家。文学翻译不光是翻译问题，还与国家影响力、文化认同、思维方式及认知惯性有很大的关系。优秀的翻译是莫言获奖的助力，但选译对象更是中国文学要真正走出去的关键。劣材成不了精品，曲意逢迎西方目的语读者的作品更不是我们译介的对象。翻译是一种跨文化的交际行为已成为当代国际翻译界的共识，因此要在跨文化和跨语际的框架下讨论文学翻译，重视翻译的可读性、可接受性、可传播性和影响性。由于文化语境的差异和不可译现象的存在，译者有时不得不对原文进行改头换面式的处理。正像莫言获得诺贝尔文学奖主要是由于创作自觉一样，文学翻译也强烈要求学者们的翻译自觉和文化自觉，这些都应该成为中国文学走出去的正能量。尽管是走出去，但我们的外译工作还是要以我为中心，为我服务，而不是迷失自己，委曲求全，唯他人的喜好和价值观马首是瞻。事实上，越是没有自己，你的文学就越是走不出去。

朱振武，1963 年生，文学博士，外国文学与翻译博士后，教授，博导；中国作协会员，中国外国文学研究会副秘书长，上海翻译家协会理事；上海师范大学教授，国家重点学科比较文学与世界文学学科带头人。主持国家哲学社会科学规划项目两项、国家重大招标项目子项目一项，出版学术著作十余种，译著二十余种，编著五十余种，在核心期刊上发表专题论文一百七十多篇，在重要报纸上发表时评和学术文章多篇；主持译介了《达·芬奇密码》等文化悬疑小说。

在“彩虹”的那一边

祝子平

我略知小池真理子其人。在日本文学界，小池真理子是写作推理小说与情爱小说的高手。她的不少作品，如《妻子的朋友》、《恋》、《无伴奏》、《欲望的迷宫》、《流言》等，在日本有着广泛的影响，《妻子的朋友》曾获得过日本推理作家协会奖，《恋》获得过第114届直木奖。有评论评价她的推理小说是“天下第一品”，并说她是“日本首席推理小说家”，总之，她的文学声名在日本可说是家喻户晓的。在我看来，小池真理子的早期、中期作品都属于上等质量，应该列于好作品之列，尤其是她近年来的小说，给读者带来的不仅仅是“好看”、“吸引”，更能给人带来启示，带来精神的愉悦。

小池真理子今年56岁，正值创作力旺盛之时。《飞越彩虹》正是她生活积累与笔力积淀丰厚之年的力作。和她以往的作品有所不同的是，这不是一部推理小说，而是一部笔触细腻、情感缠绵的爱情小说。《飞越彩虹》是电影《绿野仙踪》的主题曲，也是小说中舞台剧的名字。这部《飞越彩虹》的舞台剧是小说中的男主角、作家正臣的作品，剧中的女主角是漂亮的女明星志摩子。男女二角均是日本文化艺术界的名流。故事就在这两位名流的身上发生、展开。这对各有家室的男女坠入情网，爱得死去活来，痛苦万分而不能自拔，最终两人双双以自杀了结。一对情侣为爱殉情，至死不渝，爱得义无反顾，爱得真切彻底，波澜跌宕的情节与矛盾冲突吸引着观众，以致感动了观众。

名人、明星的爱情更能引起社会与公众的关注，所有的娱乐报刊、娱乐频道都会将目光聚焦名流、明星，日本也概莫能外。正臣与志摩子爱情的发生、进展的每一步，都处在公众的聚光灯下，这就是他们俩爱情的可悲之处，但也正是这样的险恶环境更加强化了两人爱情的神秘性，进而催生了两人的爱情胚芽，含苞、怒放。对于沉浸于爱情漩涡之中的男女，一旦当他们的精神与肉体胶漆般糅合在一起时，他们会做出忘乎一切、义无反顾的反传统的剧烈举动。

热恋中的正臣与志摩子就是这样。他们俩选择了逃避，逃至媒体与公众视线所不能及的地方。有趣的是，正臣与志摩子选择了上海。于是，在小池真理子的《飞越彩虹》中出现了上海——外滩、新天地，由过去国民党交通部长的小洋房改建的饭馆、永福路上旧英国领事馆的老洋房、汽配街（威海路）上的超豪华宾馆（四季大酒店）……两人以上海为中心，爱情的踪迹辐射至杭州、义乌：游玩、吃喝，尽情地放纵、享乐……整整度过了三周，置家人于不顾，整个天地间好像只存在他们两个人。

上海两人在欢乐，东京全家在痛苦；丈夫在爱着，妻子在恨着；妻子在狂热着，丈夫在麻木着……三周后，正臣和志摩子还是要回东京的，有意思的是，在小说的结尾部分并没有得出此种爱的是与非，只是向读者暗示着：爱与恨都还在继续……这种有关爱的精神折磨与心理挣扎，在作家的笔下描绘得惟妙惟肖、入木三分。

在我翻译《飞越彩虹》的过程中，小池真理子和我都有在日本一见的愿望，不巧的是，第一次约见，她家里遭遇火灾；第二次约见，她因母亲生病而去了轻井泽。我一年中有很多时间是在日本度过的，我想不久后我会与她见面的。翻译《飞越彩虹》，使我强烈意识到，小池真理子有一股强烈的中国情结、上海情结。这也许跟她父亲的经历有关。据我所知，二战前，她父亲生活在中国，后来回到了日本。二战结束后，他又来到了中国，生活在上海。可能正是父亲的中国缘，才促使了小池真理子的小说中有那么多的中国场景、上海场景。也正是这一点，增加了《飞越彩虹》对于中国读者的可读性。

祝子平，1953 年生。1970 年赴云南橄榄坝农场插队。曾在大阪教育大学专攻幼儿教育心理学研究生课程。中国作家协会、上海市作家协会会员，上海翻译家协会会员。出版译著有《日本畅销小说选》系列和电视剧本《东京爱情故事》等多部，创作小说有中篇小说《大蛮》、《香米》等。散文《这条河好冷清》获第十届上海文学奖，小小说《一把烟丝》获“几度春秋”征文大赛二等奖，《纸钱》获全国第二届微型小说大奖赛二等奖。

我与翻译艺术之缘

邹文华

我与翻译艺术结缘要感谢我的导师黄禄善教授。

曾经怀着对语言的极大兴趣，我选择报考了英文专业；又因为对文学的热爱，我选择了继续攻读英语语言文学硕士。很幸运，读研期间在导师的带领下，我与翻译结缘，并从此爱上了这门“戴着脚镣跳舞”的艺术。

记得，刚接触翻译是在本科阶段的课堂上。当时，我觉得翻译这门课怎么这么难呢？一句中文如何用地道的英文表达出来？一句英文长句又如何用准确的中文表达呢？就在这种种的困惑中，本科阶段的翻译课程结束了，而我的翻译水平也未见得提高多少。幸运的是，本科毕业那年我便获得前往上海大学外语学院继续攻读英语语言文学专业的机会。起初，我与同学们一起在课堂上学习诗歌翻译，并时常有机会聆听许钧教授等一些大翻译家谈文学翻译的技巧与艺术；也经常光顾大学图书馆翻阅许渊冲教授翻译的文学作品，也曾尝试阅读杨宪益和戴乃迭两位先生翻译的《红楼梦》……在学习的过程中，我发现翻译是一门无止境的学问，同时也是一门高深的艺术。得益于导师黄禄善教授的引荐，使我在攻读英语语言文学硕士期间有机会与翻译艺术结缘。

初生牛犊不怕虎。我在初入译坛时，竟然尝试翻译卡夫卡的经典作品《城堡》。卡夫卡的作品晦涩难懂、可读性不强的特点众人皆知，且其原作的语言都是德语，而我要将《城堡》的英文版翻译成中文；翻译界的前辈们对卡夫卡作品的译介也早已成熟，且知名度很高。在这样的情况下，我怀着“无知者无畏”的勇气和“新一代人对卡夫卡有自己的理解”的心情完成了对《城堡》的重译。虽说当时翻译此书是一个艰难的过程，但最后看到译稿付梓被长江文艺出版集团出版时，心中的喜悦油然而生，同时也加深了对翻译的热爱之情。

此后，我又先后重译了哈姆林·加兰的《大路条条》和《小公主》等经典文学作品。重译经典文学作品虽说是站在巨人的肩膀上，起点较高，但也难免犯下“班门弄斧”的错误，贻笑大方。然而，翻译虽是一门艰深的学问，但也是一门包容性极强的艺术。同一作品可以译出不同的风格和韵味，不同时代的译者对同一作品也可以有不同的理解和体会。感谢花城出版社 2014 年再版我翻译的《城堡》和《大路条条》两部作品，这不仅是对我译作的一个肯定，同时也是一个让我纠错、让我提高的机会。通过重译经典，我积累了一些翻译实践的经验，翻译水平得到了提高，从而也获得翻译中西书局出版的“圆明园劫难记忆译丛”中的《1860 年华北战役纪要》和费正清的《中国对西方的反应》(此书因版权问题尚未出版)等作品的机会；并与友人合作，翻译了《香烟、高跟鞋及其他有趣的东西：符号学导论》一书。2012 年，我有幸成为上海翻译家协会的一名新会员。感谢译协，让我有机会认识许多曾经仰慕的翻译界的老前辈和优秀的中青年翻译家，也让我有更多的机会接触和了解翻译这门学问与艺术。

翻译，有时让我沉浸在文学的世界里，有时又让我站在历史的明鉴前，有时又领我进入新的知识领域……翻译是一门无止境的学问，也是一门高深的艺术。既然今生有缘与你相识，我便将用毕生的热情去追寻你的“芳踪”，探索你的奥妙，体会你给我带来的快乐和欢愉。感谢你，我挚爱的翻译艺术。“路漫漫其修远兮，吾将上下而求索。”

邹文华，1980年生，英语语言文学硕士，上海翻译家协会会员。主要翻译作品有《城堡》、《大路条条》、《小公主》、《1860年华北战役纪要》、《香烟、高跟鞋及其他有趣的东西：符号学导论》（合译）等。

话 译 协

在缪斯的殿堂中陶醉

冯　春

在译协举办的活动中，我参加较多的是金秋诗会。

金秋诗会是一个与商品、金钱绝缘的纯文学性活动。译协坚持举办了二十三年，已成为一个品牌活动，受到了圈内外众多诗人、作家、艺术家、诗歌爱好者的赞誉与欢迎。

1992年金秋诗会创办之初，完全是一个自发的活动。当年，钱春绮、吴钧陶、黄杲炘、张秋红和我，我们五个外国诗歌翻译者常在一起聊天，交流翻译外国诗歌的心得，谈论翻译外国诗歌的体会，品味外国诗歌的意趣。谈得高兴，具有热血诗人气质的张秋红便给我们这五人聚会起了一个名，曰“白玉兰诗社”。这当然只是戏称，并无组织存在。后来，还是张秋红提议说：“我们应该搞一些诗歌活动，让全世界的优秀诗歌传播开来，开拓诗歌的疆界，给更多的诗人、爱好者建立一个发表、展示的平台，共同享受阿波罗的盛宴。”于是，我们取得译协领导和作协许多诗人的支持，便于1992年10月8日，在市作协大厅举行了第一届“金秋外国诗歌朗诵晚会”。

这个晚会虽然事先没有组织什么节目，但仍办得十分热闹。作协大厅里座无虚席，诗人、翻译家、文艺界人士济济一堂。不是主持人宣报节目，而是与会者们自告奋勇登台朗诵，纷纷为晚会献上他们从世界诗坛采撷的朵朵奇葩。年过半百的上海人民艺术剧院老演员张劭用纯熟的俄语朗诵了西蒙诺夫的名作《等着我吧，我一定会回来》，老翻译家吴钧陶用英语演唱了《爱情小夜曲》，诗人冰夫献上了自己创作的在日本国际俳句大赛中获奖的作品，王智量教授则深情朗诵他翻译的俄罗斯诗人曼德尔施塔姆的《贝壳》：

我寻求我自己，
我用两扇黑色的翅膀拍击，
我展翅飞翔在大海汪洋……
我沐浴着闪电的火焰，
一边在把惊雷呼唤……

此外，华东师大“夏雨诗社”的年轻学子朗诵了艾略特和波德莱尔的佳作。晚会开了两小时，还有许多与会人士要发表自己的诗作和译作，简直停不下来。最后，晚会在与会者们依依不舍的深情中降下帷幕。

从 1993 年第二届起，“金秋外国诗歌朗诵晚会”的名称简化为“金秋诗会”，改在上海文艺活动中心举行。第二届诗会仍然十分热烈，张秋红朗诵了他的新作《中国狂想曲》，充满着对祖国美好明天的热情憧憬；上海歌剧院导演王树元声情并茂地朗诵了苏轼的《水调歌头》，博得全场热烈的掌声；上海青年话剧团导演袁国英朗诵了莎士

第 23 届金秋诗会

比亚《麦克白》的一段独白，把听众带进了莎翁的诗歌天地；一位青年诗歌爱好者朗诵了屠格涅夫散文诗《门槛》，再现了一个革命者走上征途的决心；上海人民广播电台“午夜星河”主持人陆澄演唱了《莫斯科郊外的晚上》，把整个诗会的气氛引向高潮……大家心潮激荡，思绪联翩，在诗歌的海洋里尽情遨游。有人在参加诗会后表示：“我好像来到了缪斯的神庙，来到了一座艺术的圣殿，来到了一片葱茏的绿洲。”的确，来到诗会，人们会把一切忧烦都忘记，来到一个纯情的诗歌世界，享受诗歌带来的欢乐，进入一个个优雅、美好、深情、幻梦、奋进的意境，从诗歌的陶冶中得到灵魂的升华。

金秋诗会的成功，说明人们是需要诗歌的，民族是需要诗歌的，时代是需要诗歌的。正如当年译协一位领导所说：“改革开放的年代，人们在享受物质生活的同时，也需要丰富精神的田园。”这也正是译协坚持办好每年一届金秋诗会的初衷和努力源泉。

如今，金秋诗会还在延续，令我感到欣喜的是，她正走出文艺界的狭小殿堂，走向校园，走向大众，走向广大的诗歌爱好者，走向上海这个大都市的广阔天地……

冯春，原名郭振宗，1934年生，中国资深翻译家。上海译文出版社编审。翻译出版十卷本《普希金文集》、《莱蒙托夫文集·当代英雄》、《屠格涅夫文集·猎人笔记》、《普希金抒情诗全集》等译作四十余种，编有《普希金评论集》、《冈察洛夫、屠格涅夫、陀思妥耶夫斯基、柯罗连科文学论文选》，著有《俄罗斯和欧洲作家论普希金》、《普希金的戏剧革新》、《〈叶甫盖尼·奥涅金〉——歌剧和小说的比较》等论文，1999年获俄罗斯联邦政府普希金奖章，2006年获俄罗斯作家协会高尔基奖。

我和翻译家协会的缘分

高维彝

我一直认为，我不是什么翻译家，而是一个俄语教师，因为我大学毕业后，一直从事俄语实践课的教学工作。俄语实践课要求教师在听、说、读、写、译各方面都有较扎实的基本功。在上世纪五十年代只学了4年俄语就走上讲台的我，深深感到自己的不足，迫切需要不断学习、提高。备课、教学实践是我提高业务水平的一个途径。我也喜欢搞一点翻译，翻译是我学习的另一个手段。每次在俄译汉的时候，译者首先必须认真阅读和理解原文，这是精读原文的过程，在精读的基础上才能着手翻译，翻译的过程也是很动脑筋的，常常有这样的情况：有些句子或者段落的意思我懂了，但是如何译成流畅的汉语，使中国读者不仅看得懂，而且产生继续阅读下去的愿望，就不得不反复推敲。因此，我的汉语表达能力也在翻译的过程中得到锻炼和提高。反之，汉译俄的时候，我把翻译看成是我提高俄语写作能力的练习。对于我来说，翻译的过程也是我享受的过程。

我和翻译家协会最初接触是在1987年。那时，中苏关系开始

“解冻”。有一天，当时的翻译家协会副会长、华东师大的朱逸森老师找到我和冯天向老师。他要我们帮助完成一个任务。苏联派了一个电影代表团到中国来访问。代表团带了三部影片与中国同行交流。电影家协会请翻译家协会帮忙，在放映电影的时候将对话同声译成汉语，便于我们的电影工作者欣赏。时间很紧。影片当天晚上到，第二天就要放映。没有书面的电影剧本，只能一边听，一边翻译。朱逸森老师希望我们和他合作，每人负责一部电影。我从来没有承担过这样的任务，不敢接受。

我怯怯地说：“我能胜任这样的任务吗？再说，我又不是翻译家，也没有资格做这项工作。”

朱老师说：“时间来不及了！我们都是俄语实践课的老师，促进中苏两国文化交流是我们义不容辞的责任。你们俩不是翻译家协会会员，这不是问题。完成任务后，我介绍你们加入我们协会。”

事情已经到这地步了，我们只好答应了。苏联电影代表团带来的三部电影分别拍摄于上世纪六十年代、七十年代和八十年代。分给我的任务是七十年代拍摄的电影 Тема(《主题》)。电影放映了 5 场，每天 2 场。这是一种高度紧张的脑力和体力劳动。第三天，放完最后一场，我拖着疲惫不堪的身子回家，就病倒了。

这是我难忘的一次翻译任务。它让我认识到翻译工作的意义，提高了对自己的信心。这次的翻译任务也成了我加入翻译家协会的“敲门砖”，翻译家协会接受了我。从此，我又有了一个新的学习课堂，一个大课堂。翻译家协会经常组织一些学术活动，我都抱着学习的态度尽可能参加。这些活动扩大了我的知识面，同时，也让我结识了一些著名翻译家，他们是我的益师良友。我庆幸我能成为翻译家协会的一员。

高维彝，1935年生，中国资深翻译家，华东师范大学俄语系教授。长期从事俄语教学工作。主要翻译作品有《帕拉达战舰》、电影《紧急迫降》(汉译俄)、《主题》(俄译汉)等。

颂（三首）

葛崇岳

上海翻译家协会尊资重绩，令人感佩。余 2011 年冬甫入会，次年即被申报资深殊荣，何幸乃尔！

参加译协，纯属偶然、巧合。2011 年 10 月，定居莫斯科多年的原安徽大学白嗣宏教授回沪省亲。11 月，我和老伴设宴为白兄伉俪饯行。不巧，当晚复旦大学夏仲翼教授要在校园宴请白氏夫妇。白遂坚邀我们一同前往。我正犹豫。此时，犬子脑瓜转得快，立刻电话打到复旦，恳请夏教授千万赏光，偕同嗣宏叔一道驾临寒舍。接着，余亦诚邀夏公无论如何偕夫人光临，以话初逢和阔别，也算是屈尊作陪吧！白兄被吾父子诚意所感动，转而帮我们相邀夏教授夫妇。由于盛情难却，夏教授这才欣然应允。傍晚时分，两对贤伉俪翩然登门，蓬荜生辉。如此这般我和夏公方有缘相会，有幸相识。令人十分意外的是，夏教授是上海译协会长，乃大海也，惠纳小川。备感欣喜！爰于年底短短时间内，即为余办好入会手续。更难以想象，时隔半年，译协又为余申报资深翻译家，何幸之有！

一、黄 昏 颂

暮年移沪究何由，入协申高非所谋。
好运偏怜无意客，善行喜步摘星楼。
儿因拒考忿离皖，落户申江投玉钩。
为享天伦随独子，宜居颐养莫归舟。
旅俄译友重逢乐，情谊如酒暖心头。
席上有缘喜相识，译坛魁首仰庇庥。

入会叨蒙关爱切，资深隆誉复何求。
大师开创新天地，巨擘辉煌乐曲幽。①
爱才敬老无伦比，崇彦钦贤孰与俦。
拜寿登门情切切，殷勤服务乐悠悠。
声声祝福温馨至，函玉仁君绿满畴。
秋韵听诗心花放，沙龙切艺学风遒。
文明胜迹春风暖，霞满长天放歌喉。

二、金 桥 颂

迷外同仁尚好风，切技竞艺向高峰。

---

① 2013 年，上海市文联、上海翻译家协会和上海音乐家协会为资深翻译家薛范先生举办了翻译作品音乐会。当年薛君报考外大，因残疾而被拒门外。从此顽强拼搏，百折不挠，最终自学掌握多国语言，译配出版了包括《莫斯科郊外的晚上》等名曲在内的 2 000 多首外国歌曲，荣获中俄友谊奖章。

齐心共筑龙之梦，飞架金桥乐共赢。

三、译友颂

——致嗣宏

胸贮别意滔滔海，化作逢欢汩汩泉。

同德同心追信达，天长地久雅流传。①

葛崇岳，1935年生。中国资深翻译家。1952年毕业于华东军区政治部外语学院俄语系。历任解放军雷达专科技术学校俄语教员、翻译，徽州地区创作室创作员，《安徽日报》文艺组编辑、副组长、文艺部主任，《黄山》主编，《天都文学之页》主编，《江淮时报》、《百花》副刊、《人物特刊》主编，高级编辑。中国作协会员，安徽省作家协会理事、省文联第三届委员、省太白诗社副社长，安徽省报纸副刊学会名誉会长。1958年开始发表作品。著有诗集《生活是一个圆》，译有小说《拜达尔大门》、《童年·我的大学》、《安娜·卡列宁娜》，诗集《蒲宁抒情诗选》、《苏俄抒情诗十杰》、《奥列西抒情诗选》、《普希金童话全编》、《列宁与炉匠》、《天鹅姑娘》、《智谋的兔王》等。

① 信、达、雅，一向被推崇为翻译质量优劣的评价标尺。

翻译家协会人事琐忆

胡宗泰

我为协会普通会员，仅就个人所接触的一些人事，梳理成文。均为细故，忆江河不择细流句，遣上笔端，说我与协会人事因缘，表我感佩，抒我思念。

一、入　　会

上世纪八十年代近中期上海翻译工作者酝酿组织同人协会，积极此事者经多次讨论洽商，终觉文学翻译与科技翻译有别，宜分别组会。科技译界率先起步，于1985年1月30日成立上海市科技翻译学会；文学译界紧紧跟上，于1986年3月15日成立上海翻译家协会。

我1963年自上海外国语学院毕业后，即供职科技单位，自然成为科技翻译学会首批会员，并被推为法语学术委员会主任，履职十余年；1987年悉翻译家协会成立，思自己业余亦译些文学作品，便有入会愿望，但顾虑颇多，协会译界名家荟萃，多我学生时期所知前辈译家，高山仰止，恐入会门槛或高，似我文学译作小卒非能迈入。

1988年初遇我启蒙法语老师蓝鸿春先生，谈及此事，蓝师道母校俄语系姚以恩教授正任协会秘书长，与之颇熟，可为我一询；4月下旬蓝师道已告姚教授我况；5月中旬接姚教授信，告协会况与入会条件，并附来入会申请表，7月初按要求填好表格寄姚教授，10月6日接协会批准入会通知，16日办入会手续，自此成为协会一员。

与姚教授从未面晤，仅于协会大会时见得教授在主席台，具长者风范；但记姚教授百忙之中予我信，常存谢心。

二、获　　益

入会后缘忙于主职工作，实未多参与协会活动，但凡有法语学术报告，尽量安排时间前去聆听，如1990年8月18日恭听郑克鲁教授作巴尔扎克《人间喜剧》首部小说《舒昂党人》的报告；10月20日恭听林秀清教授作妇女题材报告；亦数参与协会组织影片与话剧观摩活动。入新世纪后，与协会联系稍增，2005年春协会委我中译英一批医学资料，2008年初赵芸秘书长荐我赴非工作。近数年来，协会按期寄来《东方翻译》与《上海采风》，我每期必读，是我退休居家后主要文化大餐、精神食粮，令我足不出户能知文学艺术界(包括译界)动态和热点，知久疏青年时代友人、画家陈巨源近况，亦藉《上海采风》，功莫大焉。无论在职时或退休后，协会种种活动都使久处科技界之我能亲近文学翻译，拓展视野，获益甚多。自惭非文学专业译者，此类译作不多，跻身协会自感庆幸，更谢协会秘书处历届工作人员并不轻跨界人物，多有联系，常予关心。缘上述诸况，淡出科技界后，我多舍此界活动，唯保持协会会员身份，尽量参加译协活动，至生命之灯熄灭。

回眸入会数十年来，得协会之益甚多，贡献颇少或无，此亦我深感惭愧处。

三、楷　　模

我参与协会活动较少，不善交际，不愿攀附，故与协会会员即法语同仁亦少相识，更乏交流。或因机缘或是偶然，幸得与林秀清教授、郑克鲁教授、马振骋先生三位协会会员相识，其仨翻译硕果累累，何劳我说，所记事虽简单，但细行可见大德，三位德才兼备由此亦可得一例证，高山景行，我所仰慕。

早知林教授大名。1989 年 7 月与林教授同在市外办翻译系列职称高评委法语学科组参与评审工作，林教授为组长，此时方识，1991 年始林教授因年事已高，息作此事。林教授审读送审译著极其认真，常嘱我等须严格把关，勿负市外办之信任。1993 年 3 月我请林教授为科技翻译学会法语同仁作报告，得诺，来作“法国文化与法国人”讲演。请林教授时我语可以闲聊形式作之，林教授却书成报告稿，内容丰富精彩，深受听众欢迎。知林教授对巴黎圣母院情有独钟，1998 年请林教授为拙译《巴黎圣母院》作序，林教授道读完译稿后再说，7 月送去译稿，9 月即嘱去取“序”。诧短期成文，林教授实道非观全译，但译要处读之，觉拙译可信，欣然命笔；并举某名家将此书威尼斯大公府邸屋顶一建筑物译作铅矿，下文自圆其说，大为谬误，见我译为铅皮囚房，道我译认真。我道此处 Plomb 释义，《拉罗斯词典》即有，我译文勤查原文词典而已，实遵我师徐仲年先生“欲求信，勤查词典为先”教诲。林教授言信为根本，舍此谈何达雅。记此三事，以示林教授待事认真态度。

林教授告就读西南联大，同时考取官费留法留美，终择留法；与王道乾先生、巴金夫人萧珊均为好友，其俩逝，林教授深为痛惜，语时老眼噙泪。（1970 年春与道乾先生在时之“市革会”清档营相识，共作复审员，先生正襟危坐，不苟言笑，一心审读，予我印象甚深。先生亦译协会员，但先生逝后我方知。）我更钦者，林教授终身独栖，“文革”中在五七干校捡得被弃女婴，领归抚育成人，1997 年访林教授时此女已嫁，时林教授已年迈，耳背，腿脚亦不便，询何不随女居俾有照料，林教授道女自有家庭，己生活能自理，何必劳人，况女儿一家亦常来探望。施恩不图报，美德也。此皆译事题外话，可见老人品格，顺便记之。

2001 年 2 月 2 日老人因前夜忘关煤气中毒而逝，7 日追悼会，恰我出差在外，仅嘱人送去花篮。老人视我为译友，我不敢受之，署私淑弟子。

知郑克鲁教授大名，始于八十年代初期读其与柳鸣九诸先生编著《法国文学史》，觉此书内容丰富，具真知灼见，远胜我早年所读徐仲年先生《法国文学思潮》与夏炎德先生《法国文学史》，为之拍案。约 1992 年郑教授亦受聘外办翻译系列职称高评类学科组，且为组长，由此幸识，自此至 2001 年每在郑教授领导下参与评审工作。或知来市外办申报翻译高职者在单位非居一线，得申报已不易，郑教授持宽容态度，在坚守译作水平原则下不苛求，作人性化处理，此予我印象最深。时郑教授已为法语界名家，然无架子，征求审读译著意见时语气温和，真谦谦君子。我与郑教授交浅，1998 年初夏郑教授却荐我译《贝姨》，我甚感动，惜我当年忙于主职工作未接，至今为憾。李棣华教授、周克希编审两译协会员亦识之于此期，交谊更淡，但李教授之低调，周编审之谦逊，令我钦佩。

1997 年初学长徐志仁为我借得原版《巴黎圣母院》，嘱我用后自去还与为我自法领馆借出者马振骋先生。1 月 18 日我叩马门，先生下楼开启，延室小叙。此为初识，迄今亦仅此面晤。先生坐拥书城，潜心阅读与写作，时常见先生有文刊于《海上文坛》，知先生勤奋也。先生正处初老期，精神甚佳，风度翩翩，了无架子，平易近人，令我拘束之感顿消。别时先生嘱我有空不妨去聊聊，惜我忙于俗务，后又失先生居址，竟未再去拜访。在先生看来借书事实小，或早已忘却，而我却常记于心间，每见报载先生消息，均为之欣。

四、学　　长

徐志仁高我二届，是我学长。六十年代初在校时因诗结缘，处当年环境均觉得诗无达诂，自作骋情，亦可引来麻烦，相约多法译国外诗篇以抒怀。学长多译普希金诗，我时初习法语，学得尚浅，仅译泰戈尔《新月集》中若干短句，请其改正，自改之处多得益。1961 年学长毕业后先供职沪上纺工院，后去《北京周报》，1980 年左右返沪入电影译制厂。学长为协会会员，初期还为理事。1988 年我申请入会时需有两位会员作介绍，乃请学友张以群教授作其一，托其请学长作另一，因时不知学长联系方式，又恐岁久谊疏，故此，学长欣然允诺。1992 年学长亦为市外办聘作法语学科组成员，由此重聚，常相交往。学长语音纯正，口语流利，口试申报口译高职者，我等常推其作主考官。法国影星阿兰·德龙访华时，即学长作译员，颇获好评。学长所译影片《佐罗》、《黑郁金香》等，亦多获翻译奖。学长私告其较满意者，为《交际花盛衰记》。1993 年我请学长为科技翻译学会法语同仁介绍影片译制经验，学长诚告译剧本不难，难在所译对白须符合人物性格与实时场景，须与口型匹配。我译电影脚本时常请教电影术语，学长每见问即答，令我钦佩。学长之中译法水平亦高，读其所译，全无中国腔，似法人所书。学长道我等在校所习为过时法语，语言随着时代演变，译者须学现时活语言。不出国门，其法为多听时兴话剧录音，收集法境内各类广告。某日示我所集众多香水化妆品广告及幼儿园会议通知，自信所知较国内化妆品专业人士为多，至法执教非如冬烘先生。

1999 年初学长赴法探亲，告居半年即返；12 月依例寄去贺卡，下旬市外办评审时未见其人，学友束景哲教授告学长于数月前病逝。学长抵法即感胃疼，急返沪上，医诊为晚期恶疾，学长不愿累人，嘱家中勿告友人，束教授后见译制厂发至母校讣告方悉，未能送行友待我学长，痛哉。

1997 年初在学长居闲语在校旧事，学长极其缅怀，赠我其与顾梅圣先生合译加缪《大鼠疫》，信手题词云：A Monsieur HU Zongtai, mon grand ami poète dont le regard profond et le sourire spirituel éveillent en moi un flot de souvenirs lointains, souvenirs de jeunesse empreints de parfum livresque et de candeur étudiante ...(拙译：赠胡宗泰先生，我之诗人好友，其深邃目光与睿智微笑唤起我一阵遥远回忆，青春时期捎有馥郁书香与纯真学长之回忆……)后每读此书或偶过其太仓路居，均“憾遗物而怀故，俯惆怅以伤情”。

2003 年见《文汇报》载唐家龙先生纪念志仁学长文，誉其为翻译界的多面手，学长当之无愧也。

胡宗泰，1940 年生，1963 年毕业于上海外国语学院西语系法语专业。译审，中国资深翻译家。一生服务于科技界，任单位信息规划室主任，专业杂志主编。曾获国家科委全国科技信息系统先进个人奖，2014 年获上海科技翻译学会科技翻译突出贡献奖。业余从事文学翻译，译有《现代绘画十人》、《阿道尔夫》、《地心游记》、《茶花女》、《巴黎圣母院》，及《谈诗》、《我相信，因为这是真理》等小说、散文及一些文学评论。

遥想当年入译协

黄禄善

年岁增大，许多往事渐渐淡忘。但也有一些往事，仿佛已经在大脑生根，挥之不去，其中就包括20多年前如何加入上海翻译家协会。

记得那是1994年，我刚从加拿大归国，又从江西人才引进到上海，正踌躇满志，想大干一场。在安排好自己在上海大学的日常教学活动后，即挥戈跃马，杀向社会。自然，我做的第一件事就是将我的中国作家协会江西分会的会籍转移到上海市分会，也即现在的上海市作协。上海市作协的办公地设在巨鹿路675号。那是近代著名实业家刘吉生的花园故居，庭园内一切按照希腊神话中的爱神丘比特和普绪赫的故事设计，人称爱神花园。当我走进爱神花园，绕过象征着整个庭园灵魂的普绪赫喷泉时，不由得心潮起伏，热血澎湃。这里是上海标志性的文学活动中心，多少著名作家曾在此处举行文学论坛和培训讲座。我自小就有作家梦，但生不逢时，中学毕业即遇上了毁灭作家的“文化大革命”，而后来的知青生涯又不容许自己不识时务地踏上写作这条“不归路”。改革开放后，我凭着中学时代的学习功底考上了江西师范学院上饶分院，成了恢复高考后的第一批文科大学生。在当时，学习外语是校园的一种时尚。而我也曾因为参加过上海外国语学院知青英语函授教育成为众人艳羡的对象。如此氛围很容易将我推上文学翻译之路。读书期间，为填补班刊《青春》的版面，我尝试将原版教材《精粹英语》里的一个故事译成汉语。毕业留校后，又尝试在上饶市文联季刊《信江》发表了两个短篇译作。1985 年初，江西省文联《星火》编辑部的涂吉安通知我，该刊决定分三期连载我和另一位同事翻译的美国中篇小说《陷阱》。此后，我的翻译目标又从中篇转到长篇，先后在湖南文艺出版社、春风文艺出版社、译林出版社翻译出版了美国长篇小说《荒岛剑鸣》、《生死仇敌》和《墓掘》，后者还获得《译林》优秀长篇小说二等奖。正是凭着这些“业绩”，我被上饶市文联推荐加入中国作家协会江西分会。按照当时规定，江西省作协和上海市作协都属于中国作协的分支机构，其会员关系可以根据需要互相转隶。

怀着这样的思绪，我走过普绪赫喷泉，进了意大利建筑风格的主楼。上海市作协创联部于建民接待了我。他一边热情地为我办转会手续，一边介绍上海文学创作的现状。当然，巴金、周而复、茹志鹃、艾明之、傅雷、胡万春没少说，《上海文学》、《收获》、《萌芽》也没少提。整个上海市作协分小说、散文、诗歌、评论、儿童文学、古典文学、外国文学等专业组，其中外国文学组会员人数相对较少。听着，听着，我突然想到了什么，不免在激动之余也开始为自己在上海市作协的边缘化地位感到有些失落。哎，要是有这么一个机构，既有上海市作协的类似声誉，又能以翻译为主要活动，那就好了。

出了上海市作协创联部，脑海里还在想着有没有一个这样的机构。正当此时，一样东西引起了我的注意。那是一块白晃晃的招牌，挂在离普绪赫喷泉不远的一幢楼房门前，上面写着“上海翻译家协会”几个大字。仿佛像触电似的，我一下子愣住了，过了一会儿，双脚竟鬼使神差般向楼梯走去。

只见那幢楼房的门敞开着。一个瘦削的中年男子，戴着鸭舌帽，正忙碌地整理资料，见有人来了，连忙直起腰，热情地招呼我坐下，又倒了一杯茶水，放到我的面前。我赶紧自我介绍说是到上海市作协办转会手续的，见有上海翻译家协会这么一个机构，很感兴趣，顺便来看看。他也随即介绍自己名叫邵正如，是上海翻译家协会的专职副秘书长。接着，他顾不上已接近午饭时间，拿起一本本小册子，向我介绍上海翻译家协会的昨天和今天。原来上海向来是文学翻译家的聚居地，曾经占据了全国文学翻译的半壁江山。改革开放后，随着僵化思想禁锢的打破，以及社会上渐渐兴起的外国文学热，草婴等一批职业翻译家便向当时的上海市领导建言，发起成立了这个组织。协会于1986年成立，到1994年，已有几百名会员。同上海市作协一样，它是上海市文联的一个机构，有专职工作人员和固定的财政拨款。事实上，有许多上海翻译家协会会员同时也是上海市作协的会员。

啊，这不正是我此时十分向往的一个机构吗？于是，我连忙问能不能参加。邵秘书长回答说当然可以，不过要先填份申请表，待年底理事会讨论通过后，就可以成为协会的会员，参加协会的活动了。说着，他从案头一大堆资料中抽出一张会员申请表，递给了我。我喜滋滋地接过表格，连声道谢，出了房门。

我很快填好表，寄给了邵秘书长。过了几个月，邵秘书长通知我，理事会已经批准了我的入会申请，我已经是上海翻译家协会的会员了，可择日前去办理会员证。我再次走进爱神花园那幢楼房，邵秘书长同我进行了一番长谈，主要是介绍上海翻译家协会的各项活动，期盼我担当起一个中年翻译家的责任，为协会献策献力。我连声应允，而且这也的确出自我的肺腑，因为此时在我的心中，上海翻译家协会的地位早已超越上海市作协，是教学之余真正驰骋的疆场了。

时光荏苒，邵秘书长换了吴秘书长，接着又换了赵秘书长、梁秘书长。但我当年的承诺始终没有变。尽管教学和科研工作变得十分繁忙，我还是抽出时间翻译了 10 部美英长篇小说，主编了数套大、中、小型外国文学丛书。只要我一有空，就会去参加协会的对口活动，并积极地发现、介绍同仁入会。当然，上海翻译家协会当中，像我这样的老会员不乏其人。我想，今天上海翻译家协会的鲜花之所以开得如此灿烂，无疑也离不开历任秘书长及其工作人员的辛勤汗水。

黄禄善，1949 年生，上海大学外国语学院英语系教授，英国皇家特许语言家学会荣誉院士。主要从事英美文学教学、研究和翻译。先后在人民文学出版社等多家出版社翻译出版英美长篇小说 10 部，其中由译林出版社出版的《墓掘》和《绿色贝雷帽》分别荣获《译林》优秀长篇小说二等奖和三等奖，由湖南文艺出版社出版的《荒岛剑鸣》荣获江西省译协首届优秀翻译奖。另为长江文艺出版社、上海文化出版社、百家出版社主编大、中、小型外国文学丛书 7 套，近 200 册。

译协——我的良师益友

罗明威

与上海翻译家协会的缘分，还得从头说起。由于所学的英语专业和教师职业关系，还有本人爱好外国文学笔译，从大学毕业后一直勤于笔耕，陆续有了一些翻译作品的积累，早在1987年就加入了江西省翻译工作者协会。1992年工作调动回到故乡上海后，通过资深翻译家荣如德和另一位老师的介绍，于1995年6月正式加入上海翻译家协会。上海作为中国翻译界半壁江山的重要阵地，高手林立，译界大家数不胜数，我这样的无名小卒能“混迹其中”，当然是诚惶诚恐，深感荣幸！至少可以有更多的机会近距离接触我景仰的名师，译协举办的各类活动，都是我学习的好机会，我定能受益匪浅。

我加入译协之时会长还是草婴先生，当时人手少，许多事情都是他老先生亲力亲为，所以我有幸由草婴先生亲自颁发会员证。记得我们约定了时间后，我找到他在徐汇区的那幢老式花园洋房，按响门铃后，和气的草婴先生的夫人盛女士来为我开门。在那间书房里，阳光暖暖地透过窗棂，照射在写字台和一堆堆的字典、书稿上。就是在这样的环境中，一部部璀璨夺目、深受中国读者喜爱的翻译巨著，通过草婴先生的泣血之手和如椽巨笔，流芳百世……我不禁肃然起敬。草婴先生端坐在一把旧藤椅上，脸上挂着慈祥的笑容，说话轻言细语——这就是如雷贯耳的译界泰斗、把俄罗斯文学之父托尔斯泰等大师的作品介绍到中国的草婴老师？面前的他那么平易近人、亲切得简直像个邻家老伯伯啊！在随意交谈中，草婴先生一面把会员证（第425号）交给我，还一面略带歉意地解释道：由于近期事情忙（我知道，一则因为译书任务和译协工作忙，二则因为他丧女之痛尚未恢复），对于我的入会申请审批耽误了一段时间。我连忙摇手说：非常理解，不必介意。后来隔了一段时间，我第一次参加译协活动时，草婴先生居然还记得我这个无名之辈，主动走过来跟我握手寒暄……草婴先生的宅心仁厚和谦虚态度，给我留下了深刻的印象，使我认识到：越是年高德劭、修养高深之人，待人接物就越没有架子。我们的译协有了这样的领路人，肯定能营造团结、和谐、宽松的氛围，事业必然蒸蒸日上！欣闻草婴先生最近荣获“上海市文学艺术终身成就奖”，那的确是众望所归啊！

上海翻译家协会拥有众多的良师，也拥有许多益友。我们上一届的秘书长赵芸老师，就是其中的一位。她为了译协的日常工作、对外交流和协会的发展壮大，和其他驻会工作人员、专家一起，投入了大量的精力和心血，把会刊《上海翻译家》以及《东方翻译》杂志办得有声有色。每年组织一些外出参观、考察、采风等活动，赵老师和其他工作人员都忙前忙后，精心策划，安排乘车、随行摄影、导游等事务。我印象比较深的是某年译协组织去芦潮港滴水湖和大小洋山港参观的活动。当时临港开发区和东海大桥建成后不久，译协就及时组织了那次考察，让我和其他的同志身临其境，感受到上海改革开放的大手笔和国家建设的新面貌，同时也体会到译协对我们会员的关心和贴心服务……赵芸老师对人客气、热情、助人为乐。当她得知我有一部书稿愁于找不到出版单位时，便主动帮助我联系到译文出版社的张建平老师。张老师了解到我现有的译稿为美国著名惊悚小说作家詹姆斯·帕特森的《午夜俱乐部》，并非在他们出版社的选题内时，便主动给我这个无名小卒抛来了“绣球”：“如果你对詹姆斯·帕特森的作品有兴趣，我们正好购买了他另一个系列惊悚小说《女子谋杀俱乐部》的版权，也正要找人翻译。你不妨试试看?”我接过精装本的原著一看标题：*The Second Changce*（《二次机会》），是三部曲中的第二部。没想到失之东隅，收之桑榆……我心存感激，欣然应允。在教学工作之余，我挑灯夜战，艰苦奋斗了将近半年，终于如期完成了译稿。《二次机会》在 2005 年 9 月由上海译文出版社发行，首印 1.5 万册，属于我此生的主要译作之一，也是“译路同行”的足迹见证。我要借此机会，对曾经提供帮助的赵芸老师和张建平老师，表示诚挚的感谢!

每年的寒冬腊月岁末之际，译协总要举办一场新春联欢会，使会员们有一个大团聚的机会，也是加深友谊的桥梁。我把它看作“回娘家”，基本上每次都参加。不论是在文艺会堂还是借用长宁区图书馆的会场，来自全市四面八方的会员济济一堂。大家清茶一杯，促膝谈心，听领导发言，观看表演节目，参与幸运大抽奖，高潮迭起……欢声笑语充满了整个会场，不亦乐乎！这是我们一年中最放松的日子，最开心的聚会！其中最有意思的，是我们会员自告奋勇、自娱自乐的即兴表演——不论是五音不全而本人又十分投入的表演，还是具有一定水准的节目，均会得到观众热烈的掌声和会意的欢笑。不管是中文、英文、俄文等的歌曲或者朗诵，都是语言和着美好的韵律在心灵里流淌……给我们印象最深的要数吴劳老先生，几乎每次联欢会他都要上台唱英文歌。别看他当时走路都有点不灵便，嗓子也不算好，但一上台表演就认认真真拉开喉咙。一曲终了，还要来第二首、第三首……逗得大家开怀大笑，活脱脱的一个“老顽童”和热爱集体的“老积极分子”形象！可惜吴劳老先生已经驾鹤西去，让我们永远铭记他对于上海翻译事业的贡献和“老有所乐”的豁达乐观精神！在历次大联欢的盛宴中，我自己也尽了绵薄之力，数次表演过独唱节目，得到大家的掌声鼓励。不管怎么说，亦算是为译协的活动增光添彩、助乐凑兴之举吧。我把译协看作一个大家庭，众人拾柴火焰高，我也乐此不疲。

在前不久，我应邀参加了上海翻译家协会第六次会员代表大会，会上选举产生了新一届的理事会，这又是上海翻译界发展前进的里程碑。长江后浪推前浪，一代新人超旧人。我们高兴地看到：五〇后、六〇后，乃至七〇后的后起之秀正在逐步挑起上海翻译界的重担，新老交替是大势所趋，改变了过去上海翻译界“白发苍苍”的老化状况。翻译事业后继有人，发展前进的后劲很足，我们对此充满了信心，目睹文艺百花齐放，深感文学翻译的春天正在来临。译路同行，前程似锦。

罗明威，1949年生，上海翻译家协会会员。从事英美文学作品的翻译，主要译著有《二次机会》、《黑色夜晚》、《逃，毁灭的航程》、《海盗法庭》、《木乃伊之谜》等。

彩虹梦忆

潘庆舲

独怜盲族望星空，
我欲梦圆勤笔耕。
但愿彩虹长相随，
移译绝唱济苍生。[①]

现如今，有许多人，一谈到名山大川、古都轶闻，乃至异国风情、海外奇谈，都可以口若悬河，滔滔不绝，大有不能收拢之势。可一旦被问到自己生于斯、长于斯的市镇的地域历史和现状，就会有点茫然，有点卡壳，说不上几句话，谈不出所以然来。

针对上述的认知缺憾，上海翻译家协会一直坚持组织会员进行本地采风、深入生活活动。这种活动，也可称为field work(田野考察)。我参加后常感到获益匪浅。特别是有幸参加市文联组织到皖南新四军抗日革命根据地学习考察，无数先烈的动人事迹深深地教育了我，勿忘国耻，发愤图强，要为中华民族伟大复兴略尽绵薄。

记得有一次，我随协会采风团实地考察浦东新区南汇的一些古

上海文艺家皖南行

迹。不消说，此行使我对上海固有的历史文化底蕴加深了感性认识。比方说，观赏鲜花港时，给我的印象特别深刻，可谓感慨万千。这是一个特大型的花木场圃，既发扬了祖国花卉栽培的优良传统，展现了千姿百态的花卉文化，又与当代高新科技紧密结合，实施成功的商业运作。参观以后，我强烈感受到我国社会经济建设的快速腾跃、方今盛世蓬勃的文化脉动。置身于高歌猛进的智能化互联网时代，文学艺术家岂能整日价枯坐在象牙塔里、故纸堆中？高尔基说得好，若不接触现实生活，难免就会产生保守、落后理念。如今，我走出书斋，徜徉于鲜花的海洋，汲取生活的滋养，经受时代的洗礼——敢情

① “文学翻译家是——连接人与人心灵和友谊的彩虹。”我觉得所言甚当，乃口占一绝，或恐纯属凑趣，不值一哂。

好啊！

当今，有人说文学已被边缘化了，诚然，文学翻译也是文学再创作，自然概莫能外，说不定更边缘化了。我却不以为然。毕竟西谚说得好："人活着不是仅仅靠面包。"说到底，包括文学经典在内的精神食粮——乃是圆颅方趾断断乎少不得的。明摆着好的外国文学经典及其匹配的译作，普天下男男女女都爱不忍释，你说，可不是！不久前，我国一位著名作家还这样动情地说过："作为写作者和读者，我被国外优秀的文学作品打动时，会首先想感谢文学翻译家。没有他们奉献的智慧，很多读者将会是璀璨的文学星空下的盲人。文学翻译家是——连接人与人心灵和友谊的彩虹。"更不用说，文学翻译——一直被比喻成为人类偷来火种的普罗米修斯，不论在我国现代启蒙、革命、建设过程中，还是随着中国的崛起，要在国际上扩大话语权，作出更大担当，显然要继续起到不可取代的重大作用。而上海的文学翻译，素有全国"半壁江山"之称。我以为，在市场经济大潮下，在外界物质诱惑下，在缺失公平合理的社会现象下，我们文学翻译者仍要一如既往，坚持真理，执著追求，切不可意志消沉、无所作为。令我感到惊喜的是，我发现不少有志于文学翻译的青年才俊，他们有的跃跃欲试，有的已经不辱使命，异军突起。更令我感到欣喜的是，多年以来，上海译协从赵芸到梁珺霞、陈磊、陆建芳这个团队，小虽小，但是他们满腔热忱，忘我工作，而且还高瞻远瞩，慧眼识珠，有重点地组织、扶持那些后起之秀，参加各种国内外学术交流活动，从实践中增长才干，使上海文学翻译事业得以欣欣向荣，薪火相传。由此，我可以预言，在未来上海文学艺术事业的大发展大繁荣中，文学翻译不但不会缺位，而且一定会更加辉煌。这——就是我耄耋译匠对于上海译协、对于上海文学翻译事业、对于众多青年才俊寄予的厚望。

潘庆舲，1930年生，上海社会科学院文学研究所教授，译审。中国资深翻译家，中国作家协会会员，上世纪五十年代起致力于东西方文学研究与翻译。主要译作有《大街》、《巴比特》、《嘉莉妹妹》、《珍妮姑娘》、《美国悲剧》、《金融家》、《瓦尔登湖》、《哈克贝利·费恩历险记》、《鲁达基诗选》、《史诗列王纪选译》、《赫达雅特小说集》、《魔幻山庄》、《波斯短篇小说集》等，专著有《郁金香集》、《波斯诗圣菲尔多西》、《乌浒水悠悠》等约30种。建国后率先译介波斯文学，“有开创之功”（季羡林先生评语），2000年获伊朗哈塔米总统亲授伊中学术文化交流“杰出学者奖”。

祝贺译协三十年

任溶溶

上海向来是我国的文化重地，翻译人才辈出，连大作家，如鲁迅、巴金等也为翻译工作做出过重大贡献。我们的翻译老前辈有伍光建、傅雷、曹靖华、李青崖、董秋斯、傅东华、罗稷南、姜椿芳等等。我年轻时爱读翻译小说，我对他们真是感激不尽。

解放后不久，上海就曾成立翻译工作者协会，会长是董秋斯，副会长是刘思慕、冯宾符等，出版了《翻译》杂志。后来这几位前辈去了北京，这个会由姜椿芳继任会长，过了不久，姜椿芳也去了北京，同时华东作协成立，许多译协同志参加进去，原来的译协也就无形中解散了。

1986年，在草婴同志的倡导下，上海又成立了我们现在这个上海翻译家协会。三十年来，在历届会长和负责同志的努力下，协会做了许多极好的实事，成绩是极大的。它不但团结了上海各界翻译工作者，而且让各语种的同志自行组织起来钻研自己语种的翻译问题。我们协会和有关方面合作出版《东方翻译》杂志，发表了许多有价值的文章，讨论了翻译问题，也研究了我国的翻译史。我们协会举办形式多样的活动，还关心青年翻译工作者，举办过好多次翻译竞赛，请老翻译家指出他们的优点和不足之处。这都是协会多年来的成绩，相信以后成绩会越来越大。

我这一代翻译工作者年事高了，寄希望于后来人。我们翻译工作者的任务是非常艰巨的。世界上有许多经典作品，还有新的好作品不断涌现，它们都需要翻译过来，这正是我们翻译工作者的任务。

拜托大家了！

任溶溶，原名任以奇，1923 年生，上海译文出版社编审，上海翻译家协会原副会长，中国资深翻译家，儿童文学作家。从上世纪四十年代起开始从事俄、英语翻译，主要翻译外国儿童文学作品。主要译著有《古丽雅的道路》、《铁木儿和他的队伍》、《安徒生童话全集》、《木偶奇遇记》、《长袜子皮皮三部曲》、《铁路边的孩子们》、《洋葱头历险记》等。

我在翻译家协会工作的日子里

——为上海翻译家协会成立 30 周年而作

邵正如

一转眼上海翻译家协会成立 30 周年了。我作为一个在译协工作多年的老同志，感触颇深。也想借此机会谈谈自己对译协的感情、同译协的交往及其体会。

我从市委宣传部党校调进译协是 1991 年，那时协会的办公条件很简陋：两张旧桌子，一个旧铁柜，坐落在巨鹿路 675 号小楼晒台上的小屋里。很长一段时间，协会工作人员也只有我一个人。协会的活动经费一年只有几千元。然而协会的活动，还是经常不断。记得 1992 年 10 月的第一届金秋诗会，就是由冯春、张秋红、吴钧陶、钱春绮、郑体武等翻译家，会同作家协会诗歌组的诗人，在作协大厅举行的。那时翻译家们可以自由上台朗诵外文诗歌或自己翻译的外国诗文，也可自由演唱外国歌曲或即兴演讲。虽然那时缺少活动经费，但是诗会还是搞得很红火、很成功。大家认为这样的交流形式很好，要继续办下去，于是我们决定每年举办一次金秋诗会。这样年复一年，最终形成了今天协会活动的品牌之一。

1986年3月15日，上海翻译家协会召开成立大会

在译协，我跟翻译家打交道10多年，做着服务、协调和联络工作，使我对文学翻译家和文学翻译这一艺术门类有了近距离的接触和了解。翻译家成了我的好朋友、好老师，我对他们是十分敬重的。

上海翻译家协会正式成立是在1986年。这是全国唯一隶属于文联，由文学翻译家组成的市级协会。当时注册会员只有278人，在文联我们是小协会，然而这里荟萃了我国文学翻译界的精英。

选择在上海成立翻译家协会，是因为上海历来是我国文学翻译的重要阵地。从“五四时期”起，许多文学译本就多出自上海。在上海，鲁迅和茅盾率先主编了全国第一个纯文学刊物《译文》杂志，巴金又主编了第一套世界文学名著的译文丛书。

解放后上海的文学翻译有全国半壁江山之称，译坛上拥有像傅雷、草婴、满涛、李俍民、叶水夫、包文棣、孙大雨、朱雯、吴岩等一批名家。

译协成立那天，市委领导在成立大会上讲了话：希望上海的文学翻译走在全国前头，出一流作品、一流翻译家，翻译家要为精神文明建设做出更大贡献，并开创一代新风。

我们的翻译家没有辜负党的期望，虽然那时面临市场经济商品大潮的冲击，翻译的稿费很低，然而翻译家们没有把钱看得很重，仍扎扎实实、勤勤恳恳、孜孜不倦，默默耕耘在文学翻译这块土地上。

我们知道文学翻译是艺术门类中的一个分支，是形象翻译，是一种艺术性的再创造，有点像演奏家、歌唱家、导演。从功能上说文学翻译又是一种特殊桥梁。通过文学翻译，不同语言的民族间不仅相互了解生活，交流文化，而且在精神上缩短了距离，心灵上互相沟通。从这个意义上说文学翻译又是一种心灵的桥梁。

所以我觉得要成为一个翻译家真的不容易，不仅需要精通外语，还需要扎实的中文根底，进行再创作，就好像戴着镣铐在跳舞。据笔者所知，著名作家萧乾在翻译完《尤利西斯》这部长篇小说后说：翻译这本书要比写几部长篇小说难。翻译家草婴花了近 20 年才译完《托尔斯泰小说全集》，计 400 万字。仅上述两例就足以说明文学翻译的艰辛。

我们的翻译家也有他们的座右铭来激励自己。在这里我仅举其中几个例子，如老翻译家吴钧陶的“纸囚一世，夕照纸云”，吴老把自己比作纸的囚徒，他说他不想下海，说这不是他的追求，他要努力追求人格上的真善美。再如郭振宗的“枯木逢春，大展宏图”的夙愿。

郭振宗笔名叫冯春，起自“文革”后，意为枯木逢春。正是这谐音，表达了他“文革”后遇到春天的喜悦心情，志在这大好的春天里，大展宏图，实现自己的美好理想。又如薛范的“为伊消得人憔悴，衣带渐宽终不悔”的心声。薛老师专门从事外国歌曲翻译，这一少有人涉足的领域，60多年来的奋斗，取得了举世瞩目的成果……

在译协10多年，我看到了翻译家的翻译成果层出不穷。许多外国文学名著经由我们的名家翻译，受到广大读者的欢迎：《安娜·卡列尼娜》、《复活》、《战争与和平》、《红与黑》、《简·爱》、《乱世佳人》、《斯佳丽》等，其销量都达百万册以上。那时我们和上海图书馆搞了几次签名售书活动，读者们排着长队等待着签名的情景还历历在目，我还照了相，很受感动。

协会的翻译家们陆续翻译出版了一系列外国文学的精品和全集："世界文学名著珍藏本"、草婴的《托尔斯泰小说全集》、冯春的《普希金文集》十卷本、方平新编的《莎士比亚全集》、吴钧陶新编的《马克·吐温全集》、薛范的50年翻译歌曲精选，还有《海明威文集》、《莱蒙托夫文集》、《奥斯丁文集》等。

我们这些翻译家不仅向读者提供了丰富的精神食粮，在国际国内也获得过很高的荣誉，我在协会工作的时候就有好多翻译家得奖——草婴获高尔基文学奖、薛范获俄罗斯联邦政府授予的友谊勋章、叶治获美国哥伦比亚大学授予的瓦尔德奖、林秀清获法国文化部颁发的外国文学作品翻译奖，还有一批又一批翻译家进入中国资深翻译家行列等，这里我就不一一列举了。

以上我说的是我2004年退休以前的事，现在协会的各个方面就大不一样了，发展更快了。

我到协会工作时是40多岁的中年人，协会翻译家的年龄结构60岁以上的要占一半以上，我算“小青年”，翻译家们一直叫我小邵，到现在我已进入古稀之年，70多岁了，还叫我小邵。说真的，我还真愿意做小邵一直做下去！

在华师大念中文的时候，王智量老师是我的论文指导老师，我也算是攻外国文学的，也想学业完成后写些什么，来回报老师们对我的培养和指点。后来到翻译家协会，整天忙于联络、协调、服务，荒废了自己的专业，不觉有些失望。然而仔细想来，这些年来我在协会的付出还是值得的，应该说这是我人生中一段很重要又很有意义的历程。能为我敬重的翻译家服务，我感到很开心，不仅如此，还有些自豪了。

现在译协要满30周岁了，随着改革开放的发展深入，对外文化交流的开展，我看着协会发展壮大，队伍年轻化了，还有了自己的杂志《东方翻译》，连主席团也年轻了好多！

这些年来我看到文学翻译在促进国内外文化交流中的地位越来越重要。我们党对文学翻译的地位作用也越来越重视。在译协成立30周年之际，衷心祝愿我们的文学翻译队伍不断壮大，我们的文学翻译事业更加繁荣昌盛！

邵正如，1944年生，原上海翻译家协会主持工作常务副秘书长。现为中国管理科学研究会、中国亚太经济发展研究中心、中国企业文化促进会特邀研究员，中国纪实文学研究会会员，中国作家交流协会会员，中国评论月刊特邀评论员。

梦醒之后

王亨良

“金秋诗会”是上海译协的一个活动品牌，从1992年开始至今已走过了23个年头，其在国内文学翻译界的影响不言而喻。我是在2013年回国服务后才参加该项活动的。那是在长宁区图书馆的演讲大厅，演讲台两边的电子屏幕上写着第22届诗会的主题“梦”，当一位女高音歌唱家在钢琴的伴奏下演唱起著名翻译家薛范先生译配的新作——19世纪法国诗人毕寓辛的《梦醒之后》时，我的心猛然一抖，又想起了尘封在记忆深处的一段往事……

我的青少年时期是在“文革”浩劫中度过的，由于小学时曾在区少年宫受过歌唱的训练，一到中学就被编入了毛泽东思想宣传小分队，经常去参加一些文艺演出。一个星期日的早晨，我在住处附近的淮海公园里吊嗓子，发现身旁梧桐树下有本破书，捡起一看原来是本“文革”前出版的《外国民歌500首》。众所周知，在那个年代凡是外国歌曲，除了《国际歌》以外，基本上都被划为资产阶级情调的范畴，根本得不到演唱和传播的机会。可能是越被禁止的东西，就越会激起好奇的缘故吧，回到家里我翻阅了起来，当读到《莫斯科郊外的晚上》

时，那美丽夜色中荡漾着青春爱情的歌词一下子把我给吸引住了，我迫不及待地按着上面的谱子试着学唱起来：

> 深夜花园里四处静悄悄/只有树叶在沙沙响/夜色多么好/令人心神往/多么迷人的晚上……

由于当时社会上盛行的歌曲，内容上千篇一律都是变相的政治口号，与其相配的曲调也大都是高昂激进的样式，现在突然接触到了情景交融、富有诗意的歌词与极其婉转抒情的旋律，就好比发现了一个新的文学与音乐的世界。是谁把这么美妙的歌曲翻译介绍进来的呢？我留意了一下书上写着的翻译家名字——薛范。我天真地猜想着，这位翻译家每天沐浴的阳光、呼吸的空气，一定和我们普通人不一样，要不怎么会去发现这首歌，怎么又会把它译得如此美丽？景色美、语言美，当然更重要的是，还让我这个十五岁的少年朦朦胧胧地似乎感觉到了一种爱情的美……既然是美的歌曲，就应该让大家一起来分享。于是我就邀请了小分队几个同学到家里来，一起学唱起了这首《莫斯科郊外的晚上》。

可是不到三天，由于有人告密，我被请进了校革委会的办公室。工宣队队长用一种十分严厉的口吻告诉我："你组织大家唱黄色歌曲，现在学校要对你们几个进行审查！"我一听罪名是唱黄色歌曲，知道他指的就是那首《莫斯科郊外的晚上》。"这首歌是黄色歌曲吗？"我壮了壮胆子问他，希望他不要这样认为。因为在我的眼里，思想黄色要比思想反动更可怕。"是的。歌词里不是写着吗？你仔细想想！"我又一遍回味起了歌词的内容——

我的心上人坐在我身旁/悄悄看着我不声响/我愿对你讲/不知怎样讲/多少话儿留在心上/长夜快过去天色蒙蒙亮/衷心祝福你好姑娘/但愿从今后/你我永不忘/莫斯科郊外的晚上。

我马上明白了他的意思，原来爱情就是黄色。几天前还沉浸在对爱情朦胧憧憬中的我，在工宣队队长的教育下，开始有了一种负罪感。这种认识，现在看起来似乎是愚昧无知到了极点，但在当时还是被人普遍接受。第二天，我把那本捡来的《外国民歌500首》交给了学校，并当众销毁。这首歌是薛范翻译介绍进来的，是他害了我们。我糊里糊涂地想着，竭力想把这位“每天沐浴的阳光，呼吸的空气”都和我们不一样的翻译家的名字忘掉……

……

唉！唉！可惜好梦被惊散/我呼唤你，黑夜呀，我宁可受你的哄骗/回来吧回来，美丽的梦幻/回来吧，哦，难以言喻的夜晚！

女高音的演唱越发深情，一个“啊——”的花腔吊高处理，把毕寓辛的《梦醒之后》推向了歌曲的高潮，与会者都不约而同地鼓起掌来，薛范先生也频频向大家致意。此刻，我仰望着这位中国最负盛名的译配专家，对他不由产生了一种发自内心的敬意，他在“文革”中受的磨难一定不少，但很快就能从噩梦中走出，仍然在为自己所钟爱的外国歌曲翻译而执着地工作着。在这首《梦醒之后》的新歌中——“回来吧回来，美丽的梦幻/回来吧，哦，难以言喻的夜晚!”——他把诗人对梦的感觉译得如此美妙动人。而我，一个不曾坚定的他的崇拜者，这小小的挫折带来的阴影却时常挥之不去，相比之下实在太渺小了。梦醒之后，我们应该做些什么？薛范正不断地用他新的翻译作品告诉我、告诉我们，作为一个诗歌翻译家所应有的思想和艺术境界!

王亨良，1956年生，日本明星大学教育学博士。教育部高教司日语教育专家、上海翻译家协会会员、上海市作家协会会员。曾长期任教于明星大学教育系、日本文化系，现为宁波大红鹰学院外语系日语专业教授。1980年开始发表文学作品与译作，作品被收入百余种集子与教材，2000年7月被文化部文化艺术人才中心、中国文联艺术指导委员会等联合授予“世界华人杰出艺术家”荣誉称号。近年来主要出版有译诗集《近代日本儿童自创诗作选译》、《日本古典短歌精品100首》；原创童诗集《月亮送我一部诗集》、《雨怎么会是甜的》、《雨娃娃》等。

感受关注

王志冲

草婴先生曾任上海翻译家协会会长，我是会员。由于我重残，行动不便，难得见面，但对他印象不浅，并一再感受到他的关注。

三十年前，上海译协成立。因为通过自学，此时已翻译出版了几本书，我侥幸地被吸收入会。和现在比，当年行动还算方便，可摇着异模怪样的残疾车外出。

这天，文艺会堂内人头攒动，喜气洋洋，翻译家们中间，有许多教授学者、名人大家，可我几乎都不认识。他们全围坐在一张张圆桌旁，我则并未下车，而是缓缓地将车摇到后面靠墙处停稳，就倚坐在车座上。充满钦佩和羡慕的目光，不由自主地，远远地，总是随着草婴先生转，只因知道他早年也是自学的，真想也近前看看，表示敬意，并请教一番。不过，此时见跟他招呼、找他说话的人很多，自己“驱车”过去，得绕过几张圆桌，恐怕会妨害别人，不可不可。

到了祝酒时，我端着一杯葡萄酒，正不知如何是好，草婴先生已经来到面前，和我碰杯。当时，我们互相说了些什么，记不清了。总之是寥寥数语，一个鼓励，一个感谢。至今回想起这一幕，心中仍暖流涌动。

九十年代又有一件相关的事情。东方电视台的《迎着阳光》节目组要以20分钟时间介绍我的情况。偏偏我这个人一天天地或坐或卧，读读写写，表情凝重，动作简单。他们不惜花费大量时间，跟踪拍摄。我和妻子、女儿女婿偶尔去附近的中山公园，他们追来。30多岁的女儿不脱孩子气，人家扛着大摄像机拍我，她却用小照相机拍他们。得悉我去黄浦区少年宫，在队长学校结业典礼上，与全市各中小学的少先队优秀干部及正在开展“雏鹰行动”的孩子们见面，他们又赶到现场。还是嫌内容单薄吧，节目组特地前往草婴先生家中，摄下他的丰采，请他谈话。他欣然发表看法：“王志冲同志……用自己的具体事例说明，一个人即使有严重的残疾，还是能为人民作出不少的贡献。”这番话，对于节目，恰似画龙点睛，而对于身为晚辈的我，是激励与鞭策。

是的，草婴先生比我大十多岁，几乎差了一辈。他的深厚学养、丰富经验，尤其是高贵品格，都值得我认真学习。

比如，数十年中，他译过许多作家的大量作品，而倾注心力最多的是两位文学大师——托尔斯泰和肖洛霍夫的重要著作。我一开始，只敢碰儿童文学和民间文学（总以为这些比较容易译，其实是误解），后来才逐渐把注意力集中到两个领域：一个是奥斯特洛夫斯基的长篇小说《钢铁是怎样炼成的》及其他相关著作，包括不久前由东方出版社出版的《尼古拉·奥斯特洛夫斯基书信集》；另一个是俄罗斯当代数一数二的科幻小说家季尔·布雷乔夫的重要作品，尤其是以未来世界小女孩阿丽萨为主人公的少儿科幻著作。如此，我的精力才不至于分散，翻译才不至于过分杂乱。

草婴先生有个特点，是翻译和研究相结合。我虽然写过一本《还你一个真实的保尔——尼·奥斯特洛夫斯基评传》，但以研究的角度来看，实在还浅陋得很。一定得继续学习草婴先生的精神和方法，再作努力。

去年打过一个电话，接听的是师母盛天民(伉俪同姓。他原名盛峻峰)。原来草婴先生不慎摔跤，住进了医院。我因残疾日益严重，已有三年足不出户，只得电话问候。好在师母乐观而健谈，后来得知他的伤痛有所减轻，才稍觉安心。

草婴先生荣获两项大奖——“翻译文化终身成就奖”和“上海文艺家终身荣誉奖”，真可谓实至名归。师母在电话中告知，草婴先生关照，要送我一册专写他的《译笔求道路漫漫》(金波、司徒伟智著)。我拿到书一看，出版时间为 2010 年 1 月，而扉页上有草婴先生的亲笔签名和盖章，日期为同年 2 月 25 日。如此看来，他刚拿到样书，很快就想起我……

又一次感受到关注。我卧床捧读，如饥似渴，并在心中祝愿草婴先生健康长寿。

王志冲，1936 年生，重残而不废，自学以致用。中国资深翻译家。主要翻译作品有《钢铁是怎样炼成的》、《尼古拉·奥斯特洛夫斯基书信集》、《活生生的保尔·柯察金》、季尔·布雷乔夫科幻小说系列等。著有《钢铁情缘》、《还你一个真实的保尔——尼·奥斯特洛夫斯基评传》等。2014 年荣获全国自强模范称号(中华人民共和国人力资源和社会保障部、中国残疾人联合会颁发)。

译事点滴

翁祖玲

1989年，上海翻译家协会组织部分会员赴浙江嘉兴看望翻译家朱生豪先生遗孀。草婴先生与其夫人盛先生和大家一起前往，那时的交通和道路还比较落后，面包车颠簸了好几个小时，记得去的路上盛夫人还晕了车。

我们在嘉兴参观了朱生豪先生生前的老宅，听了他夫人的介绍，我们了解了他是如何在艰难困苦的情况下翻译英国文豪莎士比亚作品的。之后我们还合了影。

当时，译协成立不久，办公地点设在巨鹿路作协大院临街朝北的一间小屋，只有一个工作人员。因我也在作协大院上班又是会员，所以有空就去译协帮忙工作。那时译协几乎无办公经费，但草婴先生对协会工作，特别对已故的老翻译家非常关心，所以执意要去嘉兴探望朱生豪的家人。这张照片中间坐着的就是朱生豪的夫人，她穿着的一件蓝色滑雪衫就是那次我们带去送给她的。

2011年上海翻译家协会成立25周年纪念大会上，我见到坐在轮椅上的草婴先生，我不忍心打扰他，只匆匆与盛先生打了个招呼。

译协部分会员赴嘉兴看望朱生豪先生遗孀宋清如女士

说起那张珍贵的照片，我想起另一件与我翻译生涯有关的事情。1965 年，第一届全国口译工作者代表大会在北京召开，当时我在北京中国国际旅行总社任翻译，有幸参加了这次大会。会议期间我们住北京友谊宾馆，每天活动很多。一天，通知去人民大会堂，大家以为是去参观，很是高兴，进去之后到了一个大厅，要求排列成行，好像准备合影留念。突然临时通知有国家领导人接见我们。正激动时，刘少奇主席、周恩来总理等国家领导人神采奕奕地走了进来，全场屏息凝视，呼吸也好像凝固了，接着便爆发出雷鸣般的掌声。当时周总理正在抓大型歌舞《东方红》的演出，首长们日理万机，在百忙之中抽出时间来接见我们，说明国家领导对翻译工作之重视，对翻译工作者的爱护与关心。

上海翻译家协会成立30年了，经过几届工作人员的努力、文联领导的重视以及社会各方面的支持，协会工作无论是会员的发展还是活动的多样化，在之前都是无法想象的，所以在此也祝愿上海翻译家协会越办越好。

翁祖玲，1938年生，毕业于上海外国语学院西班牙语系。上海翻译家协会会员，从事口、笔译工作几十年。

译路同行十二载

——忆与上海译协合办卡西欧杯翻译竞赛

吴　洪　李玉瑶

时光荏苒，转眼间，上海翻译家协会成立已有三十载。在这弹指一挥的三十年间，上海翻译家协会在上海市文联的大力支持与关心下，在上海老中青三代翻译人孜孜不倦、风雨兼程的努力下，茁壮发展为全国最具影响力与活力的翻译社会团体之一，在翻译创作、研讨批评、咨询服务与对外交流等方面为社会做出了大量重要的贡献。作为其中的一分子，我们见证了上海翻译家协会的成长，深感这样一个“民间组织”发展壮大的不易，也不禁为上海翻译家协会在过去三十年间所取得的不凡成绩感到由衷的自豪，未来愿继续通过上海翻译家协会这一平台与各位译友交流切磋，共同为上海翻译事业添砖加瓦。

回首往昔，上海译文出版社《外国文艺》编辑部与上海翻译家协会的一项意义重大深远的联系，便是共同承办每年的卡西欧杯翻译竞赛。自2004年起，我们开始与译协合办该项翻译竞赛，大赛旨在发现与培养翻译新人，推进我国翻译事业的繁荣发展。回忆2004年举办的首届赛事，不禁感慨良多。当时尽管我们的翻译竞赛尚如一个新生儿，在我国翻译事业大踏步向前发展、翻译新秀层出不穷的大环境下破壳而出，但她却受到了广泛热切的关注，吸引了众多年轻的翻译爱好者，共收到参赛稿件近千份，来稿不但遍布包括香港、台湾在内的中国各省市，还有不少来自国外的参赛稿。参赛者中年龄最小者仅十五岁，华师大、上外等沪上一批名校学子的踊跃参赛更是令人瞩目。首届比赛的颁奖典礼于当年的12月19日在上海世纪出版大厦举行。大赛评委秉持“宁缺毋滥”精神，决定最终结果为一等奖空缺，二等奖空缺一位；而更让人感到意外的是，独揽头筹的二等奖获得者竟是一位土生土长的新加坡人，也更证明了卡西欧杯翻译竞赛自举办之初，便已获得了来自国内外的积极关注与参与，具有了一定的影响力。

迄今，卡西欧杯翻译竞赛已成功举办了十一届，今年的第十二届比赛也已经拉开帷幕。这些年兢兢业业地一路走来，我们欣喜地看到，卡西欧杯翻译竞赛已成为翻译界的知名赛事、译协的金牌传统项目，更是一批批年轻翻译人才崭露头角的重要舞台。同时，赛事本身的规格也不断提高，除前三届外，之后的比赛均设立了两个语种的竞赛组(第四届为英俄，第五届为英法，第六届为英德，第七届为英日，第八届为英法，第九届为英俄，第十届为英西，第十一届为英日，第十二届为英俄)，多语种竞赛组的设立在很大程度上有利于鼓励发展英语翻译与小语种翻译共同发展的局面，也提高了卡西欧杯翻译竞赛在整个翻译界的重要性与影响力。另外，作为一项在校学生为参赛主力军团的重要赛事，我们的比赛对于推进翻译教育事业，激发相关专业学生的翻译热情也具有十分重要的意义。

这些年来通过共同举办卡西欧杯翻译竞赛，我们与上海翻译家协会保持着长期活跃的互动关系。每一届翻译竞赛的评审委员会都是由外语教学界与翻译界德高望重的资深专家组成，而他们又大多有一个共同的身份，即上海译协的成员、理事或副会长等。他们认真细致、公平公正的评审工作，为大赛能够顺利成功举办提供了重要保障。其中，上海对外贸易大学教授、曾任译协副会长的黄源深老师，华东师范大学教授、曾任译协副会长的张春柏老师每年都负责参赛译文的评审与点评工作，复旦大学教授、曾任译协副会长的翟象俊老师，每届比赛也都会对我们原文的选择提出宝贵建议。正是这些译协专家前辈对比赛的关心与负责的工作，才使卡西欧杯翻译竞赛能够一步步走到今日，不断收获丰硕喜人的成果。

翻译事业发展的关键在于翻译人才的培养，而选拔激励人才的重要途径便是举行竞赛，让水平优秀的翻译爱好者脱颖而出。回顾过去十一届比赛的获奖名单，我们很容易发现一个又一个熟悉的名字，他们都是卡西欧杯翻译竞赛的奖坛常青树，多年来始终关注着并积极参与我们的竞赛，有的甚至还曾在多个语种的竞赛中获奖。每年的获奖者大多都是在校学生，通过参加竞赛，他们经历了从翻译时的勤勤恳恳，到等待结果时的诚惶诚恐，再到得知获奖时的惊喜感慨的心路历程。更重要的是，这一过程中选手们坚定了自身对于翻译的热爱，收获了认可与鼓励，很多人因此对翻译的学习与实践投入了更大的热情。因此可以说，卡西欧杯翻译竞赛已经成为发掘翻译人才，促进翻译人才成长的一个重要平台。与往届获奖选手的长期联系让我们知道，他们中的许多人现在都已有了自己的翻译出版物；更令我们感到高兴的是，有些获奖选手甚至放弃原来的高薪工作，投身于翻译出版工作。我们相信正是翻译竞赛对他们的肯定，让他们坚定信心，勇敢地走向自己真正热爱的事业。可以预见，在不久的将来，这些译界新秀中也会有很多人会加入译协，成为译协大家庭中的一员，在更广阔的舞台上展现自己的翻译才能。

岁月匆匆而逝，回顾十二年来我们与上海翻译家协会共同举办卡西欧杯翻译竞赛的历程，不由感慨良多，也深感将这一承载了前辈期望与新人梦想的赛事越办越好，是我们作为译协人肩上沉甸甸的责任。展望未来的路途，我们作为译协大家庭的成员，将始终与译协携手共进，风雨同行，努力谱写上海乃至中国翻译事业辉煌的新篇章。

吴洪，1958 年生，上海译文出版社副总编辑、《外国文艺》杂志主编，上海翻译家协会副会长。主要翻译作品有《相约星期二》、《双塔记——〈魔戒〉第二部》、《遗嘱》、《夏洛特——简·爱的最后旅程》、《马蒂斯故事》等。

李玉瑶，1976 年生，上海翻译家协会理事、《外国文艺》执行副主编，译有《岛上书店》、《阿克拉手稿》、《与狼共舞》、《房间》、《激情》等作品。

饮水不忘掘井人

——草婴先生

吴钧陶

时间都去哪儿了？不知道。时间是一条湍流不息的河流，流向茫茫的宇宙之中，一去不复返。

接到上海翻译家协会通知，为庆祝2016年协会成立30周年征稿，不觉猛然一惊。啊？就要30周年啦？我怎么感觉不到？不过，随着时间的流逝，我知道自己老啦，而这是有感觉的。浑浑噩噩，昏昏沉沉，难得不糊涂。

上海翻译家协会，是我们翻译工作者的精神家园。我年老健忘，想不起译协的生日是何年何月，一查《中国翻译词典》，上面印着："1986年3月，上海翻译家协会在上海成立。推选草婴为会长，姚以恩为秘书长。"没有写明3月几日，星期几，这要待查了。①

记得成立大会在文艺会堂举行，领导们和翻译家们济济一堂，极一时之盛。除了会长、秘书长以外，还有上海译文出版社的领导包文棣、孙家晋、汤永宽等。我因为在译文出版社工作，竟然领到了第10号会员证，这一直是我引以为荣的一件事。当时还领到成立大会纪念卡，几年前我已“捐献”给了协会，是否可以算珍贵文物呢？

时间是无情的，时间是残酷的。30年的流逝，已经带走了上述包、孙、汤几位领导，也带走了会员中好多位成绩非凡、名闻全国的翻译大家，如张满涛、罗梭南、李俍民、周朴之、吕翼仁(左海)、叶群(叶冬心)、冯岳麟、徐汝椿、侯浚吉、蔡慧、钱春绮、方平、叶麟鎏(鹿金)、吴国祺(吴劳)、倪延英、严梅珍、祝庆英、张洪怡、胡汉亮(曹庸)等，他们和她们都是我的好友、我的榜样！

30年来，我们的老会长草婴先生为协会做出了巨大的贡献。他团结和组织了全上海地区的翻译家，促进了翻译事业的发展。协会主要在他的关心和培育下，从一株幼苗成长为参天大树。饮水不忘掘井人，草婴先生功不可没。他是掘井人，他是翻译界的一面旗帜。他译著等身，除了《新垦地》等名著之外，他花了20年译出的《托尔斯泰小说全集》12卷，以及将要出版的《草婴文集》约20卷等，令我们叹为观止。他的铮铮铁骨，在“文革”中饱受摧残而傲然不屈，这样的品格，更是我们文艺界、我们所有知识分子学习的楷模。

说起楷模，使我想起自己的一首十四行诗《访朱生豪先生故居》。打开诗集，小诗注解上写着：1989年12月15日星期五，在会长草婴先生的率领下，译协约二十名会员及记者前往嘉兴米棚下17号瞻仰莎士比亚作品翻译家朱生豪故居，并慰问79岁的朱夫人宋清如女士。译协送了慰问品，草婴先生送上一个镜框，题词为“译界楷模”。当

---

① 经查，上海翻译家协会成立于1986年3月15日，星期六。在上海延安西路200号文艺会堂举行的成立大会。

时，朱生豪逝世已45周年，文艺界和翻译界并没有什么纪念活动，但是草婴先生对译界先贤怀着深深的敬意，永远不忘，使我十分感动。同去的同志，除了译协的工作人员邵正如、沈维敏以外，还有秘书长姚以恩，译影厂厂长陈叙一以及包文棣、方平、钱春绮、郭振宗、张秋红等。钱春绮先生带了献诗当场吟诵。我回家以后，心潮澎湃，也写了一首，后来在《诗刊》上发表。

溪中的南湖水似失去昔日的光彩，
连倒影都蒙上悠悠岁月的尘埃。
“米棚下”小阁楼张挂着蛛网的残篇，
时钟的指针上仿佛长满了青苔。

朱生豪先生，我们该属于同时代，
怎么不放下笔走来，把我们接待？
却见你年轻的遗像，音容宛在，
而白发苍苍的朱夫人正吐露感慨！

一心为艾冯河诗人你鞠躬尽瘁，
极贫穷、极孤单，这没有把你摧毁，
你倒在离胜利的顶峰只一米开外！

艺术家的使命是无偿奉献他的爱，
用心血浇灌出果实让后人去摘采。

草婴先生怀有人道主义的大爱精神，对所有的人都关怀备至。对于翻译工作者，他也尽可能伸出援手。比如，上海众多以翻译为自由职业的同志，在一度遇到出书困难的时期，草婴先生协调和组织成立了上海编译所，使一些同志有了一定的固定收入。改革开放以后，编译所的同志又一同加入了文史馆，有了更好的待遇。草婴先生还为郝运先生解决了住房问题。记得《新民晚报》上对此还曾有一则报道，标题是《郝运交好运》。草婴先生对于薛范、王志冲、翁文达、章洁思、张可平和我等因病致残的译者都时常关心和帮助。他多次出我意料光临寒舍，嘘寒问暖。他住华东医院初期，某一个节日吧，和家人在我家弄堂口的避风塘聚餐，还特地让夫人盛天民来我家邀我和妻子一同参加，共享盛宴。往事都在风尘里，但是这些温暖人心的细节是难以忘怀的。

时间流淌了30年。老一辈的翻译家离去了、病倒了、老迈了，好像树叶飘落了，枯黄了，憔悴了。但是我们惊喜地看见新生的绿芽爆出来，青翠的枝桠在茁壮成长，粗大的树干变得更高更强。生命是绵绵不绝的，未来是没有止境的。时间的河流带去一些人间事物，它也在浇灌、孕育新的生机。我们的上海翻译家协会一定会根深叶茂，在时间的风雨中越长越挺拔。

饮水不忘掘井人，我们永远感谢老会长草婴先生！

吴钧陶，原名圣淑，笔名纸囚一世、甘木，1927年生，祖籍安徽贵池，上海译文出版社编审，诗人，翻译家。少年时期因患骨结核导致右腿残疾并辍学，坚持自学英语。1952年开始担任编辑工作，现为中国作家协会、上海市作家协会、上海翻译家协会会员。创作有诗文集多种，包括《剪影》、《幻影》、《留影》、《心影》以及《吴钧陶短诗选》(中英对照)；编写有《新少年传记丛书》系列，译作有中译英《鲁迅诗词选译》、《杜甫诗英译一百五十首》、《少男少女赠言录》(合译)等，编译《唐诗三百首新译》等，英译中《圣诞欢歌》、《爱丽丝奇境历险记》、《爱丽丝镜中奇遇记》等，主编《马克·吐温十九卷集》等。1996年荣获"上海十大藏书家"荣誉称号，2003年荣获中国翻译工作者协会授予"资深翻译家"荣誉证书。

温暖如春赞我家

徐明中

转眼之间，上海翻译家协会已经成立30周年了。回想起加入协会的前前后后，感慨良多。进入协会以来，我的翻译爱好和精神面貌发生了很大的变化，直至退休以后还翻译了不少作品，并经常和不少同行、朋友相互切磋，参加了协会的不少活动，真可谓吾身不孤，夕阳正红。我衷心感谢协会给了我一个文学翻译的温馨家园，一个能不断进步、施展才华的学习平台，忝为其中一员，吾愿足矣。

上世纪八十年代初，我曾为上海某大型国企的日语翻译。一个偶然的机遇，我看了一些日文小说，被其精巧的构思和缜密的逻辑推理所折服，产生了文学翻译的灵感和冲动。于是，我利用业余时间从事文学翻译，十余年间出版了两部小说，还在报刊上先后发表了一百多万字的翻译作品。当时纯粹出于个人的兴趣爱好，对文学翻译没有深刻的认识，翻译技巧也比较稚嫩。因此，在初尝成功喜悦的同时，自己甚感茫然，不知文学翻译之路还能否走下去，也不知该怎样进一步提高翻译水平。就在十分苦闷彷徨的时候，我有幸参加了上海翻译家协会。从此，我像一只浪迹天涯的孤雁回归了群飞的雁阵，终于在文学翻译的艰辛道路上找到了温暖如春的家。

把协会比作自己的家，并不是我矫情的溢美之词，确实是发自内心的肺腑之言。协会没有一般机构惯有的官僚作风，也没有门难进、脸难看的陋习。它亲切、热情、谦虚、包容，即使对我这样非正统学院派出身的普通译者也一视同仁，不但吸收为协会会员，还热情鼓励我积极发挥作用，这样的知遇之恩终生难忘。

协会的领导对我们普通的会员非常关心，充分体现了“娘家人”的真情和关爱。入会以来，我先后接触了邵正如、赵芸、梁珺霞三任秘书长。每一任秘书长都非常热情，真诚地帮助我不断地进步，使我深受其惠。

邵正如是一位和蔼可亲的忠厚长者。第一次和他见面时，心里有些忐忑不安。我一直在基层单位工作，对日本文学知之甚少，翻译发表的大多不是名家的著作，这样的情况能进入协会吗？没想到他的会心微笑和亲切话语很快就打消了我的疑虑，两人就像老朋友一样无拘无束地交谈起来。邵老师认真倾听了我的入会愿望，又看了我的作品目录和所附的作品样稿，对我的努力表示了肯定，答应把我的入会申请提交协会讨论。不久，在他的理解和支持下，通过协会的讨论审批，我终于荣幸地加入了上海翻译家协会。

赵芸是个办事干练、处事细心、充满工作激情的协会领导。刚开始接触不多，没想到一次意外的惊喜让我对她有了深刻的认识。2011年8月，文汇出版社请我和陆求实老师作为译者参加日本作家山田悠介作品的发布会。当时我有点紧张，甚至缺乏自信。没想到赵芸老师竟然特意为这次发布会发来了热情洋溢的贺信，对我和陆老师的译作作了中肯的评析和推介。当出版社工作人员在会上宣读这封贺信时，全场读者反响热烈，我也非常感动，备受鼓舞。赵芸老师平时工作很忙，但对我们日文组的活动一直很关心，有时甚至挤出时间参加我们自发组织的采风活动，而且她善于利用活动的场合，巧妙地调动我们的积极性。我就是在她的鼓励下，设法与长宁区图书馆联系，为协会举办“译家谈”讲座找到了一个比较理想的平台。如今，协会和长图的协作正日趋密切，我这个“介绍人”早已完成了使命，但我还是为此感到非常自豪。

梁珺霞是个富有朝气、事业心很强的青年干部。和她接触的时间不长，却受益良多。她为人诚恳，很有亲和力，对老同志尤其尊重。我曾多次大胆地为协会的工作建言献策，她每次都虚心听取，认真记录。对一时不能解决的问题也给予耐心的解释，使我心悦诚服，所以和她交流沟通真是一件快事。在她的鼓励下，我第一次和其他同行一起上“译家谈”讲座论述翻译日文《三国志》的心得体会。虽然讲得不多，效果还不错，使我更坚定了继续走文学翻译道路的信心。

俗话说“火车跑得快，全靠头来带”。从我所接触到的三任秘书长的情况来看，协会领导的务实、民主、谦虚的作风已形成了优良的传统，这在当今商品经济社会中尤显可贵。有了这样的带头人，我们上海翻译家协会的兴旺发达指日可待。

入会以来，我每年都积极参加协会组织的各项活动，并借助协会这个平台结识了不少朋友和日语组的同行，这是我人生中最惬意的幸事。我们日语组虽然仅十余人，却是一个充满着欢乐和活力的和谐集体。组里没有文人相轻的陋习，有的是互相切磋、互相帮助、互相介绍的良好氛围。现任译协会长谭晶华是我们这个集体的老大哥，他虽然身为博士生导师和上海外国语大学的常务副校长，但和我们在一起没有一点架子。大家一起交流、一起活动、一起谈笑，宛如家人一般，真是其乐融融。在谭会长的关照之下，我们日语组每年都有幸参加由他组织的上海高校日语教师的年会，不但开阔了眼界，还结交了新朋友，增长了新知识。

平心而论，结识了日语组的同行，不但丰富了人脉，还使我终身受益。和他们在一起，我不再孤独，不再彷徨，就像进入了一所学校，经常受到这些良师益友的指教。在他们的热心帮助和鼓舞下，我先后多次参加了重大文学作品的翻译，不但翻译水平有了显著的提高，而且也加深了对文学翻译意义的认识。

在上海翻译家协会成立三十周年的喜庆日子里，我不揣浅陋地写下自己的感受，内心充满着感激之情。我想，把协会比作自己的文学翻译之家应该是最恰当的。因为只有用“家”这个字眼才能准确地表达我的衷心赞美，同时也确实感到协会具备了一个温馨之家的各个要素：有亲切、民主的家长，谦虚和谐的家风，好学、互助的家庭成员……

展望新的发展前景，豪情满怀。真诚希望协会在新的时期与时俱进，不断发展完善，使这个大家庭越来越兴旺，越来越美好！

徐明中，1952年生，上世纪八十年代起业余从事日本文学翻译，出版译著二十余部，近四百万字。主要翻译作品有《恋爱永远是未知的》、《最后的家庭》、《三国志》(第二、三部，合译)、《情人的挽歌》、《扭曲的人性》、《8·1》、《幽闭之窗》、《密闭之巅》、《禁闭之岛》、《封闭之村》等。

陕北采风杂忆

徐振亚

2011年秋天，我有幸参加了上海翻译家协会组织的赴陕西采风活动。这次活动由会长谭晶华教授带队，秘书长赵芸和驻会干部陈磊负责安排具体事务。我们一行十一人，其中既有我熟悉的俄罗斯文学专家王智量教授和朱宪生教授，译文出版社编审张秋红先生，也有原来只知其名的德国文学专家、同济大学袁志英教授，还有译坛新秀、刚获得一项日本奖的陆求实先生。我们从上海出发，乘飞机抵达咸阳机场，再坐大巴进入西安。在西安停留一天后乘坐旅游车前往延安，途中拜谒黄帝陵，参观壶口瀑布，然后抵达延安。在延安参观杨家岭、王家坪等革命圣地，然后返回西安，与陕西的翻译工作者座谈，次日坐飞机回上海。

1975年夏天，我还在部队时也曾到过延安，所经过的路线基本与这一次相同，也是从西安经黄帝陵再抵达延安。两次陕北之行，中间相隔三十六年，所见所闻真有天壤之别，不禁感慨万千。

上海译协采风团到达西安在宾馆安顿好之后，开始游览市容。如今的古城西安已经高楼林立，马路宽阔，人们的穿着打扮与沿海大城市没有区别，到处洋溢着现代大都市的气息。在西安的第一顿晚餐是在市中心一家百年老店品尝著名的百饺宴。我知道北方人爱吃面食，对饺子情有独钟，所谓“好吃不如饺子”，逢年过节家家都包饺子。但是像这家饺子铺能做出数十种不同形状、不同馅的迷你形饺子还是令人称绝。当一笼笼热气腾腾的饺子端上餐桌时，不得不钦佩厨师丰富的想象和精湛的手艺。当然这要有相当的物质基础，没有大量的可供选择的食材，即使手段再高明的师傅也难以做出这么多品种的饺子。

回想三十六年前，正是遭受“文革”浩劫的苦难时期，物质极端匮乏，什么都要凭票供应。粮票、布票、肉票、鱼票、油票、肥皂票、火柴票、煤油票、香烟票……票证各色各样、名目繁多。离了这些票证，简直寸步难行。当年，别说品尝百饺宴，能填饱肚皮就已经不错了。记得第一次到西安的第一顿晚餐就是每人一碗肉丝面，这样一碗普普通通的肉丝面，在我记忆中成了可口异常的美餐。第二天由驻扎在临潼的四十三军军部招待。那顿午餐也是与众不同，终生难忘。四十三军为招待我们这批客人，事前特地派人上山打了一头黄羊。四十三军的官兵多数是湖南籍，炊事兵也是湖南人，他们爱吃辣也能吃辣，所以端上餐桌上的所有菜肴几乎全是辣的，羊肉、羊蹄、羊肝、羊肚、羊肠、羊汤，没有一个不加辣的，唯一的例外是白糖凉拌西红柿。这顿饭按当时标准来说称得上相当丰盛，但我不吃辣，无法品尝鲜美的野味，辜负了主人的一片盛情，只能眼巴巴看着同伴们吃得津津有味，自己就着几片白糖西红柿扒拉了一碗大米饭算是向肚子交差了。

在西安，我们译协采风团参观了著名的陕西博物馆、碑林、大雁塔、法门寺和乾陵。赴延安途中拜谒了黄帝陵。每逢清明节，来自海峡两岸和世界各地的炎黄子孙，都要聚集在这里举行隆重的祭祖活动。与三十六年前相比，黄帝陵的范围扩大了不少，保护得也不错。印象中似乎多了一些当代官员和海峡对岸名人的题词，其中有些题词无论是内容还是书法实在令人无法恭维，反倒引起我不愉快的感觉。更加不愉快的是那天有一名中央高官也来拜谒黄帝陵，沿途的公路上每隔五十米就站着一名或数名当地的公安、武警，气氛显得紧张异常。我们乘坐的旅游车数度被拦下，或改道行驶。看到这位高官的车队由警灯闪烁、警笛呼啸的警车开道，威风凛凛、浩浩荡荡地驶过的时候，我内心不仅没有肃然起敬，反而厌恶之情油然而生。

到达延安已是傍晚时分。眼前的延安已经完全不认识了。只见高楼林立，马路上熙熙攘攘，车流不息，热闹非凡。入夜后，街边和大楼上霓虹灯闪烁，延河两岸的河堤上装上了景观灯，宝塔山也装饰了橙黄的灯光，从远处也可望见，但在大量高楼映衬下，宝塔山似乎变矮了，再也没有“巍巍”的感觉了。我们入住的是一家星级宾馆，很气派。宾馆前的广场上停满了小轿车，其中不乏我叫不出名字的高档轿车，还是陆求实见多识广，他一一告诉我，这是玛莎拉蒂，这是宾利，这是法拉利……这些高档车价格不菲，少则百万，多则上千万。延安人哪来那么多钱？原来，除了全国各地的大力支援，这几年延安地区发现了丰富的石油，正是埋藏在地下的这些黑色液体让延安甩掉了经济落后的帽子，成了全国有名的富庶地区。导游开玩笑说，你在延安街头随便碰到的一位行人，说不定就是一位千万富翁或者亿万富翁。延安的夜生活一般会延续到清晨一两点，延安几乎成了不夜城。这在三十多年前是根本无法想象的。

“延安是革命的摇篮”——数十年来历史书和地理书上都这么说，因此我对“革命的摇篮”一直怀着敬仰之情，希望有一天能亲自访问延安，感受她的革命精神。1975 年夏天，当我踏上延安的土地时，一下子被它贫穷落后的景象震惊了。当时第一眼看到的是满街的乞丐，有男有女，有老有少，他们衣衫褴褛，大热天还披着又黑又脏的破棉袄，腰间裹着一条草绳，一手捧着要饭的碗，一手拄着棍子，那景象看了实在令人心酸。延安的市容也令人沮丧，街道狭窄，临街的商铺很少，只有几家规模很小的杂货店和铁匠铺。杂货店的货架上商品稀稀拉拉，屈指可数。铁铺的设备十分原始简陋，只是一只炉子加一个铁墩，主要加工简单的农具。我们当时入住延安交际处的招待所，据说是延安最好的住处，可是晚上还是被臭虫折磨得无法入睡。延安号称陕北重镇、革命摇篮，但其繁荣程度远不如江南的一个小镇。接待部门向我们解释，1975 年延安遭受严重的春旱，庄稼歉收，老百姓的日子十分难过。我们曾专门访问过延安大生产运动中涌现的劳动模范杨步浩。杨步浩的名气很大，就像“文革”期间的陈永贵，是边区的代表性人物。可是他的穿着却与街上乞丐无异，也是一件破棉袄，腰间一根草绳，头上扎着一条脏兮兮的毛巾。当他满怀激情回顾自己带着小米上北京见到毛主席，以及受到毛主席招待吃上大肉和白馍馍的时候，我的心里真是五味杂陈，不知说什么好。那一年，周总理和邓颖超曾来过延安视察。他们从机场到延安市区的一路上看到大量的饥民，不禁流着泪说，建国二十多年了，延安老百姓的日子还

上海译协与陕西译协座谈交流

这么苦，共产党真对不起老区人民啊。后来国务院就专门成立了支援延安和老区办公室，安排支援老区的各项工作。其实，“文革”期间不仅延安人民的生活非常困难，全国人民都一样遭灾遭难。政治生活一片混乱，社会秩序遭到大破坏，国民经济到了崩溃的边缘。延安的惨象并非独例，而是普遍的写照。

赴西安采风的最后一项活动是与陕西译协的交流。在陕西译协的安排下，我们与陕西的翻译家们进行了座谈。谭晶华会长和陕西译协的会长分别介绍了沪陕译协的活动概况以及遇到的问题。沪陕两地的翻译家就共同关心的问题交换了意见，并互赠了著作。陕西译协纯粹是民间组织，一切活动经费均需自己筹措，但靠着翻译家们的努力，陕西译协的活动搞得有声有色，甚至拥有自己的杂志。与陕西同行相比，上海的翻译家们要幸运得多。上海译协不仅得到有关领导部门的大力支持，配备了专职的驻会干部，还能得到相应的经费资助。

非常感谢上海译协为我提供了赴陕西采风的机会，使我亲身感受了改革开放以来陕西发生的巨大变化。

徐振亚，1943年生，华东师范大学教授，中国资深翻译家，上海翻译家协会原副会长。从事俄语教学与翻译。主要译著有《另一种生活》、《罗亭》、《烟》、《基坑》、《美好而狂暴的世界》、《墨索里尼之谜》、《马背日记》、《火灾》、《彼得堡故事》、《特辖军的一天》等，合译作品有《陀思妥耶夫斯基书信选》、《陀思妥耶夫斯基论艺术》、《卡拉马佐夫兄弟》、《阿赫玛托娃诗文选》、《兴安岭奏鸣曲》、《断头台》、《精神领袖》、《捍卫记忆》等。

恭贺上海翻译家协会三十而立

叶荣鼎

在我的书屋里，珍藏着一张新会员与首任会长草婴的珍贵合影，每每凝望时，心情总是久久不能平静，感慨万千。它陪伴着我，激励着我，风风雨雨地走过了专业从事文学翻译的峥嵘岁月。那是在1999年6月一个阳光明媚风和日丽的晴天，我们二十二名新会员在欢迎会结束后簇拥着心中偶像、大翻译家草婴先生来到文联门口留下的宝贵镜头。从此，这张照片伴随着我漂洋过海，伴随着我伏案奋笔，同呼吸，共命运，走过了三十年里的十六个年头。

提起入会的契机，是恰逢看望一位德高望重、入住华东医院的老领导后，穿过延安西路来到对面人行道时，忽然，白底黑字的上海翻译家协会招牌映入眼帘。我愣了一下，凝视了好一会儿，没想到拥有多名翻译大家的协会驻地就在这大院里。从1981年考入宝钢担任翻译与1983年2月在《少年文艺》发表处女作起，直至那年即1996年路过文联协会驻地的十三个年头里，我已翻译发表了三百多部作品，自得知有上海翻译家协会后就一直憧憬能成为会员。带着惊喜，我诚惶诚恐地走到传达室窗前打听，被热情告知了协会的电话号码。

那天，由于还有其他事，我便匆匆地离开了。几天后拨通了协会电话，一位邵同志在电话里详细回答了我的提问，还告知了入会条件，呵，除了要提交两本文学译作出版物外，还要有两名会员介绍人的推荐。我再次愣了一下，岂止愣，简直是蒙了。因为那以前我发表的都是中、短篇译作，再说熟人中间没有上海翻译家协会的会员朋友。结果还算好，我可以作为会员之友参加该会的活动。

两个月后，接到通知兴冲冲地参加了会员赠送译著答谢日本友人资助活动。会上，赠书会员脸上洋溢着的自豪神情给我留下了至今还记忆犹新的深刻印象，也是那次会议让我萌发了尽快创造条件入会的强烈欲望。虽说曾在被誉为“翻译黄埔军校”的宝钢翻译科工作时接受过严格的翻译训练，但要翻译长篇文学作品，还应接受这方面的专业熏陶。其实，我孩时就有成为翻译家的梦想(见 2010 年 4 月 19 日新民晚报《在榻榻米上起步》)：长大后翻译许多外国文学作品，让青少年读者看个够。可鉴于后来种种原因以及社会上有关专业从事文学翻译无法生存的误传，相当长时间里我只是借工作之余翻译发表中、短篇，满足孩时受公费留日父亲影响爱好日本文学的兴趣而已，然而那次会议给我带来了莫大的震撼。

经过两年的沉淀，我终于翻译出版了三本共约三十万字的小说，获准加入上海翻译家协会，还在新会员欢迎会上见到了翻译大家草婴先生，聆听了他对我们新会员的谆谆寄语。那天夜里做了个超长的梦，梦见自己变成驶离跑道的银色雄鹰，朝着实现孩提梦想的浩瀚蓝天迅速升空。趁热打铁，一不做，二不休，我又接着翻译出版了几本长篇小说，但之后开始觉得力不从心，大有江郎才尽之感。于是2000年，我再次东渡留学，一边进行研究，空余时翻译文学作品。再度留日深造扩大了我的知识面，这有利译者的成长。那期间，我阅读与翻译出版了大量长篇日本文学作品。2000年，荣获国际亚太地区出版联合会APPA文学翻译金奖(我国是会员国)；2001年，荣获国家新闻出版总署三等奖；2002年，荣获上海翻译家协会荣誉证书。其间，我多次回国应邀为上海翻译家协会与多所高校做翻译讲座。

不久，听说草婴先生翻译出版了《托尔斯泰小说全集》，在内心恭祝草婴先生取得卓越成就的同时，也暗自决心完成全46卷的《江户川乱步小说全集》的翻译出版。经过八年的不懈努力，终于爬完了500多万个格子。2006年，国家教育部《神州学人》杂志为此做了专题报道；2007年，该文集的出版被收录于上海市委组织部与上海市人社局编著的《上海留学人员成果集》；同年，沪江网视频进行了专题报道；2008年，我以近千万字的81本译著荣获大世界吉尼斯外国文学译著数量之最证书。

2006年起至今的八年间，继续追梦，追自己的孩时梦，除陆续翻译出版《山中恒校园小说全集》与松本清张等作家作品外，还应聘于高校培养研究生与本科生，应聘于培训机构与日企培训高级口译人才。通过多年教学实践研写的《日语专业语篇翻译教程》、《日语专业高级口译教程》、《日语专业中级口译教程》、《日语专业基础口译教程》与《日英汉动漫口译教程》，深受高校与培训机构欢迎，已进入良性循环的发行期。此外，除三百多部中、短篇译作外，还翻译出版了近百部长篇文学作品，撰写出版了五部日语专业翻译教程，字数逾千万。目前，正在应邀新译《源氏物语》上下卷，之后，还将应邀撰写日语教程与译学总论等。

有人问我，凭文学翻译能否生存？回答是肯定的。因为，我亲身经历了文学翻译长征路。通过实践，近百本伴随左右的翻译作品犹如近百个儿女，为我构筑了别样的快乐精神生活园地。虽然一路走来因稿费低廉与付酬迟缓而致生活清苦，打过多次退堂鼓，但是孩时梦总是那么难以割舍，上海翻译家协会催人奋进的“草婴薛范精神”始终在激励我前行，谷村新司的《昴星》奋斗曲始终萦绕于耳边。

虽然放弃了无数个节假日，但是作为第一读者，近水楼台，先于他人品读异国优秀文化，不啻最高境界的情操陶冶、精神享受。2014 年 12 月，因长期翻译文学作品的同时翻译出版了科普作品《趣谈味觉与嗅觉的奥秘》以及许多科技资料，我被市科技译协授予翻译突出贡献奖。

回望过去，上海翻译家协会在这三十多年里成就了许多追梦志士的翻译梦，我是其中一员。饮水思源，谨此，发自肺腑地感谢创始人姜椿芳先生与草婴先生等，以及三十年来为丰富共和国文学译著宝库而付出辛勤劳动的前辈们，感谢上海市文联对上海翻译家协会的倾力支持，感谢这座神奇的文学翻译大熔炉赐予我辛勤耕耘收获硕果的动力。

我的座右铭：勤奋是金，平淡是真，知足是乐，作品是福。

展望未来，我这属马的译者将老骥伏枥，继续前行。

会员们在延安西路 238 号译协驻地前留影（笔者位于后排右一）

叶荣鼎，1955 年生，上海翻译家协会理事，2014 年获上海市科技翻译学会科技翻译突出贡献奖。代表译著有“江户川乱步小说全集”（46 卷）、“山中恒校园小说系列”（36 卷）；代表专著有《日语专业翻译教程》（4 卷）。

这些年，那些人……

袁　莉

上海翻译家协会三十岁了，算算自己加入这个大家庭的时间，也已经快十五年了。十五年前，我刚踏上译途不久，是复旦大学法文系的新教师，受朱静教授的引荐，得以跨进译协的大门。念书的时候就知道上海译坛的隐士高人很多，草婴、任溶溶、郝运、钱春绮……这些名字仿佛是极有生命的种子，多年来在每一个读者的心里生长；他们的文字像是静静的江河，在文学爱好者们的心中流淌。初入译协，我常远远地寻找、悄悄地崇拜，看到那些自己书架上的名字变成真人，出现在你的面前，虽不至追星族式的疯狂，但一颗心也曾扑通扑通地暗自激动得不行。后来，在各种活动的场合见面多了，我才发觉这些老翻译家竟都是那么平易近人、低调谦逊。十几年来与这些杰出的学人相知相交，与他们结下深厚的情谊，不能不说是一种缘分。我看到他们待人处世的真与诚，看到他们无怨无悔的辛与勤，还有淡泊宁静的书生本色与爱国爱民的赤子之心。他们穷其一生孜孜不倦，为中外文化的交流和文明之间的对话不懈地努力着。

我一向喜欢和上了年纪的人打交道，他们睿智、深沉、包容，特别是译协这群七八十岁的老翻译家，他们经历了人生的凄风苦雨，遍尝人间冷暖、世事无常，却因饱读诗书而胸怀辽阔，气质高贵，在我眼里，他们就是海上译坛珍贵的“宝贝”。他们有的是协会的初创者，有的是协会最活跃的分子，在各种国别文学的研讨会上，他们是智慧的奉献者，在各种采风活动、茶叙园里，他们是顽皮的老小孩，是温暖的正能量的传递者。正是这些译协的“老宝贝”撑起了中国当代翻译文学的大片天空。他们之中有的温文儒雅，如潘庆舲、夏仲翼、周克希；有的风度翩翩，如娄自良、张秋红、郑克鲁；有的风趣幽默，童心未泯，如吴劳、廖晓帆、王智量；有的不苟言笑，慎言笃行，如徐和瑾、许光华、袁志英……

我心底最愿意亲近的是五位“金秋诗会”的创始人，他们是钱春绮、吴钧陶、张秋红、冯春和黄杲炘。说喜欢，是因为他们都是真诗人，心性率真、不羁，快意豪放，气度不凡，有种“同好之人皆兄弟的侠气”。有一首苏联的民谣叫做《三套车》，旋律忧伤、苍凉，是他们的最爱，因而笑称自己就是诗歌翻译界的五匹老马，是“五套车”。其中黄老因为有眼疾，常年深居简出，我见得较少，其他几位是译协活动的常客，我都可以见面就拉住聊天，没大没小地向他们讨书、争论问题。我常想象二十五年前的他们，该是怎样意气风发、创意旺盛的一群人啊。那是一个诗歌的年代，人们经历了长期的封闭和压抑，终于能够自由呼吸，笔走心声，连空气中都弥漫着诗的味道，五位诗人是怎样兴之所至，一拍即合，创出了“金秋诗会”这样一个品牌节目的呢？“金秋诗会”每年一届坚持至今，在全国的翻译圈子里独一无二，这或许是对“诗歌已死”这一哀叹的最好回答。真正的诗歌是不死的，因为读诗的人还活着。令人痛惜的是当年的“五套车”如今少了一匹健马，被称为“一人独撑德语译诗半壁江山”的钱春绮先生在2010年2月离我们而去了。写到这，脑海里再次浮现出钱老微笑不语、朴素安详的样子，他个头不高，却是我心目中的巨人。他的伟岸，不只是给读者留下了上千万字的翻译作品，更是因为他的淡泊名利、沉默坚忍，和这个浮华势利的世界形成了太鲜明的对比。他的文字、他把你当朋友一样说给你听的话，都仿佛是甘洌的清泉，荡涤着人世间一切悲伤、无奈和俗虑的尘埃。

行动不便的吴钧陶先生自号“纸囚”，身锁斗室，却是个有大智慧的老人，他没有读过大学，却有满屋的藏书做老师，做出了学问，取得了英汉互译的大成就。吴老话不多，却常常语带双关，隐喻意味很浓，其中的智慧，非学富五车而不能。他还喜欢自嘲，这显然是被困苦逼到尽头时所采取的一种鲜活的人生态度吧，它可以使原本很沉重的东西刹那间变得轻松无比。这个事事乐观的老人，最近遇上了难题：居所的地板不堪承重，都被书给压塌了，他决定为地板“减负”——着手散书……我心里知道这有多么“痛”，他可曾是沪上十大藏书家之一啊，每一册书的扉页上他都细心标注来历，问他都能讲出一个故事。为他过八十八岁生日的那天，拿着他赠我的两袋书出门，心里面酸酸的，五味杂陈。

假如俄国浪漫主义大诗人普希金还活着，他会对冯春(郭振宗)老师说什么？我觉得他怎么感谢作揖都不过分，因为诗人在冯春的笔下复活了！迄今为止，独自翻译完普希金全部作品的在中国独冯春一人：二十年的夜夜陪伴，句句对照，放弃娱乐，放弃应酬，还编选了六十余万字的《普希金评论集》。如果说普希金是俄罗斯土地上“诗歌的太阳”，那冯春老师就是反射太阳光辉的那一轮明月，将浪漫主义诗歌的魂魄播撒在中国读者的心上。我去冯春老师的家中做过一次访谈（相关内容将另著文呈现），如同冯春老师赠书上俊逸清朗的笔迹一样，他的书房和书桌干净、整洁，一尘不染，四壁被书架环抱着，还挂了一幅泼墨画习作，充满了儒雅的书卷气，不浮夸、不炫耀——“寂寞清贫方成事”是他人生最真实的写照。

翻译雨果诗见长的张秋红先生，身上带有十足的法国贵族气质。以风格论，他的译诗总体上雄浑醇厚，感情充沛。日常相处时，他却总是那么彬彬有礼、低调谦让，温和中又带有某种精神贵族式的严谨和自尊。这就像他给自己的一本自选诗集所取的书名一样——《幽兰》：纯洁、高傲，远离尘嚣，清雅无争。他的诗句里、言谈间常常充满了忧虑和内心的矛盾，我个人以为这种内心的纠结和争斗是米开朗琪罗式的，纠缠着心灵的痛苦与感恩。他们这一代人一生经历过战斗，也一定经历过舍弃、背叛和死亡，曾经充满狂热，也曾经沉溺在盲目的信仰之中。种种有形的无形的痛苦，如今都蕴藏在平静的外表之下。所以他们更懂得世界的真面目，却仍以爱来回馈着这个世界，并且为之付出一生。

译协还有许多可爱的“宝贝”，许许多多讲不完的老翻译家的故事。比如童心未泯的爱热闹的吴劳，一口苏州官话，快人快语，联欢会上喜欢高歌一曲，研讨会上也是绝对的麦霸。最喜欢他的书生意气，语不惊人死不休。有一次在福州路书城偶遇，我兴高采烈地上前打招呼，他先是盯了我半天，透过一副深度近视眼镜总算认出了我，然后一脸认真地说："是小袁哦，你有观世音菩萨的面相哎！"我吓了一跳，不知道说什么好。现在想来，真希望自己能有观世音菩萨的法力，能让这位老前辈活到一百岁，让他继续给我讲解他的"全息翻译理论"——吃透原文文字所携带的全部信息含义，用中文"老老实实地全部翻译过来"——估计以考证功夫闻名的普鲁斯特译者徐和瑾教授，唯以他的严谨，才够得上这套理论的标准。我还想说说年届半百才开始翻译生涯的娄自良先生，命运有时候太会捉弄人，莫名其妙地让他当了几十年的右派，坐过牢、干过苦力，曾经俄语系的高材生人到中年，还要靠偷偷摸摸才能混进图书馆看几页自己心仪的书。用他自己的话说："我是一个没有过青春的人，没有就没有吧……可是只要专心做一件事，至于是三十岁，四十岁，还是六十岁后再做，这个不重要。"就是这样一个"认命"的人，从五十多岁才开始翻译文学作品，却成就斐然，《战争与和平》、《鬼》、《被伤害与侮辱的人们》……娄自良翻译得真好，行文流畅，用语准确新颖，经读而耐人寻味。

我们译协还有一个青年翻译家沙龙，六十岁以下的都是沙龙成员，因为翻译家往往长寿，活到八九十岁甚至百岁的大有人在。年轻人在一起没有禁忌，说天道地、谈笑风生、彼此交心，奔着做一辈子的朋友去的，几个礼拜不见就会忽然想念，彼此挂牵，想着以后的日子是不是也能同当年的"五套车"一样，同声相应，同气相求呢！这些年，协会还发展了不少初登译坛的新会员，他们或许还没有出版过什么家喻户晓的畅销作品，也没有发表过什么路人皆知的旷世杰作，但相信只要孜孜以求，默默耕耘，在文学翻译这块土地上的丰收是必然可期的。

我们上海翻译家协会是个大家庭，与其他艺术团体不同的是，这里的氛围其乐融融没有功利，人与人之间彼此温暖没有心机。这里聚集着一群志同道合的译友，出于对文字、文学的热恋，赤子情怀始终如初。当键盘敲下这些文字，正值五一节，又是一年铃兰花开。铃兰花又称“幽谷百合”，那娇娇小小、洁白无瑕的花钟谦逊地低垂着头，隐藏在翠绿色椭圆形的丛叶间，飘出淡淡的玫瑰香。它的形象与译者的形象多么吻合，一样的与世无争，默默地消隐在原文和作者的背后，暗自飘香……

袁莉，1970年生，文学博士、副教授，复旦大学外文学院法文系主任，中国翻译协会专家会员，上海翻译家协会副会长，全国法国文学研究会理事。主要教学和研究方向为法国文学和翻译学。主要学术论文有《也谈文学翻译之主体意识》、《翻译的文化视界》、《文学翻译主体的诠释学研究构想》、《从米兰·昆德拉的新译本说开去》、《从主体论视域看傅雷先生的翻译艺术》(该文获中国文联第七届文艺批评奖)。主要译著有《第一个人》、《爱》、《老人，少女，孤岛》、《寄语海狸》、《基督教先驱的受难》、《名人传》、《我们与他人：关于人类多样性的法兰西思考》等。

衷曲

张秋红

在迎接你三十华诞之际，
向你致贺，我崇拜的明灯！
你让我这孤儿不再流离，
从此感受慈母般的温存。

你这新天地给我以陶醉；
在你怀抱里，我其乐融融。
你让我亲聆智者的教诲，
你让我这幼苗如沐春风。

当你即将迎来而立之年，
向你致敬，我崇拜的向导！
追随着你，我远离了荒原；
你让我深受理想的熏陶。

追随你一往无前的脚步，
我匆匆向二十世纪告别。
紧跟你高歌猛进的队伍，
我度过最可珍重的岁月。

回顾你三十度秋月春花，
向你致谢，我崇拜的火炬！
你让我有了最温暖的家，
你让我成了得水的游鱼。

凭借你孜孜不倦的指引，
我见到魂牵梦萦的枣园，
我去到难忘的松花江滨，
我听到新四军魂的呼唤。

回首飞逝的三十度春秋，
向你致候，我崇拜的灯塔！
你这舵手永远力争上游。
我永远走在你的红旗下。

跟着你奔向光明的彼岸，
翘望万里鹏程，满怀豪情，
我将见证你壮阔的波澜，
见证你的铁流前途似锦。

张秋红，笔名丁湘，1939年生，毕业于北京外国语学院法语系，上海译文出版社副译审，中国资深翻译家，中国法国文学研究会理事，上海翻译家协会、上海市作家协会会员。译有《雨果诗选》、《高乃依戏剧选》、《拉马丁诗选》、《兰波诗选》、《梅里美小说选·卡门》、《恶之花》、《约翰·克里斯朵夫》、《曼依》与古诗今译《宋词三百首》等，著有《张秋红诗文选·幽兰》等。

天边，那一抹靓丽的彩虹

赵 芸

夏季的午后，当人们看到暴雨转晴之后出现的彩虹，总会被大自然的神奇所震撼。那是阳光射到空气中的水珠，造成光的色散及反射而成。心动，只为雨后那一抹亮色，一道风景。

上海译协的翻译家，曾获得全国优秀文学翻译“彩虹奖”荣誉的，有施蛰存、方平、钱春绮、孙家晋、辛未艾、草婴和任溶溶。他们移译的佳作名篇，滋养着万众的读者，同样，他们是读者心中的那抹亮色。

有幸，在译协这方宝地，流连、徜徉了10多个年头。与知性儒雅者为伍，磨砺思维，启悟精神，滋润心脾，感化心灵。

诚然，为那抹心动的亮色，沉下心来，工作的重心，就是不断集聚那些能被阳光折射的水珠。

2004年11月，协会举办了“草婴文学翻译学术研讨会”，隆重庆贺草婴先生从事翻译工作60年。在为期两天的会议上，来自北京、浙江等省市的翻译界同行及沪上翻译界、文学界和出版界的近百名专家、学者，就草婴先生的文学眼光、翻译风格和人格力量进行了深入研讨。译协原会长夏仲翼先生曾经撰文：草婴先生 60 年翻译活动有着十分鲜明的创作个性，他的名字随着他的译作几乎是妇孺皆知。因为他的翻译里体现着社会的足迹、历史的发展，有饱含着人性和道德的追求。

作为专家型协会，交流、研讨、论坛是工作的抓手、品质的保证。协会精心策划，相继举办过“纪念姜椿芳同志诞辰 90 周年”、“钱春绮文学翻译学术研讨会”、“冯春普希金文学翻译学术研讨会”、“江声浩荡话傅雷”、“世界诗歌现状暨杰曼诗研讨会”等众多学术交流活动，影响甚远。

文学翻译家大都是个体的劳作，皓首穷经，旨为异域优秀文化的介绍和传播。作为译协的会员，文化大家园中的一分子，他们是应该被也值得被关爱、呵护和宣扬的。

在中国翻译协会设立的 65 岁以上“资深翻译家”表彰中，上海译协已有百位译家榜上有名，而草婴、任溶溶、郝运更是获得了“翻译文化终身成就奖”，这是中国译协设立的翻译家个人的最高荣誉，迄今为止全国只有 18 位译家获此殊荣。同样，在庆祝上海译协成立 20、25 周年之际，黄杲炘等 20 位中年译家和吴洪等 10 位青年会员分别获得过“翻译成就奖”和“翻译新人奖”的荣誉称号。

寒来暑往的每个假期，译协走访、慰问资深的译家、年老体弱及残障的会员。谈笑风生，握手言欢，送去的是关爱，同样也温暖着自己。此外，译家权益的维护，青年沙龙的活动，使会员有了更多法律的支撑和交流的平台。

2008 年 7 月，为了领略原著描述的那些庄园和风景，让翻译家踏上移译国的那片土壤，协会组织了部分会员赴俄罗斯进行采风。当我们将草婴、冯春先生翻译的作品赠送给托尔斯泰庄园、普希金博物馆，油然而生的是对世界优秀文化的崇拜，对译家的敬仰。

为彩虹的呈现，集聚水珠需要尽心竭力、孜孜不懈，更需要创造机会、把握时机。

2006 年 5 月，“上海翻译成就展”在上海图书馆隆重举行，这是新中国成立以来上海首次举办的翻译行业专题展览。它既是庆贺协会成立 20 周年，更是携手上海外事、科技、工程等专业翻译协会，联合国内高校、出版社、翻译公司等集中展示翻译界对社会发展作出的杰出贡献。内容丰富、史料详实的展览吸引了来自美国、加拿大、芬兰等翻译组织的负责人和国内各省市翻译协会的代表，为 2008 年世界翻译大会首次在亚洲、在中国上海举办营造了良好的舆论氛围，受到了国际译联秘书长谢莉的高度赞赏，影响空前。

2010 年 3 月，为隆重庆贺上海举办世博会，协会和市教委、艺联等单位共同举办“留华梦・世博情”——上海外国留学生中华才艺展。通过留学生这一特殊群体的集体亮相，演绎、展示丰富悠久的中华文化，营造同样是东道主的他们走进世博、参与世博、奉献世博、共享世博的和谐氛围，彰显“城市，让生活更美好”的世博主题。展演活动吸引了沪上各大高校来自五大洲 50 个国家近 200 位选手的热情参与。

同年，为在世博期间充分展示兼容中西文化的上海城市特质，协会和市府新闻办、上海申通地铁集团联合举办了“穿越时空・激荡心灵”中外诗歌进地铁活动。当世界地铁联盟的外宾看到熟悉的本国诗歌在上海最具商业投资价值的客流中心公益展示时，连声称赞。揭幕仪式上，刘广宁、刘安古两位艺术家的倾情朗诵，使穿越时空的诗歌充溢着旺盛的生命力。

2011 年 7 月，为隆重庆祝建党 90 周年，译协积极担当，奉献了一台原创多媒体舞台剧《东方的普罗米修斯》。通过思想性、艺术性、知识性和观赏性相融合的艺术方式，把马克思主义经典翻译中的重要著作以及在中国的传播史实搬上舞台，成功塑造了陈望道、瞿秋白、郭大力、王亚男等翻译家的形象。在兰心大戏院、在陈望道家乡义乌和虹口区青少年活动中心的公益展演，得到了译界学者、学校师生的众口称赞。

上海译协的社会影响力加强了。诚然，它是为吸引更多优秀的译者加入到译协的这支队伍，翻译出更多优秀的文学作品。无论是传统品牌“金秋诗会”走进高校、图书馆，还是翻译比赛面向社会推陈出新，协会将活动的视角向圈外拓展，关注的是新生力量——未来的翻译家。

2004 年首次举行的“CASIO 杯文学翻译竞赛”、2005 年为纪念中国电影百年创办的“上海市大学生影视翻译配音邀请赛”都已经走过了十多个年头。正如时任译协副会长的黄源深所说：大赛达到了预期的效果，作为培养和选拔翻译人才的重要途径，年复一年的大赛使不少原本默默无闻的青年译者脱颖而出，为他们进一步成长创造了条件。

营造一片绿荫，创建翻译文化的新地标。2012 年，协会和长宁区图书馆联合创建了“译家—读者沙龙”，为优秀文化的传播架起了一座沟通的桥梁，开通了一个互动的平台。

2009年9月，由市文联主办、上海翻译家协会和上外高翻学院联合承办的《东方翻译》创刊了。作为一本学术文化类杂志，《东方翻译》旨在翻译文化的大平台上，探讨翻译在当今世界政治、经济、文化活动中的作用、意义和价值，努力为世界展示中国的文化形象，推出翻译研究、翻译活动和翻译教学的最新理念。如今，《东方翻译》已走过六个多年头，是译界有口皆碑的专业杂志。

纵然，佳篇名作随着社会的发展、语境的变化会被重译，译者也会慢慢地被淡忘，如同彩虹的出现，需要客观的条件，即便是“全国优秀文学翻译彩虹奖”后来也去掉了“彩虹”二字，但我们相信，上海译协的这些翻译家，他们的名字会永远镌刻在中国文学翻译的史册上。因为，他们就是曾经划过天边的那道靓丽的彩虹。

赵芸，1963年生，现为上海电影家协会秘书长，原上海翻译家协会秘书长。在2001—2012年担任译协秘书长期间，精心策划、认真组织专题活动；继承传统，推陈出新，创建品牌；凝聚会员，关爱社会，加强宣传，使协会在行业内外赢得口碑，个人和协会均获得中国翻译协会先进表彰。在会主编《上海翻译家》内部通讯、创建上海译协官方网站，创办《东方翻译》杂志，组织编撰《译家谈——上海翻译家协会二十五周年文萃》。业余从事随笔、评传创作，为报刊撰稿，与黄福海合著《纸囚诗韵贯中西·吴钧陶》。

译协与我

周克希

我这大半生，粗略地说，是三十年数学、三十年翻译，中间交叠十年。这后三十年，刚好与译协的发展历程同步；幸运的是，我在这三十年中，得到过师友的许多鼓励和扶持。

曾经跟草婴先生一起参加过一个为期一周的会议。草婴先生平时话不多，即便在人多嘈杂的环境，他也会独自静静地思考问题。但我记得有天晚上，他特地把我找去，和我谈了一个小时。我是学数学出身，改行从事文学翻译工作，可以说纯然是出于兴趣，就各方面的修养而言，显然是准备不足、多有欠缺的。草婴先生对我说了很多，希望我能甘于寂寞、善于学习。草婴先生是我景仰的前辈，他的这番肺腑之言，给我留下了很深的印象。日后我鼓起勇气翻译普鲁斯特的《追寻逝去的时光》，草婴先生的榜样力量始终在驱策我、激励我。

我写过一本门外谈翻译的小书《译边草》，不少师长、朋友对此很关注。不是书写得真的有多好，而是因为师友们真心爱护我。夏仲翼先生的来信，言辞恳切、文采斐然，我一直珍藏着。夏先生先解释说，他拿到书后就开始看，但由于“看得真有点入神”，断断续续看了好些日子，“所以拖到今天才写信”。接下去，他深有感触地写道，“我常常对学生讲，做事有两种方式，一种是当作饭碗，谋生赚钱，这是很正常的，无可厚非；另一种是因为真正从心底里喜欢某样东西，真是欲罢不能，简直刻骨铭心，……后者日见其凋落，如果还能见到，常常让人觉得古怪甚至偏激，因为他不随俗，求个性，特立独行，委心任意，很难融入人众”。他在信的末尾说，“但你的书让我看到某种脱略，这正是现在学界最缺少的东西”。这样的褒掖和勖勉，令我难忘，催我奋发。

郝运先生是引领我走上文学翻译之路的导师。回想起来，他对我的帮助和指导，用的是作坊里师傅带徒弟的方式。他校阅、批改我的译稿，始终紧扣两个主题：一是译文要尽量贴近原文，二是译者要学会扪触语言。他经常对我说，要多想想作者为什么用这样的句子写，而不是用另一种句子写。他要求我少看翻译作品，多看甚至每天都看中国古今的原创作品。我常想，没有他具体而微的帮助，我大概是成不了译者的。

这几位师长，是我的引路人、忘年交。同时，在我的心目中，他们代表了译协的风骨和精神。

周克希，1942年生，上海译文出版社编审，中国资深翻译家，原上海翻译家协会常务理事，从事法语翻译。主要翻译作品有《包法利夫人》、《小王子》、《基督山伯爵》、《三剑客》、《追寻逝去的时光·卷一·去斯万家那边》、《追寻逝去的时光·卷二·在少女花影下》、《追寻逝去的时光·卷五·女囚》、《王家大道》、《不朽者》、《古老的法兰西》、《侠盗亚森·罗平》、《格勒尼埃中短篇小说集》、《幽灵的生活》及《几何·群的作用，仿射空间与射影空间》等，著有随笔集《译边草》。

后记

为庆祝上海翻译家协会成立30周年，根据译协常务理事会的决定，我们从2014年12月开始面向广大译协会员开展了以“译路同行”为主题的征文活动。

我们通过译协网站、通讯和微信公众平台等渠道发表征文启事，征文活动得到了译协会员们的积极响应。其间，作者来电、来函咨询投稿非常踊跃，有的随稿送来珍藏多年的资料照片，希望与文章一并发表；有的写下五六千言的长文，表示非此不足以表达对译协的深厚感情。这些言行，无不透出广大会员对协会的关心和爱护。

截至2015年6月30日，我们从收到的“译路同行”征文中，精选了63篇，并根据文章的内容做了整理分类，分别编入以回忆与翻译家交往的珍贵经历为主的“访译人”，以畅谈在翻译实践中的感悟收获为主的“谈译事”，以及以叙述与协会有关历史事件、重要活动难忘经历为主的“话译协”三个专辑，汇成这本《译路同行——上海翻译家协会成立30周年文集》。

“译路同行”征文活动及组稿、编辑、出版工作，得到了上海市文联领导的精心指导，得到了广大译协会员的积极响应，也得到了社会各界的热情关注，在此一并表示真诚的感谢。

由于编辑出版时间、编者知识阅历所限，本书可能存在疏漏不足之处，敬请译家、读者批评指正。

编 者

ISBN 978-7-5327-7140-0
9 787532 771400 >